PROCÈS-VERBAUX

DES ÉTATS DU GÉVAUDAN

DOCUMENTS RELATIFS A L'HISTOIRE DU GÉVAUDAN

DEUXIÈME PARTIE

PROCÈS-VERBAUX

DES DÉLIBÉRATIONS

DES ÉTATS DU GÉVAUDAN

PUBLIÉS PAR LA SOCIÉTÉ D'AGRICULTURE, SCIENCES ET ARTS
DE LA LOZÈRE, SOUS LES AUSPICES DU CONSEIL GÉNÉRAL
ET SOUS LA DIRECTION DE M. FERDINAND ANDRÉ,
ARCHIVISTE DU DÉPARTEMENT.

TOME IIe

MENDE
IMPRIMERIE TYPOGRAPHIQUE DE C. PRIVAT
5 Rue Basse, 5
1876

ÉTATS PARTICULIERS DU GÉVAUDAN

1596.

Ouverture des Etats. — Rôle des membres qui les composent. — Imposition des deniers. — Observation du bailli de Gévaudan et de M. Brun, consul du Malzieu. — Destitution du lieutenant de prévôt de la maréchaussée et nomination à sa place du capitaine Virgile. — Imposition pour frais de justice. — Syndic du dio- à nommer. — Arrivée du commandeur de Palhers, membre des Etats. — M. de Fumel, choisi pour syndic. — Dette en faveur de M. de Reich et de M. de Florit à vérifier. — Plainte des habitants de Serverette contre les gens de guerre. — Somme due au marquis de Canilhac et à la ville de La Canourgue. — Arrivée de divers députés. — Prétentions du consul de Marvejols sur la préséance qu'il requérait sur celui de Mende. — Différend entre les envoyés des barons d'Apcher et de Randon. — Rang et séance des barons de tour réglés. — Remontrances adressées à l'assemblée par M. Sévérac, contrôleur des tailles, pour remédier à divers abus dans la perception des tailles. — Le diocèse refuse l'enregistrement des provisions du sieur Alméras. — M. de Fosseuse confirmé dans la charge de gouverneur du Gévaudan. — Les Etats adressent des excuses à ce personnage qui n'avait pas été appelé pour assister à l'ouverture de l'assemblée. — Les habitants de Serverette ne doivent pas être vexés par les gens de guerre. — M. de Fumel, syndic, prie les Etats d'agréer sa démission, qui est refusée. — L'envoyé du baron de Randon assiste à la séance et opine le dernier au rang des barons. — Défense d'acheter des rentes sur les deniers des tailles. — Plaintes du consul du Malzieu contre le receveur des tailles. — Demande faite par M. de Reich des sommes à lui deues par le diocèse. — Compte de M. du Bacon à vérifier. — Garnison de Marvejols à entretenir. — Vérification des sommes dues à M. de Reich. — M. de Fosseuse assiste à la séance, du 5 avril, et fait connaître à l'assemblée que le Roi l'a confirmé dans la charge de gouverneur du Gévaudan et manifeste le désir de vivre en bonne intelligence avec le pays. — Réponse de M. le grand vicaire, président. — Remontrances du jugemage. — M. de Chanoillet, ancien syndic, offre ses services au pays. — Arrivée de M. de Seras de Barre, membre des Etats; il demande les sommes nécessaires pour l'entretien de la garnison de Marvejols. — Sommes empruntées pour la garnison de Mende. — M. Laussard, avocat au siége présidial de Mende, sollicite son admission à l'assemblée. — Le lieutenant de prévôt, M. Rodier, demande à être maintenu dans ses fonctions. — Requêtes de M. de Fosseuse pour diverses dépenses. — Sommes à payer au sieur Alméras, receveur, et à M. de Saint Auban. — Paiement des garnisons de Marvejols et de Florac. — Sommes dues pour la garnison de Grèzes. — Créanciers du diocèse. — M. de Fosseuse déclare vouloir vivre en paix avec Mgr l'évêque. — Les Etats prient le gouverneur de faire rendre le fort du

Villard à l'évêque de Mende. — M. Espéronnat, receveur des tailles du diocèse, se désiste pour cette année de son office. — Les habitants de la paroisse de Quézac sollicitent l'exemption de la taille. — Sommes dues au capitaine Colombet, à M. de Reich, au sieur Portalés et autres créanciers. — La garnison de Mende fixée à 60 hommes et l'état du gouverneur à 200 livres par mois. — Frais de construction de la citadelle de Mende. — Les acquéreurs des biens du feu sieur de Bussac troublés dans leurs acquisitions. — Sommes dues par le pays à M. Alméras, receveur des tailles. — Modération des impositions sollicitée par certaines paroisses. — Plaintes contre divers receveurs. — Compte de M. du Bacon à arrêter. — M. Parat, créancier du pays. — Le diocèse cherche à se faire décharger des sommes empruntées au bas pays d'Auvergne pour l'entretien de l'armée du duc de Joyeuse. — Gages de M. de Fosseuse, gouverneur du Gévaudan. — Garnison du Villard et demande de faire rendre la tour de ce lieu à l'évêque de Mende. — Compte du sieur Alméras à arrêter. — Assistance donnée aux consuls du Malzieu, Saint-Chély, Saugues et autres, contre ceux de Marvejols au sujet des impositions. — Sommes accordées à M. de Fosseuse. — Gratification à Mgr l'évêque pour frais de voyage. — Députation envoyée au gouverneur du Gévaudan. — Plaintes des habitants de Mialanes contre les gens de guerre. — Garnison de Mende à supprimer. — Les députés des Cevennes ne veulent point contribuer à certaines dépenses. Le sieur Alméras refuse de faire la levée des impositions. Plaintes contre le sieur Sévérac. — M. de Saint André de Valborgne refuse la charge de receveur des tailles. — Déclaration de divers membres des Etats de ne vouloir *adhérer à la poursuite d'un procès. — Dépenses faites par les personnes qui accompagnaient M. de Fosseuse. — Les mandats seront signés par les quatre commissaires et par le syndic du pays. — Députation à M. de Fosseuse. — Invitation aux députés des Cevennes de se trouver à Chanac pour assister à l'audition des comptes. — M. Paul Arnauld, receveur alternatif des tailles du diocèse, demande la vérification de ses provisions. — Etat des dettes du pays à dresser. - Créanciers du diocèse à satisfaire. — Imposition en faveur du lieutenant de prévôt au quartier des Cevennes. — M. de Palhers demande ce qui est accordé aux autres membres des Etats pour frais de séjour. — Sommes allouées à M. de Fosseuse et à divers créanciers du pays.*

L'an mil cinq cens quatre vingz seize et le mercredy troisième jour du mois d'avril, environ neuf heures du matin, en la ville de Marieujolz et dans la salle de la maison de M. Loys Vidal, lieu acomodé pour tenir les Estatz dudict diocèse ; les gens desdicts Estatz se sont assemblez après avoir, suivant l'ancienne coustume, ouy la messe de Saint-Esprit en l'église de ladicte ville. En laquelle assamblée sont venuz MM. de Guilleminet, sieur de Baillarguet, commissaire principal de l'assiette, et Trophine de Launé Picheron, sieur des Aultes Saynes. gentilhomme servant du Roy, bailly de Gévaudan et commissaire ordinaire de ladicte assiette. Lequel sieur de Guilleminet a proposé à ladicte assamblée qu'il a pleu à MM. les commissaires présidens pour Sa Majesté aux Estatz généraulx de Languedoc, tenus en la ville de Pézénas, au mois de janvier dernier, leur décerner leurs commissions pour l'assiette des cottitez dudict diocèse des deniers octroyez et accordez à Sa Majesté par lesdicts Estatz généraulx. Et d'aultant que par lesdictes commissions il leur est demandé de procéder diligemment au despartement desdicts deniers en la manière acoustumée et appellez ceulx que pour ce faire sont à appeler; à ceste cause, il a requis et interpellé ladicte assamblée de l'assister pour procéder audict despartement suivant la teneur desdictes commissions qu'il a remises. Lesquelles aiant esté leues de l'ordonnance dudict sieur commissaire, luy a esté dict par M. de Larnac, vicaire général de Mgr de Mende, comte de Gévaudan, président des Estatz dudict païs, qu'encores que la misère et pauvreté des habitants d'icelluy soit très-grande, toutesfois leur dévotion et fidélité au service de sadicte Majesté est tellement recommandée entre eulx qu'il estime qu'ils s'efforceront de surpasser que est de leurs moyens et facultés, pour satisfaire au désir de Sa Majesté et la secourir en ses affaires. Et affin que lesdicts Estatz puissent en effect rendre tesmoignage de leur affection et obéissance, ledict sieur vicaire a requis lesdicts sieurs commissaires permettre auxdits Estatz de pouvoir continuer leur assamblée librement pour délibérer tant sur le faict desdictes commissions que sur les affaires, dudict diocèse, importans le bien du service de Sa Majesté et du bien, repos et soulagement des habitans d'icelluy. Laquelle permission leur a esté octroyée par lesdicts sieurs commissaires.

Après a esté faicte lecture des procurations des députés et envoyez en ladicte assamblée, y président noble et vénérable homme Gaspar de Boi..., sieur de Larnac, bâchelier ez droictz, prieur de Saint-Martin-de-Boubaulx et d'Allès, vicaire général de Mgr de Mende, comte de

Gévaudan. A laquelle assamblée ont comparu, pour MM. du Chapitre de l'église cathédralle de Mende : Mr Me Pierre Maubert, docteur en théologie et chanoine de ladicte église, avec procuration ; pour M. de Sainte Enymie, Mr Me Jehan Fumel, docteur ez droicts et juge pour ledict de Sainte Enymie, avec procuration ; pour M. le baron d'Apchier, noble Jehan d'Apchier, sieur d'Auteville, avec procuration passée par ledict seigneur en qualité de baron de tour ; pour M. le baron de Florac, noble Antoine Du Bourbier, sieur de La Croix, en vertu de la procuration par luy remise l'année passée ; pour M. de Saint Auban, M. Hugues Syméon, docteur ez droitz et juge es terres dudict sieur de Saint Auban, qui a esté advoué par ledict sieur de Saint Auban, assistant à ladicte assamblée comme commis des nobles dudict diocèse ; pour M. de Sévérac, Mr Me Gilles Barthélemy, docteur ez droictz, avec procuration ; pour M. d'Arpahon, Pierre Colrat, avec procuration ; pour les consulz nobles de La Garde-Guérin, noble François de La Molète, sieur de Felgeyrolles, avec procuration ; Mr Me Anthoine Aldin, 1er consul de la ville de Marieujolz, en personne ; Me Pierre Boissonnade, notaire royal et 1er consul de Chirac, en personne, avec procuration du 2e consul et conseillers de ladicte ville de Chirac ; M. Anthoine Martin, notaire royal et 1er consul de la ville de La Canorgue, en personne, avec procuration des habitans de ladicte ville ; pour les procureurs de Saint-Chély-d'Apchier, M. Jacques Barthélemy, notaire royal, avec procuration ; Jean Molinier, consul de Salgues, en personne, assisté de Me Anthoine Enjalvin, notaire et praticien, son assesseur ; M. Jacques Brun, docteur en médecine, 1er consul du Malzieu, en personne ; Anthoine

Coursier, syndic d'Yspaniac, en personne ; M⁰ Estienne Dubrueil, notaire et 1ᵉʳ consul de Sainte Enymie, en personne, avec procuration ; M. Bertrand Roux, procureur de Serverette, en personne, avec procuration ; pour le procureur de Saint-Etienne-de-Valfrancisque, sieur Anthoine Paradis, marchand, avec procuration ; pour les procureurs de la viguerie de Portes ; Mʳ Mᵉ François Dunoguier, docteur ez droits, avec procuration ; pour le procureur de Barre, M. Jehan Rodier, avec procuration ; pour le syndic de Saint-Alban, M. Bertrand Meyronenc, avec procuration ; pour le procureur du mandement de Nogaret, Guillaume Préjet, le jeune, avec procuration.

Sur le faict proposé par ledict sieur de Guilleminet, commissaire, touchant l'imposition des deniers portés par les commissions des Estatz généraulx de Languedoc, desquelles a esté faicte lecture en ladicte assamblée; lesdicts Estatz ont unanimement consenty et librement accordé que le despartement et levée en soit faict sur tout ledict diocèse en la manière acoustumée, pour tesmoigner à Sa Majesté, qu'encores qu'ils soient acablez d'une grande pauvreté et d'une infinité de debtes, toutesfois ils n'ont rien de plus affectionné que le bien et advancement de son service et la prospérité de ses affaires.

M. le bailly a remonstré et proposé à l'assamblée, qu'ayant pleu au Roy l'honorer de la charge et office de bailly pour Sa Majesté en ce diocése, il a estimé estre du debvoir de sadicte charge, entre aultres de ne laisser passer aulcune chose au préjudice du bien de la justice, comme estant le fondement de tous estatz bien ordonnez, principalement en ce qui regarde la punition des crimes. Et d'aultant qu'il a recougneu que l'ung des grands défaultz de ce païs est la tollérance des crimes commis par les gens de guerre et aultres qui sont de la jurisdiction du prévost ; à ceste cause il a requis l'assamblée de commettre en ceste charge ung personnage de la qualité et probité requise pour s'en acquitter dignement pour le bien et contentement du païs; comme aussi de pourvoir aux abus abus qui se commettent en la levée et recepte des deniers tant ordinaires que extraordinaires dudict diocèse, parce qu'au lieu de faire faire les exécutions et contrainctes par les huissiers ou sergens et aultres voyes de la justice et suivant les ordonnances du Roy, les receveurs les font faire par des soldatz en armes ; lesquelz soubz prétexte de ladicte recette usent de concussion sur le pauvre peuple et luy font payer des frais et despens excessifs et des raisonnables.

M. de Sainte Enymie ou son envoyé a remonstré aussi que lesdicts receveurs commettent ung aultre grand abus qui tourne à la foulle du peuple ; c'est que faisant faire plusieurs exécutions sur diverses paroisses, ores qu'elles soient faictes en ung mesme jour, ils ne laissent, ou leurs commis, de se faire taxer de grands frais et despens pour leur voyage et vacation, à cause qu'ils raportent industrieusement des exploictz séparez sur chascune exécution, pour avoir, par ce moyen, aultant de taxes sur chascune paroisse, comme pour divers voiaiges.

M. Brun, premier consul du Malzieu, en continuation de la réquisition de M. le bailly, a remonstré aussi que contre et au préjudice de la teneur du contract de la recette passé à M. Alméras, l'année dernière, sur la levée des deniers, il ne laisse de bailler rescriptions aux gens de guerre sur les deniers de sa recepte, comme il a faict naguières pour la paroisse du Malzieu, au moyen de quoy se commettent plusieurs abus et concussions sur le peuple auxquels il a requis l'assemblée de pourveoir.

Sur quoy a esté advisé et conclud, en ce qui regarde le faict de la recepte et levée des deniers du diocèse, que pour empescher que tels abus ne continuent à l'advenir, qu'il en sera mis et inséré des clauses bien expresses dans le bail de recepte qui sera passé ceste présente année avec celluy qui sera commis à la levée des deniers. Et quant à la réquisition faicte par ledict sieur bailly, de commettre et nommer quelque personnage capable en la charge de prévost, d'aultant que c'est chose que lesdicts Estatz ont recougneu estre bien nécessaire, a esté conclud et arresté qu'ils procèderont à la nomination et élection d'ung prévost. Et affin que ce soit plus solidement, ont député MM. les envoyez de M. d'Apchier et de Sainte-Enymie et MM. le consul de Marieujolz et procureur de la viguerie de Portes, pour dresser et raporter en l'assemblée une liste de ceulx qui pourront dignement exercer ceste charge, pour plus facilement et meurement estre faicte élection de l'ung d'iceulx.

Dudict jour troisième d'avril, de relevée.

Le sieur Molines, estant venu en l'assemblée, a remonstré qu'il a entendu que les Estatz voulloient procéder à nouvelle élection d'un prévost, et d'aultant qu'il a esté cy devant esleu et nommé par MM. les commis du païs à Mgr le Connestable qui luy en auroit expédié sa Commission et auroit esté receu et agréé par les Estatz, et qu'en l'exercice de ladicte charge il n'a commis aulcune faulte pour estre destitué; il a suplié l'assemblée le voulloir maintenir et conserver en icelle et considérer que s'il n'a faict tout ce qui seroit à désirer en l'exercice de cest office, le deffault procède de ce qu'on ne luy a donné le moyen d'entretenir aulcuns archers, ainsi que luy avoit esté promis et que luy mesmes n'a esté payé de ses gaiges pour son entretenement et équipage, tel qu'il convient à ung prévost ; et que sans cela il est impossible s'acquitter de son debvoir. Toutesfois, s'il plaist à l'assamblée d'y donner ordre à l'advenir, il promet de faire tel debvoir, que le païs en recevra contentement. Sur quoy luy a esté ordonné par M. le vicaire, président, de remettre ses provisions pour estre veues en l'assamblée. Et d'aultant que pour ce faire, il a demandé terme de deux heures, et que l'assamblée ne peult retarder la résolution de cest affaire, joinct que ledict Molines est chargé de la garde d'une place, ce qui l'empescheroit de vacquer à l'exercice dudict office avec la diligence et assiduité qui y est requise ; a esté conclud que l'on procèdera à la nomination d'ung aultre prévost.

Ayant les envoyez de MM. de Sainte Enymie et d'Apchier et les consulz de Marieujolz et procureurs de la viguerie de Portes, suivant la charge qui leur avoit esté donnée par l'assamblée, dressé et remis une liste, contenant le nom de six personnes qu'ils ont pensé estre dignes de proposer à ladicte assamblée pour estre faicte élection de l'ung d'iceulx, en la charge et office de prévost de ce diocèse; après que lecture a esté faicte de ladicte liste, lesdicts Estatz, pour la parfaicte fiance qu'ils ont des sens, suffizance, loyaulté, preudhommie, expérience et bonne diligence du cappitaine Virgile, habitant de la ville de Mende, l'ont esleu et nommé en ladicte charge et office de prévost dudict diocèse, pour icelle exercer avec le greffier ordinaire du païs, ou l'ung de ses commis, et le nombre de cinq archers, aux gaiges, scavoir : pour ledict Virgile, prévost, de 200 escus par an et de 66 escus deux tiers pour le greffier, et pour chascun desdicts cinq archers que lesdicts Estatz luy ont accordé aux conditions suivantes et non aultrement. Premièrement, qu'il sera tenu faire sa résidence ordinaire en la ville de Mende, capitalle du païs ; qu'il ne prendra aulcuns archers qui ne soient bien cougneuz, affidez et receuz par MM. les commis, syndic et députés dudict diocèse, auxquelz à ceste fin, il sera tenu de les présenter ; qu'il fera ses chevauchées ordinaires par tout ledict diocèse, suivant les ordonnances du Roy, et mesmes au quartier des Cevennes et aultres lieux d'icelluy diocèse, incontinent qu'il en sera requis par les consulz, procureurs ou sindics des lieux où que l'occasion le requera, sans estre appellé, et remettra de mois en mois les verbaulx desdicts chevauchées et aultres actes et procédures du faict de sadicte charge devers ledict greffier ordinaire du païs pour y avoir recours et en faire ou faire faire les expéditions quand besoing sera, comme est acoustumé de tout temps, sans que ledict prévost y puisse employer aultre greffier. Aussi représentera, par chascun mois auxdicts sieurs commis, syndic et députés, lesdicts archers en bon et suffizant équipage pour faire le service requis et prester le serment accoustumé, comme ledict Virgile qui avoit esté mandé à cest effect par les Estatz la presté en plaine assamblée es mains de M. le vicaire, président en icelle. Promettant de bien et fidellement exercer ladicte charge de prévost audict diocèse et administrer justice sans acception de personne, en la manière et aux conditions susdictes, auxquelles il a promis satisfaire, au contentement de tout le diocèse.

Affin que ledict prévost ayt moyen de faire le debvoir

de sa charge et ne prendre aulcun prétexte d'excuse, à faulte de paiement des gaiges qui luy ont esté accordez par les Estatz et audict greffier ordinaire et archers ; a esté conclud que MM. les commissaires de l'assiette seront requis, pour le bien de la justice, de comprendre au despartement des deniers ordinaires dudict diocèse la somme de 600 escus à quoy reviennent lesdicts gaiges pour estre paiez auxdicts prévost, greffier et archers, à chascun, respectivement, sans que que ladicte somme puisse estre divertie ny employée aillieurs pour quelque cause ou occasion que ce soit, et que pour cest effect en sera mis une clause expresse dans le contract de bail de la recepte et si besoing est en sera passé obligation particulière par celuy qui sera commis à ladicte recepte.

Et d'aultant que par cy devant plusieurs procès criminelz sont demeurez à juger et conséquemment les crimes impunis au grand préjudice du bien de la justice et du repos de ce diocèse pour n'avoir esté faict aulcun fondz de deniers pour paier les frais de justice que sont les rapportz desdicts procès et frais de l'exécution des jugemens et sentences que s'en ensuivent contre les criminelz prévostables. A esté aussi conclud que lesdicts sieurs commissaires de l'assiette seront pareillement requis de comprendre en ladicte assiette ordinaire, la somme de 300 escus pour estre emploiée par les mandemens et ordonnances de MM. les quatre commis et syndic, à l'effect que dessus, sans pouvoir estre divertiz pour aulcune occasion que ce soit, et que celuy qui sera commis à la recepte en sera expressement chargé par clause ou obligation particulière, comme du paiement desdicts gaiges du prévost, affin qu'à faulte de ce, la punition des crimes ne soit retardée.

Sur la réquisition faicte par M. le premier consul de la ville de Marieujolz de voulloir faire lire en ladicte assamblée et enregistrer es registres du païs certaines lettres patentes du Roy, touchant la confirmation du pariaige obtenues, à la requeste des habitans de la ville de Marieujolz, a esté conclud que lesdictes Lettres seront leues et enregistrées esdicts registres et à l'instant en a esté faicte lecture en plaine assamblée.

Les Estatz ayant cy devant escript à M. de Chanoillet pour le prier de venir en ceste ville pour informer l'assamblée de l'estat des affaires qui s'estoient passez pendant les années qu'il a exercé la charge de syndic dudict diocèse; et estant advertiz qu'il estoit arrivé dès hier, en ceste ville, ont député M. le premier consul de La Canorgue pour aller prier ledict sieur de Chanoillet de venir en ladicte assamblée ; ce qu'à esté faict par ledict consul, et en a rapporté que ledict sieur de Chanoillet supplie l'assamblée le voulloir excuser pour cejourd'huy et que demain il satisfera à la volunté des Estatz. Sur quoy, attandu que le païs ne se peult passer de syndic et qu'il est nécessaire de le créer à l'entrée de ceste assamblée, tant pour se rendre capable des affaires qui y seront traittez que pour y faire les actes et fonctions qu'il convient pour le bien et soulagement du païs ; a esté advisé qu'il sera procédé à la nomination et élection d'ung syndic dudict païs.

Noble Guillaume de Verfueil, chevalier de l'ordre de Saint Jean de Jérusalem et sieur de Paliers, s'est présenté en personne et luy a esté donné sa place acoustumée en ladicte assamblée.

Suivant la délibération cy devant prise, par laquelle a

esté advisé qu'il estoit nécessaire pour le bien des affaires dudict diocèse de procéder à l'élection d'ung syndic, tant pour le rendre capable des affaires qui seront traittés en la présente assamblée que pour y faire les actes et réquisitions et fonctions convenables, pour le bien, repos et soulagement du païs, les Estatz a plain confiant des sens, suffizance, loyaulté, preudhommie, expérience et bonne diligence de Mʳ Mᵉ Jehan de Fumel, docteur ez droictz, l'ont esleu et nommé à l'office et charge de syndic dudict diocèse de Mende et païs de Gévaudan, pour, en icelle, procurer le bien, repos et soulagement dudict païs et en jouyr aux honneurs, auctorithez, prérogatives, prééminances, franchises, libertés, droicts et gaiges acoustumés et audict office appartenans. Après laquelle nomination et plusieurs excuses proposées par ledict sieur Fumel, avec refus d'accepter ladicte charge, il a finallement presté sèrement, en plaine assamblée, es mains de M. le vicaire, président en icelle, de bien et fidellement exercer ledict office et procurer autant qu'il luy sera possible le bien, repos et soulagement dudict païs et s'opposer de tout son pouvoir à ce qui sera contraire et préjudiciable au bien public d'icelluy. Ce que ledict sieur Fumel a promis, suppliant l'assamblée de l'assister et fortifier en l'exercice de ladicte charge.

Pour faire la vérification de l'estat remis par M. Rech, trésorier de la Bourse du païs de Languedoc, touchant les restes qu'il prétend luy estre deubz par ledict diocèse depuis l'année 1580, tant des deniers des réparations, gratifications, frais, debtes et aultres deniers dudict païs de Languedoc; ladicte assamblée a commis et député les envoyez de MM. de Canilliac et d'Arpajon et le syndic dudict diocèse, pour après en faire leur rapport à l'assamblée.

Sur la requeste présentée par noble Guillaume de Flourit, sieur du Bacon, tendant à ce que, suivant l'appointement des Estatz dudict païs, mis au pied d'aultre requeste à eulx présentée le 21 juing 1595 par ledict de Flourit, il plaise à l'assamblée commettre et députer quelques personnages pour ouyr, clorre et arrester le compte des vivres et munitions dont la charge et administration luy fut donnée en l'année 1585, suivant le commandement de Mgr de Saint Vidal, lors gouverneur et commandant pour le service du Roy en ce diocèse ; a esté advisé que lorsqu'il sera traitté en ladicte assamblée de semblables affaires, que par mesme moyen sera délibéré du faict dudict sieur du Bacon.

Le syndic de Serverette a remonstré qu'encores que les habitans dudict Serverette aient toujours esté fidelles et obéissans subjectz et serviteurs du Roy et comme telz ils deussent jouyr de la mesme liberté et protection que les aultres habitans de ce diocèse, toutesfois soubz prétexte de quelque prétendu excès commis contre le capitaine Mestre, lieutenant de la compaignie du sieur de La Croix, establie en garnison à Mende, les habitans dudict Serverette sont privés et excluz de la liberté du commerce, n'ozant aller en ladicte ville de Mende ny aultres de ce diocèse pour y trafiquer et faire leurs affaires, à cause des menasses et intimidations qui leur sont faictes par les soldatz de ladicte compaignie. Ce qui tourne au grand préjudice et dommage desdicts habitans et au retardement des deniers des tailles pour leur portion et cottité à laquelle il leur sera impossible de satisfaire ; ils sont empeschez au faict du traficq, n'ayant aultres moyen d'y subvenir, à cause de quoy a requis et prié l'assamblée faire en sorte qu'ils puissent jouyr du mesme repos et liberté que les aultres habitans du pays. Sur quoy a esté advisé et conclud, attendu mesmes que la justice a prins cougnoissance du faict qui s'est passé contre les soldatz du capitaine Mestre, que Mgr de Fosseux, gouverneur dudict païs, sera supplié de la part des Estatz pour les raisons cy devant mentionnées, de permettre que lesdicts habitans de Serverette puissent traficquer librement et faire leurs affaires comme les aultres habitans de son gouvernement, et faire deffenses, tant audict capitaine Mestre, ses soldats et tous aultres que besoing sera, de troubler ny empescher lesdicts habitans en leur traficq et négoces ny leur mesfaire en aulcune sorte, laissant à la justice la cougnoissance et jugement de leur différend.

Le sieur de Bouzolz, envoyé de M. le baron de Canilliac, a présenté une lettre close que ledict seigneur a escript à MM. les commis, ensemble certaines Lettres patentes du Roy, avec l'attache de nos seigneurs les trésoriers généraulx de France en Languedoc pour faire imposer la partie de 6,000 et tant d'escus, deue audict sieur marquis, pour raison du prest et vente des bledz que feu M. le marquis de Canilliac, son père, feit au païs pour subvenir à la nourriture de l'armée qu'il avoit pleu au Roy d'y envoier pour la réduction, en son obéissance, des lieux qui y estoient occupez, requérant ledict sieur de Bouzolz, voulloir donner contentement auxdict seigneur de Canilliac, et ce faisant, imposer ladicte partie avec les apportz qui luy sont deubz de quatre années. Veu lesquelles Lettres et faicte lecture d'icelles, en plaine assamblée, a esté conclud que ladicte partie sera couchée dans l'estat des debtes du païs, pour après estre advisé du moyen de satisfaire ledict sieur marquis.

Le sieur Martin, consul de la ville de La Canorgue, a remonstré que suivant les délibérations de MM. les commis du païs, les habitans de ladicte ville auroient fourny et advancé la somme de 1,200 et tant d'escus, tant pour satisfaire à l'accord faict avec le sieur d'Ayres et faciliter la trefve entre ce païs et celluy de Rouergue les années passées, que pour l'entretenement de la garnison establie pour le service du Roy et bien du païs en ladicte ville, ainsi qu'est porté par lesdictes délibérations contenans promesse du remboursement desdicts habitans, de ladicte somme, du paiement de laquelle encores qu'ils ayent fort souvent requis MM. les commis et les gens des Estatz mesmes, toutesfois ils n'en ont peu jamais avoir raison, qui a esté cause que lesdicts habitans se trouvant pressez de leurs créanciers desquelz ils avoient emprumpté ladicte somme pour l'effect que dessus; ils ont aussi esté contrainctz, à leur grand regret, recourir à la Cour de nos seigneurs des Aydes à Montpellier, par arrest de laquelle, le syndic dudict diocèse a esté condampné à leur paier la somme de 1,205 escus dans ung mois et aux despens, taxez à 58 escus un tiers 11 solz 5 deniers. Et d'aultant que lesdicts habitans sont maintenant plus que jamais vexez et molestez par leurs dicts créanciers et qu'à l'occasion de leur misère et pauvreté, notoire à chascun, ils n'ont moyen de leur donner contentement et faire cesser la violence de leurs poursuittes s'ils ne sont paiez de ladicte somme par ledict païs; il a requis et supplié l'assamblée de pourvoir à l'imposition d'icelle, suivant ledict arrest et la commission de ladicte Cour, affin que lesdicts habitans ne soient réduictz à ceste extrémité de faire exécuter ledict arrest par les voyes et rigueurs de la justice. Sur quoy, veu lesdictes pièces, a esté conclud que ladicte partie sera employée dans l'estat des debtes du païs pour après en estre délibéré lorsqu'il se parlera du faict desdicts debtes.

Du quatrième jour dudict mois d'avril, du matin.

Se sont présentés à l'assamblée, assavoir, pour M. de Lengoigne : M. Jehan Chardon ; pour M. d'Allenc : M. Sprit Cailar, docteur ez droictz ; pour M. de Mirandol : M° Jehan Aldin, docteur ez droictz, et leurs procurations leues ont esté receuz.

Aussi s'est présenté Vidal Cayroche, consul de Châteauneuf-de-Randon, qui a esté pareillement receu comme consul, sans aultre procuration.

Sur le différend meu entre Mr Me Barthélemy de Roquoles, docteur ez droictz, qui s'est présenté à l'assamblée pour y estre receu comme premier consul de la ville de Mende et le premier consul de la ville de Marieujolz, sur ce que ledict sieur de Roquoles réqueroit luy estre donné place et séance devant ledict consul de Marieujolz, ainsi que les consulz dudict Mende avoient de tout temps acoustumé d'avoir esdictes assamblées, tant pour estre ladicte ville de Mende la principalle capitalle dudict païs que pour aultres légitimes causes et raisons par luy desduictes, fondées sur bons et valables tiltres dont il feroit aparoir en temps et lieu. Et au contraire, ledict sieur consul de Marieujolz insistoit, disant qu'en conséquence du pariaige faict entre le Roy et Mgr l'évesque de Mende, les Estatz du païs avoient acoustumé de s'assambler alternativement une année à Mende et l'aultre à Marieujolz, sinon depuis quelque temps, que cet ordre avoit esté interrompu à l'occasion des troubles. Mais estant maintenant les choses restablies à l'ancienne forme et que lesdicts Estatz sont assamblez la présente année en ladicte ville de Marieujolz, que luy, comme premier consul de Marieujolz, doibt précéder celuy de Mende, attandu que par ledict Pariaige les droits communs d'entre le Roy et ledict sieur évesque sont esgaulx et pour aultres raisons fondées en tiltre dont ledict sieur consul de Marieujolz promettoit faire apparoir. Après que les opinions des assistans ont esté recueillies par M. le vicaire, et veu certain ancien registres des Estatz, a esté conclud que ledict sieur premier consul de Mende précédera en séance et voix délibérative celluy de Marieujols ; lequel sera assiz immédiatement après ledict premier consul de Mende et après ledict premier consul de Marvejolz, le second et tiers consul dudict Mende s'ils s'y trouvent.

Sur aultre différent meu entre noble Claude de Choisines, sieur de Saint Auban, qui s'est présenté à l'assamblée avec procuration de M. le baron de Randon et l'envoyé de M. le baron d'Apchier, disant ledict sieur de Choisines que c'est chose notoire et de tout temps observée en assemblées des Estatz de ce diocèse que celuy des seigneurs barons qui est en tour une année précède en séance et voix délibérative tous les aultres barons, comme ensemble l'envoyé du baron du tour procède tous les envoyez des aultres barons en icelle année, suivant lequel ordre, bien que la préséance luy doibve estre donnée en ceste assamblée comme envoyé de M. le baron de Randon, attandu qu'il est en tour ceste année en suite de M. Du Tournel qui le fut l'année passée ;

toutesfois l'envoyé de M. le baron d'Apchier qui a occupé
la séance ne luy veult céder la place, chose qui seroit
préjudiciable au droict dudict sieur baron de Randon et
aux privilléges et ancienne coustume des Estatz dudict
païs, comme se peult clairement et promptement justi-
fier par la figure de la roue des barons, inventée par
leurs prédécesseurs pour retenir l'ordre et empescher
les jalousies et différens qui pouvoient naistre entre lesdicts barons pour les préséances. Au contraire, l'envoyé
dudict sieur baron d'Apchier a dict et remonstré que
ledict seigneur estoit en tour et en ceste qualité il a esté
receu par vertu de sa procuration en ceste assamblée et
en ce rang et ordre il a desjà opiné sur trois ou quatre
affaires d'importance et mesmes sur la nomination qui a
esté faicte d'ung prévost et d'ung syndic. En quoy l'assamblée a tesmoigné qu'elle approuvoit le tour pour
ledict sieur baron d'Apchier, et seroit maintenant luy
faire tort de le déposséder à l'instance de l'envoyé dudict
sieur de Randon, qui debvoit se trouver des premiers ou
y envoyer à l'entrée des Estatz s'il pensoyt estre en son
tour de baron ceste année.

Sur lesquelles contestations l'envoyé de M. le baron de
Florac a remonstré que suivant l'ordre de ladicte roue,
de tout temps et ancienneté observé en ceste compaignie, ledict seigneur baron de Florac vient immédiatement après ledict sieur baron de Randon, et par ainsi
requiert que le tour luy soit déclaré et désigné pour la
prochaine assiette et convocation ordinaire des Estatz,
comme à luy appartenant; aultrement proteste d'en
appeler et d'en avoir recours au Roy et ailliers où il
appartiendra. Sur quoy, attandu que l'envoié de M. le
baron d'Apchier a occupé le premier en ceste assamblée

et a esté receu à l'entrée des Estatz comme baron du tour, la présente année, et a opiné en ceste qualité, à faulte que M. le baron de Randon, prétendant le tour, ou son envoyé n'a comparu, comme il estoit tenu faire à l'ouverture des Estatz, a esté conclud que l'envoyé dudict sieur d'Apchier continuera sa séance ainsi qu'il a commencé, sans préjudice du tour des aultres barons à l'advenir; pour raison de quoy le tour de la roue sera suivy et en ce faisant ledict tour a esté déclaré et désigné audict sieur baron de Florac, l'année prochaine, pour estre l'ordre de ladicte roue continué par cy après, sans interruption, à la charge néantmoings que celuy desdicts barons qui debvra faire son tour, sera tenu, en celle année, d'aller ou envoier aux Estatz généraulx de Languedoc et après se trouver à l'ouverture des particuliers de ce diocèse : aultrement, à faulte de ce, perdra son tour pour ceste année là au baron plus prochain en ordre, suivant ladicte roue. Laquelle conclusion entendue par ledict sieur de Choisines, envoié dudict sieur baron de Randon, a déclaré qu'il proteste de s'en porter pour appellant et ce faict s'en est sorty, disant ne voulloir assistsr en ladicte assamblée.

Sur la remonstrance faicte à l'assamblée par M. Olivier Sévérac qu'il a pleu au Roy le pourvoir de l'office de contrerolleur des tailles en ce diocèse de Mende et païs de Gévaudan, estant de sa charge que aulcune imposition ny despartement ne se peult ny ne doibt faire sur icelluy qu'il n'y soit présent et assistant et que les assiettes et despartement ne peuvent estre délivrez au receveur qu'au préalable coppie ne luy en ayt esté baillée; néantmoings pour esviter une infinité de fréquens abus et malversations qui se commettent par les syndicz, consulz et procureurs des villes et paroisses dudict diocèse, à la foulle et surcharge du pauvre peuple, en ce que lorsqu'ils font les cottizations et despartement des sommes contenues aux mandz à eulx envoiez par le greffier du diocèse ; au lieu de justement et égallement despartir sur lesdicts habitans et paroissiens les sommes contenues es mandz, ils imposent souvent et en plusieurs paroisses dudict diocèse, aultres sommes de deniers qui reviennent quelquefois au double ; à cause de quoy les abus y ont esté et sont si grandz que s'il en est faict exacte vérification il se trouvera que le pays en est de beaucoup foullé et surchargé. C'est pourquoy Sa Majesté, à bon droict et juste occasion, affin de soulager ses sujets, auroit pourveu, audict diocèse, ledict Sévérac dudict office de contrerolleur des tailles ; ayant esté receu à l'exercice d'icelluy, tant par MM. les trésoriers de France que Chambre des Comptes dont il a exhibé les provisions ; requérant icelles estre enregistrées es registres du païs, et néantmoings, qu'il soit enjoinct au greffier de luy bailler doresnavant coppie des assiettes et despartement, pour en estre par luy faict et tenu registre. Et par mesme moyen, qu'il soit enjoinct a tous les syndics, procureurs et consulz desdictes villes et paroisses dudict diocèse, que lorsqu'ils auront faict le service du despartement de leurs cottités à eulx mandez par les mandz dudict diocèse, qu'ils le remettront devers ledict Sévérac, contrerolleur, pour estre veu, calculé et vériffié s'ils ont plus cottisé et desparty qu'il ne leur a esté mandé, affin que observant ung tel ordre, conformément aux édicts de création desdicts offices, le pauvre peuple ne soit surchargé comme il continuera d'estre si par tel moyen il n'y est obvié ; au moyen de quoy ladicte assamblée ne doibt ny ne peult refuser d'obéyr et satisfaire à l'intention du Roy et entière exécution desdictes provisions, attandu que c'est chose qui redonde au soulagement du publicq et mesmes que les gaiges attribuez audict office seront paiez des propres deniers de Sa Majesté et non du païs. Après que le syndic dudict diocèse a remonstré qu'atandu que tels offres de nouvelle érection tournent à une grande foulle et ruyne au publicq, ayant pour ceste occasion esté advisé par les Estatz généraulx de Languedoc que Sa Majesté seroit suppliée de les supprimer, joinct que c'est contre les privilléges dudict païs et de ce diocèse que les Estatz se doibvent opposer à la réception dudict Sévérac, a esté conclud, pour les susdictes raisons, que ledict diocèse ne peult consentir à l'enregistrement desdictes provisions et réception dudict Sévérac, suivant les délibérations desdicts Estatz généraulx de Languedoc.

Le sieur de Montguibert, secrétaire de Mgr de Fosseux, gouverneur et sénéchal audict païs, leur a dict avoir commandement de leur faire entendre, de la part dudict seigneur, comme il avoit pleu au Roy, au dernier voiaige qu'il a faict devers Sa Majesté, luy confirmer la charge et pouvoir que Mgr le Connestable luy avoit auparavant donné pour le gouvernement de la ville de Mende et dudict païs de Gévaudan, luy en ayant faict expédier ses lettres patentes. Et affin que lesdicts Estatz soient en cela plainement informez de l'intention de Sa Majesté pour s'y conformer, ledict seigneur a bien voulu leur faire présenter lesdictes lettres patentes, ensemble deux lettres closes de Sa Majesté et deux aultres de mondict seigneur le Connestable, adressées auxdicts Estatz et aux commis et députés dudict païs. Lesquelles ledict sieur de Montguibert a exhibées et remises, requérant que le tout soit leu en ladicte assamblée et après enregistrées es registres dudict païs. Sur quoy ont esté leues lesdictes Lettres patentes, portant confirmation du pouvoir et charge dudict seigneur de Fosseux au gouvernement de ladicte ville de Mende et dudict païs de Gévaudan, ensemble lesdictes lettres closes du Roy, adressantes auxdicts Estatz, commis, députez et syndic dudict païs, par lesquelles Sa Majesté leur faict entendre que s'estant, ledict seigneur de Fosseux, rendu par devers elle, suivant son commandement, il l'avoit satisfaicte de ce qu'elle avoit à luy demander du faict de sadicte charge; de sorte qu'elle luy auroit faict expédier ses Lettres de confirmation dudict pouvoir, avec lequel s'en retournant audict païs, elle leur commande de le recevoir et admettre en toutes assamblées des Estatz et en tous aultres endroictz, avec tel honneur et respect que sa qualité le requiert; s'asseurant Sa Majesté que ledict sieur leur fera de sa part tous les bons offices et traittement qu'ils scauroient désirer de luy, que Sa Majesté luy a singulièrement recommandé; ayant avec luy telle correspondance que ce soit au bien de son service et soulagement de ses subjectz, faisant cesser toutes les partialités qu'il y a cy devant eu audict païs. Aussi ont esté leues lesdictes lettres de mondict seigneur le Connestable, contenant prière et commandement particulier que ledict seigneur faict de la part de sadicte Majesté auxdicts Estatz de rendre audict sieur de Fosseux, son cousin, le debvoir et obéissance que sa charge permet et faire assopir toutes partialitez, pour avoir à l'advenir une bonne correspondance, suivant l'intention de Sa Majesté, ainsi que par lesdictes Lettres est plus amplement déclaré. Veu lesquelles Lettres patentes et de cachet de Sa Majesté et de sadicte Grandeur, a esté conclud, à la réquisition du syndic dudict païs, que lesdictes Lettres seront enregistrées es registres d'icelluy, pour l'honneur et respect que lesdicts Estatz doibvent aux commandemens de sadicte Majesté et de sadicte Grandeur comme ils ont tousjours faict paroistre et désirent continuer de tout leur pouvoir et se maintenir en ceste ferme résolution jusqu'au dernier souspir de leur vie comme ayant esté tousjours très-humbles et fidelles subjectz de Sa Majesté et obéissans serviteurs de Sa Grandeur, sans avoir jamais changé ny varié en leur debvoir.

Et sur ce que ledict sieur de Montguibert a représenté à ladicte assemblée, comme ledict seigneur, pour ne rien omettre du debvoir de sa charge, eut bien désiré se trouver à l'ouverture des Estatz, et que pour cest effect il s'estoit acheminé en ceste ville, estimant que pour estre chose acoustumée et de l'intention du Roy, l'on ne debvoit pas moings déférer à sa qualité que l'on avoit faict aux aultres gouverneurs et à luy mesmes par cy devant en semblables occasions, désirant scavoir la cause de ce deffault, puisqu'il s'agist de l'authorité de Sa Majesté; a esté conclud que ledict seigneur gouverneur sera supplié prendre en bonne part l'ouverture desdicts Estatz, faicte en son absence, d'aultant que le terme de la commission estant passé de trois jours et séjournans les commissaires de l'assiette et députez desdicts Estatz à grandz frais sans advancer aulcuns affaires, joinct que le temps presse à cause des jours de la feste de Pasques qui sont fort proches, ils n'ont peu différer davantage ladicte ouverture sans retarder par trop le paiement des deniers du Roy; que si ledict seigneur eust esté en ceste ville ils le fussent aller trouver incontinent pour l'honneur et respect qu'ils doibvent aux commandements qu'ils ont receu de sadicte Majesté. Pour faire laquelle remonstrance, de la part desdicts Estatz, ont esté priez d'aller vers ledict seigneur : MM. de Guilleminet, commissaire de l'assiette ; de Saint Auban, commis des nobles ; les envoiez du Chapitre et de M. le baron de Canilliac et le syndic du païs.

Dudict jour quatrième d'avril, de relevée.

Les députés, de la part des Estatz devers ledict seigneur gouverneur, ont faict leur rapport à l'assemblée par la bouche de M. de Saint Auban, commissaire, suivant la précédente délibération ; ils ont fait la remonstrance au seigneur gouverneur dont ils avoient esté chargez par l'assamblée, touchant l'ouverture des Estatz, ce qu'il a prins en bonne part pour les raisons qui luy ont esté représentées, bien leur a dict n'avoir agréable la nomination faicte par lesdicts Estatz de nouveaulx officiers et mesmes d'ung prévost audict diocese, pour destituer celuy qui y estoit auparavant, d'aultant qu'il est pourveu tant par M. le prévost général de Languedoc que par Mgr le Connestable et par le Roy mesmes sur la nomination dudict païs, par lequel aiant esté receu en une assamblée desdicts Estatz et ayant longuement exercé ladicte charge, il ne peult ny ne doibt estre maintenant destitué sans subject.

Et quand à la prière qu'ils ont faicte audict seigneur, de permettre que les habitans de Serverette jouissent librement du commerce comme les autres subjectz du Roy, dudict païs, attandu que la justice a prins connaissance de l'excez qu'on prétend avoir esté commis audict

Serverette par quelques habitans de ladicte ville, ledict seigneur leur a voluntiers accordé que ceulx qui ne sont coulpables dudict excez puissent en toute liberté jouyr dudict commerce et faire leur traficq acoustumé, sans aulcun empeschement, tout ainsi que les aultres habitans du païs, duquel il fera connoistre qu'il ne désire que le repos et soulagement ; remerciant les Estatz de l'enregistrement qu'ils ont ordonné estre faict des Lettres patentes du Roy touchant son gouvernement et du tesmoignage de leur bonne volunté qui luy a esté rendu de leur part pour le service du Roy.

Le sieur de Fumel, syndic du païs, a remonstré à l'assamblée qu'il a grande obligation audict païs et à ladicte assamblée de l'honneur qu'il leur a pleu luy faire de l'eslire et nommer à ladicte charge de syndic, laquelle il a esté contrainct d'accepter, non pour opinion qu'il peust prendre de s'en aquicter si dignement qu'il seroit à désirer à cause du peu de cougnoissance qu'il a des affaires du diocèse, mais seullement pour obéyr au commandement et prière desdicts Estatz et affin de n'estre veu du tout destitué de zèle et affection envers le public soubz l'espérance qu'il prenoit de la promesse qu'il avoit pleu aux Estatz luy faire de luy faire donner par M. de Chanoillet, auparavant syndic, l'instruction requise sur lesdicts affaires, avec toute assistance de leur part ; mais recougnoissant non-seullement qu'il ne sera pas informé desdicts affaires ny assisté selon qu'il conviendroit, mais qu'il ne sera pas mesmes agréable aux principaulx, il a supplié l'assamblée de l'excuser de ladicte charge et y commettre tel aultre qu'il leur plaira d'adviser. Sur quoy, il a esté prié de ne se desmouvoir de sa bonne volunté envers le païs, l'asseurant qu'il ne manquera d'assistance ny d'instruction et croire qu'il est agréable à tous ceulx des Estatz.

Le sieur Molines, estant venu à l'assamblée, a remonstré qu'il avoit pleu au Roy par ses Lettres patentes le confirmer en la charge de lieutenant de M. le prévost général en ce diocèse, à laquelle il avoit esté nommé par le païs, lesquelles il a présentées et remises, requérant en estre faicte lecture et retenu registre devers le greffe des Estatz et luy en estré expédié acte pour luy servyr en ce que de raison. Sur quoi M. le vicaire, président, a dict que les Estatz y ont pourveu.

Estant revenu en l'assamblée l'envoié de M. le baron de Randon qui a requis luy estre donné place en icelle, déclarant y voulloir assister, sans préjudice de la protestation par luy faicte d'appeller de la conclusion cy devant prinse touchant le tour dudict sieur baron de Randon la présente année ; a esté conclud que ledict sieur baron de Randon a perdu son tour ceste dicte année, que son dict envoyé sera assis et opinera le dernier au rang desdicts barons.

Suivant la réquisition dudict syndic dudict diocèse, lecture a esté faicte d'ung arrest de nos seigneurs des Aydes portant deffenses d'achepter aulcunes rentes ou pensions sur les deniers des tailles et équivallens que le Roy prent au païs de Languedoc.

Le premier consul du Malzieu a remonstré que, contre la teneur du bail de la recepte du diocèse, le sieur Alméras, receveur, a baillé rescription sur le Malzieu et paroisses circonvoisines ; et d'aultant qu'à ceste occasion il a esté faict sur lesdictes paroisses de si grandes et excessives contrainctes et exécutions que les despens et frais d'icelles montent presque aultant que le principal de l'imposition extraordinaire, pour laquelle lesdictes contrainctes ont esté faictes, ce qui est une foulle insupportable au pauvre peuple ; à ceste cause il a supplié et requis l'assamblée luy en faire faire raison pour le passé et donner ordre que tel abus ne continue à l'advenir. Sur quoy a esté conclud que ledict sieur Alméras sera ouy, pour après y estre pourveu.

S'estant présenté à l'assamblée M. Reich, trésorier de la Bourse du païs de Languedoc, a remonstré, comme il auroit souvent requis et sommé le diocèse de luy paier plusieurs sommes de deniers qui luy sont deubz des restes par ledict diocèse depuis l'année 1580 jusques à l'année dernière, à quoy ils n'auroient satisfaict, tellement qu'il luy est encores deu de restes, environ la somme de 10,000 escus ; laquelle luy aiant esté expressément ordonné par les Estatz généraulx de Languedoc de lever promptement pour la convertir au faict de sa charge et aquictement dudict païs, il a requis lesdicts Estatz de pourveoir au paiement de ladicte somme, aultrement a déclaré estre venu exprès pour y contraindre les diocésains. Et affin que l'assamblée puisse cougnoistre d'où procèdent lesdicts restes, il en a remys ung estat abrégé devers le greffier. Sur quoy a esté advisé et conclud que les Estatz députeront quelques ungs de la compaignie pour faire vérification tant dudict Estat dudict sieur Reich que des aultres parties pressées dont plusieurs créanciers font instance au païs, pour esviter les frais, despens, dommages et interestz, qu'à faulte de paiement ils prétendent obtenir contre ledict païs. Pour faire laquelle vérification et adviser avec lesdicts créanciers la commodité qu'ils vouldront faire au diocèse, ayant esgard à sa pauvreté ; lesdicts Estatz ont nommé et députe les envoiez de MM. de Lengoigne et de Canilliac et les consulz de Mende, de Marieujolz, du Malzieu, procureur de la viguerie de Portes et Baissenc, assesseur dudict consul de Mende; ayans aussi prié M. de Guilleminet, commissaire principal de l'assiette, vouloir prendre la peine de s'employer à ladicte vérification.

M. de Gibertés s'est présenté et a esté receu en l'assamblée comme seigneur de Montrodat.

Sur la requeste présentée par le sieur du Bacon, tendant à ce que suivant une aultre délibération des Estatz, prinse es années passées, il pleust à l'assamblée veoir, clorre et arrester le compte des munitions par luy administrées en l'année 1585, par commandement de M. de Saint Vidal, lors gouverneur en ce païs, et le faire paier de ce qui se trouvera luy estre deub ; a esté concluo que ledict compte sera veu par les députés à la vérification des debtes pour, ouy leur rapport, y estre pourveu par les Estatz comme il appartiendra.

M. le consul de Marieujolz a présenté à l'assamblée certaines Lettres patentes du Roy touchant l'entretenement de la garnison, establye au fort dudict Marieujolz ; requérant que lesdictes Lettres soient leues et registrées es registres du païs. Ayant aussi requis à M. le commissaire principal de l'assiette d'effectuer le contenu d'icelles et en ce faisant, imposer les sommes y contenues pour l'entretenement de ladicte garnison. Sur quoy ledict sieur commissaire a ordonné que lesdictes Lettres seront communiquées auxdicts Estatz.

Du cinquième jour dudict mois d'avril, du matin.

Les députés à la vérification des debtes ont vacqué,

avec l'assistance d'une bonne partie des Estatz, à la vérification des sommes demandées par M. Reich, trésorier de la Bourse de Languedoc, pour restes des frais, réparations, gratifications et aultres deniers de sa recepte depuis l'année 1580 jusques à l'année dernière 1595 exclue.

Dudict jour cinquiesme d'avril, de relevée.

Estant venu à l'assamblée, Mgr de Fosseux, gouverneur et sénéchal dudict païs, accompagné de M. Martin, juge-mage en ladicte sénéchaussée, de M. de Beaumes et aultres personnages, ledict seigneur a faict entendre aux Estatz qu'aiant l'année passée receu commandement du Roy de l'aller trouver pour servir en son armée avec sa compaignie de gendarmes, incontinant après avoir réduict en l'obéissance de Sa Majesté le chasteau d'Aubrac et pourveu au repos et à la seureté du diocèse, il s'achemina à Lyon où estoit Mgr le Connestable, avec lequel, bientost après, il alla trouver Sa Majesté en France, et luy ayant rendu compte de ses actions et comportement, pour raison de sa charge et gouvernement de ce païs, Sa Majesté en seroit demeuré satisfaicte contre les calompnies de quelques ungs ; à cause de quoy sadicte Majesté luy auroit confirmé ladicte charge et gouvernement, luy commandant expressément de revenir en ce païs pour faire effectuer ce qui estoit de son intention, pour le bien de son service, qui consiste principallement en la réception de son pouvoir en ceste assamblée, à l'entretenement de la justice dans le païs et l'exécution des provisions et Lettres patentes de sadicte Majesté sur l'imposition et levée des deniers qu'elle ordonne estre faicte pour le bien de son dict service. A quoy il a exhorté ladicte assamblée de satisfaire, affin qu'il puisse retourner vers Sa Majesté ainsi qu'elle luy a commandé ; priant aussi ladicte assamblée de veoir ung estat de despense qui leur sera présenté de sa part sur le faict desdictes provisions et en conséquence d'icelles pour y pourveoir selon qu'ils adviseront estre nécessaire pour le service de Sa Majesté ; les asseurant que de sa part, il n'a plus grand désir que de vivre en bonne amytié et intelligence avec ung chascun du païs ; oubliant tout le passé et embrasser plus que jamais ce qui sera de la conservation, repos et soulagement dudict païs.

De quoy lesdicts Estatz, par la bouche de M. le grand vicaire, président, l'ont remercié et supplié persister en ceste bonne volunté d'embrasser ce qui est du soulagement et repos dudict païs, aiant esgard à sa misère et pauvreté, et considérer que ledict diocèse est maintenant paisible et du tout réuny soubz l'obéissance et service de Sa Majesté, n'ayant besoing de gens de guerre, ny moyen de les entretenir.

Après ledict sieur juge-mage a faict une longue remonstrance auxdicts Estatz touchant entre aultres choses ce qu'il pensoit estre du debvoir d'ung chascun en sa charge et vocation, pour disposer leurs voluntés à maintenir et conserver dans le diocèse la sénéchaussée de Mende contre la poursuite de l'exécution de l'édict de suppression de ladicte sénéchaussée. Et à cest effect a requis que certaines Lettres obtenues de la Court du parlement de Thoulouze fussent leues. Exhortant aussi lesdicts Estatz de pourveoir à ce que les anciens officiers du païs, au lieu desquelz ils en ont naguières nommé d'aultres, soient conservez en leurs offices comme ny aiant occasion légitime de les révocquer, mais au contraire de les continuer pour le bien de la justice et des affaires dudict diocèse.

Laquelle remonstrance finye, d'aultant que par icelle, l'ordre ecclésiastique et de la noblesse avoient esté blasmez, ledict sieur président a dict audict sieur juge qu'il debvoit déclarer s'il entend parler de quelqu'un de la compaignie en particulier qui puisse luy respondre, car pour le général, l'assamblée ne doibt ny ne peut estre bien édifiée de son discours. Aussi luy a esté dict par le sieur de Saint Auban, commis des nobles du païs, que l'occasion qui faict insister la noblesse à veoir l'exécution des édicts de suppression dudict sénéchal nouvellement érigé ne procède d'avarice, comme il veult faire croire, mais bien du mesme zèle dont ceulx de l'ordre ecclésiastique et du Tiers-Estat, désirent ladicte suppression, qui est fondé sur la trop grande expérience qu'ils ont que ceste nouveaulté et multiplicité d'officiers n'est qu'une vraye chicanerie qui ne raporte que trop de foulle et oppression au pauvre peuple et désordre dans le diocèse. Après cela ont esté leues deux Lettres patentes du Roy, une pour imposer la somme à quoy revient l'entretenement de cent cinquante arquebusiers pour la garnison de Mende, ceste année et aultres suivantes, tant que la nécessité le requéra et jusques à ce qu'aultrement par Sa Majesté en soit ordonné. L'aultre, pour imposer la somme de 9,200 escus pour rembourser ledict seigneur gouverneur des restes des advances par luy faictes pour la construction et bastiment de ladicte citadelle de Mende, ladicte commission enregistrée en la Cour de nos seigneurs des Aydes à Montpellier.

Aussi a esté faicte lecture des susdictes provisions obtenues de ladicte Cour de parlement de Thoulouse touchant ledict sénéchal de Mende, et après ont esté retirées par M. le premier consul dudict Mende.

Le sieur de Chanoillet, docteur ez droictz, cy devant syndic du diocèse, a remonstré à l'assamblée, comme aux Estatz derniers, il se seroit démis de l'office de syndic, duquel il avoit esté honoré par le païs durant une vingtaine d'années, estant bien marry qu'il n'ayt peu continuer le service qu'il doibt audict païs pour les raisons qu'il a représentées auxdicts derniers Estatz, qu'il supplie encores l'assamblée d'avoir agréables et luy continuer la bienveillance qu'ilz luy ont tousjours despartie, comme il fera aussi la très-humble affection qu'il a de tout temps eue au service du païs ; n'ayant eu aultre but en toutes ses actions que le bien et soulagement d'icelluy et si le païs cougnoist qu'il puisse encores faire quelque service en son particulier pour la direction des affaires publiques, il obéyra à tout ce qui luy sera commandé de la part desdicts Estatz. Sur quoy a esté conclud que ledict sieur de Chanoillet est remercié du service qu'il a faict au païs en ladicte charge de syndic, dont lesdicts Estatz demeurent fort satisfaictz et ont regret qu'il n'ayt voulu continuer ladicte charge, comme c'étoit le désir et intention dudict païs ; néantmoings, l'assamblée l'a prié d'assister auxdicts Estatz et aux assamblées qui se feront durant l'année pour l'instruction et esclaircissement des affaires qu'il a négotiez durant sadicte charge et de voulloir assister le syndic moderne aux occurences qui se présenteront pour le bien, repos et soulagement dudict païs, à la charge qu'il sera recognu par ledict païs des frais, journées et vacations qu'il y exposera, et sera ledict sieur de Chanoillet appellé auxdictes assamblées par ledict syndic pour l'advancement des affaires dudict païs.

Ce qu'ayant entendu par la bouche de M. le vicaire, président, il a déclaré qu'estant adverty des affaires qui surviendront, il ne laissera jamais de faire service audict païs.

Le sieur de Seras de Barre s'est présenté et a esté receu à l'assamblée comme seigneur dudict Barre. Et après a remonstré que la citadelle de Marvejols luy ayant esté commise pour, avec le nombre de vingt arquebusiers, la conserver en l'obéissance du Roy, il auroit, jusques à présent, faict tout ce qui luy auroit esté possible, pour y retenir les soldatz et empescher qu'il n'en arrivast inconvénient, encores que depuis dix huict mois, ils n'ayent receu aulcun paiement du païs ; mais n'ayant plus moyen de subvenir à leur entretenement, il a requis les Estatz d'y pourveoir, tant pour le passé que pour l'advenir, suivant l'intention du Roy.

M. le consul de Mende a requis aussi qu'il soit pourveu au remboursement de 1,800 escus que MM. les commis avaient empruntez pour l'entretenement de la garnison de Mende durant trois mois, et que pour l'advenir la provision du Roy, touchant ladicte garnison, soit effectuée, aultrement a protesté de la perte de ladicte ville.

Ayant l'huissier des Estatz faict rapport à l'assamblée que le sieur Laussard, advocat au siége présidial de Nismes, estoit à la porte de la salle, requérant estre admis aux Estatz pour y faire quelque remonstrance, M. le président a ordonné audict huissier de le faire entrer. Sur quoy MM. les consuls de Mende et Marieujolz ont soutenu, d'aultant que c'estoit pour faire intimer quelques provisions contre le sénéchal de Mende, que l'entrée luy debvoiet estre refusée, et en cas qu'elle luy seroit permise, ils protestent contre les Estatz, les prenan[t] à partie et après ledict sieur aiant esté admis en l'assamblée, il a brièvement représenté les causes pour lesquelles le feu Roy avoit supprimé le siége de sénéchal que Sa Majesté mesmes avoit peu auparavant ordonné estre érigé à Mende, et comme pour les mesmes raisons, le Roy à présent régnant, auroit confirmé ladicte suppression. Laquelle pour l'injure du temps, n'ayant peu estre entièrement exécutée, sadicte Majesté en auroit naguières faict expédier nouvelle jussion par ses Lettres patentes que le sieur Laussard a exhibées. Requérant en estre faicte lecture en ladicte assamblée ; ce qu'à esté faict, et après lesdictes Lettres luy ont esté rendues.

Sur la remonstrance faicte par le sieur Rodier, de Barre, qu'ayant pleu au diocèse le continuer en l'exercice de sa charge de lieutenant de prévost, au quartier des Cevennes, il s'y seroit comporté fidellement et avec toute la diligence qui luy a esté possible, sans avoir aulcunement délinqué ni forfaict en ladicte charge ; toutesfois il a entendu que les Estatz avoient procédé à la nomination d'ung nouveau prévost audict diocèse avec exprès mandement de faire ses chevauchées par tout ledict diocèse, et notamment au quartier des Cevennes, comme pour exclure ledict Rodier de la charge qu'il y a, attandu mêmes que lesdicts Estatz n'en ont faict aulcune réservation ny pourveu à ses gages en ladicte nomination dudict prévost, chose qui préjudicie grandement à son honneur. Requérant, à ceste cause, qu'il pleust auxdicts Estatz déclarer que par ladicte nomination n'a esté dérogé à sadicte charge et qu'il pourra continuer l'exercice d'icelle comme il avoit acoustumé, et pour c'est effect sera pourveu au payement de ses gages. Protestant à deffault de ce, de s'opposer à ladicte nomination. A esté conclud que ladicte nomination tiendra selon sa forme et teneur et sera respondu audict sieur Rodier sur sa remonstrance qu'il y a esté pourveu.

Les Estatz délibérans sur le contenu de l'estat que Mgr de Fosseux, gouverneur dudict diocèse, a faict remettre devers l'assamblée, touchant les sommes de deniers qu'il demande au païs pour l'entretenement de 150 hommes de la garnison de la ville et citadelle de Mende, pour son estat de 2,000 escus par an, comme gouverneur dudict païs, l'entretenement de douze maistres et douze arquebusiers à cheval ; son remboursement de 9,200 escus qu'il prétend luy estre deubz de restes de la construction de la citadelle ; le remboursement de 400 escus au sieur Blanquart, pour restes du remontage de l'artillerie ; les despenses que ledict seigneur a faictes l'année passée pour tenir sus pied sa compaignie de gens d'armes ou pour la conduire en l'armée de Sa Majesté et dont luy sont deubz trois mois ; le paiement de dix arquebusiers pour la garnison du Vialar despuis le mois d'octobre dernier ; son remboursement de ce qu'il a fourny pour la poursuite de la confirmation du siége de sénéchal de Mende, ce qu'il remet à la discrétion des Estatz, et pour la garde du fort de Grèzes. Après que les députés des Cevennes ont remonstré que suivant les arrestz de nos seigneurs de la Cour des Aydes, les députés de l'église et de la noblesse ne doibvent délibérer quand il se parlera des affaires qui tendent à faire imposition sur le Tiers-Estat, a esté conclud que ledict seigneur gouverneur sera supplié, de la part des Estatz, d'avoir esgard à l'impuissance et pauvreté du païs et modérer ses demandes ; ayant esté à ceste fin députés vers ledict seigneur : MM. de Saint Auban ; de Montrodat ;

Maubert, envoyé du Chapitre de Mende ; les consulz du Malzieu et de Sainte Enymie et ung des Sevennes et le sieur de Chanoillet.

Du sixiesme jour dudict mois d'avril, de matin.

Le sieur Alméras, receveur du diocèse l'année dernière, a remonstré comme à l'instante réquisition de MM. les commis et députez du païs et pour l'advancement des affaires d'icelluy, il auroit prins la charge de leur recepte et seroit entré pour ledict païs en advance de plusieurs notables sommes de deniers, soubz l'asseurance qui luy avoit esté donnée, tant par lesdicts sieurs commis et députés, comme aussi par les gens des Estatz en leur dernière assamblée tenue en la ville de Mende, qu'il ne recevroit que tout contentement du traitté qu'il avoit faict avec le païs et que chacun se mettroit en debvoir de paier sa cottité de l'imposition faicte en ladicte assamblée affin qu'il fust remboursé de ses advances et le païs aquicté des aultres debtes comprins audict despartement. Mais au lieu d'y satisfaire, la plus grande partie de ceulx qui avoient requis ladicte imposition et contracté avec lui, se seroient renduz opposans à la levée, et après appelans de ladicte imposition à la Cour des Aydes. Et bien que par arrest d'icelle ayt esté ordonné par provision que la moitié desdicts deniers seront levez, toutesfois l'on ne laisse de luy donner toute aultre sorte d'empeschement à ladicte levée, et néantmoings il est pressé par les créanciers du païs d'aquicter les parties qu'ils ont en son assiette et d'aillieurs vexé et molesté par ceulx de qui il a emprunté les deniers pour en acommoder ledict païs, dont il est contrainct paier de grandz apportz, auxquelz tant s'en fault qu'il ayt peu donner quelques contentement par le moyen de ladicte imposition comme il espéroit, qu'au contraire, son commis, avant que toucher le despartement, fut forcé de faire une promesse d'advancer et prester la somme de 1,800 escus, pour l'entretenement de la garnison de Mende durant trois mois, aiant esté emprisonné à ceste occasion, comme il fera veoir par bons actes. Et d'aultant que pour les susdictes raisons il reçoit ung très-notable interest du retardement et des empeschements qui luy sont donnez, il a prié et requis l'assamblée luy faire déclaration si elle entend qu'il lève ladicte imposition en tout ou en partie, affin que suivant cela il ayt moyen de se pourvoir de ses remèdes, tant pour son remboursement des sommes par luy prestées au païs, que pour ses dommages et interestz. Et en cas qu'ils approuveront la levée entière, qu'il leur plaise aussi le relever des dommages et interestz qu'il a souffertz pour le retardement d'environ 1,600 escus qui luy sont deubz, lesquelz le païs promettoit luy paier au premier terme de ladicte imposition qui debvoit estre dans deux mois, après la délivrance de la recepte qui fut le 13e de juillet dernier. Et que par mesme moien ils veuillent veoir et arrester le compte des fournitures qu'il a faictes pour le païs depuis ladicte dernière assamblée et pourveoir à son remboursement, affin qu'il ayt tant plus de moyen de continuer le service, qu'il a voué au pays, pour lequel il a offert tout ce qui pouvoit dépendre de luy. Sur quoy a esté conclud, pour le regard de l'imposition des deniers extraordinaires de l'année passée, que ledict sieur Alméras sera prié de retarder la levée du second terme jusques après la cueillette des bledz de ce païs, à cause de l'impuissance et pauvreté en laquelle le pauvre peuple se trouve maintenant, à la charge qu'il luy sera faict droict sur ses dommages et interestz. Et néantmoings qu'il sera prié d'entendre à la recepte dudict diocèse la présente année. Aussi a esté conclud que son compte des fournitures par luy faictes sera ouy, cloz et arresté, et ce qui se trouvera luy estre deub par fin d'icelluy, sera imposé en l'assiette des deniers extraordinaires de la présente année pour son remboursement; ayant esté nommez et députés pour l'audition dudict compte MM. les envoiez du Chapitre de Mende, de MM. les barons d'Apchier et de Canilliac et du sieur d'Arpajon, les consulz de Saint-Chély, du Malzieu et procureur de la viguerie de Portes avec MM. les commis et syndic du païs et le sieur de Chanoillet que les Estatz ont prié d'y assister; leur donnant plain pouvoir d'examiner, clore et arrester ledict compte. Et d'aultant que pour la briefveté du temps et proximité de la feste de Pasques, les Estatz n'ont moyen de procéder à l'audition des aultres comptes qui sont à rendre audict païs, ny vuyder les aultres affaires occurens d'icelluy et vérifier les parties de l'assiette extraordinaire, tant de l'année dernière que de la présente, dont les habitans des Cevennes prétendent estre deschargez par les arrestz de la Cour des Aydes, les Estatz ont donné charge auxdicts sieurs députez susnommez d'ouyr, clorre et arrester pardevant Mgr de Mende, président des Estatz, ou M. son grand vicaire, les susdicts comptes, pourveoir auxdicts affaires occurens et procéder à la vérification des susdictes parties des assiettes extraordinaires et adviser d'en demeurer d'accord avec ceulx desdictes Cevennes pour esviter ung nouveau procès et descharger le païs des frais de la poursuite d'icelluy, et qu'à cest effect lesdicts sieurs députez se rendront lendemain de Quasimodo près dudict seigneur de Mende en la ville de Chenac où lesdicts de Cevennes envoieront aussi leurs députés.

Sur la remonstrance faicte par M. de Saint Auban, commis des nobles dudict diocèse, qu'il auroit esté adverty comme quelques particuliers, de ceulx qui se sont rendus opposans à la levée des deniers de l'assiette extraordinaire de l'année dernière, auroient dict et mys en avant pardevant nos seigneurs de la Cour des Aydes à Montpellier, que la partie de 500 escus couchée en ladicte assiette extraordinaire, soubz le nom dudict sieur de Saint Auban, estoit une gratification, ores que chascun du diocèse soit bien informé du contraire, en quoy aiant esté faict préjudice à l'honneur dudict sieur pour la mauvaise odeur qui en pourroit avoir esté donnée à ladicte Cour, par le moyen de ce faulx rapport, il désire luy faire veoir la vérité du faict; requérant à ceste cause lesdicts d'en faire leur déclaration; a esté conclud que le syndic dudict diocèse, au nom de l'assemblée, fera déclaration, tant à ladicte Cour des Aydes que par tout ailleurs ou besoing sera, que personne desdicts Estatz en général ny en particulier n'a entendu et n'entend de former aulcune opposition ny donner empeschement à la levée et paiement de ladicte somme de 500, comme estant vrayement deue audict seigneur de Saint Auban et couchée en ladicte assiette extraordinaire pour le rembourser de la despense qu'il avoit faicte à la réquisition du païs, et suivant le commandement de Mgr le Connestable, pour asseurer la conduicte des deux canons qui avoient esté prins par Mgr de Fosseux, gouverneur dudict païs, en la réduction de la place de Chaliez, pour estre menez depuis ledict lieu jusques en la ville de Mende, aiant à cest effect appellé et traitté plusieurs gentilz hommes et notables personnages en sa maison de Saint Auban, par divers jours et après se seroit rendu ostage en ladicte ville de Mende, y aiant esté retenu avec son train durant trois sepmaines ; au moyen de quoy ladicte assamblée recougnoist que le païs a receu ung grand soulagement, d'aultant que sans ledict sieur de Saint Auban, il eust esté nécessaire de mettre grand nombre de gens de guerre de cheval et de pied dans ledict païs, pour asseurer ladicte conduicte, ce qui ne se pouvoit faire, sans une excessive despense, oultre la foulle du pauvre peuple ; qu'est cause que lesdicts Estatz ont remercié ledict sieur de Saint Auban de ce bon office et l'ont prié de continuer tousjours son affection acoustumée envers le païs.

Le sieur de Chanoillet a remonstré les malheurs et désordres que les partialités produisent au publicq, à cause de quoy aiant esté commencé ung traitté pour la réconciliation d'entre Mgr le gouverneur et Mgr de Mende, il seroit nécessaire, pour le bien du service du Roy, repos et soulagement de ce païs, qu'il pleust aux Estatz de l'affectionner, estant à craindre que ceste occasion perdue, il soit difficile de parvenir à leur réconciliation. Sur quoy, M. de Picheron, bailly, a dict avoir commencé ceste négociation et a prié l'assamblée de l'assister de tout ce qui sera en elle, suivant l'intention du Roy ; ce que lesdicts Estatz, par la bouche dudict sieur président, ont très-voluntiers offert de faire, priant ledict sieur bailly de continuer sadicte négociation, pour l'advancement de laquelle lesdicts Estatz ont advisé de aire très-humble prière auxdicts seigneurs de Mende et de Fosseux, pour le bien du service du Roy et soulagement dudict païs de se disposer chascun d'eulx à la réconciliation.

Plusieurs requestes présentées auxdicts Estatz par aulcuns particuliers ont esté renvoyées à l'assemblée des députés à Chenac pour y estre par eulx pourveu ainsi qu'ils verront estre à faire par raison.

Sur la réquisition faicte par les sieurs de Seras et de La Croix, de pourveoir au paiement de la garnison de Marieujolz et de Florac pour l'année dernière entière, ainsi qu'il est mandé par les Lettres patentes du Roy, que ledict sieur de La Croix a exhibées; a esté conclud, pour le regard de Marieujolz, qu'attandu que le païs permet aux habitans dudict Marieujolz de jouir de la descharge par eulx prétendue de leur portion des deniers extraordinaires imposez sur ledict diocèse, auxquelz ils sont contribuables; que lesdicts habitans adviseront de composer et demeurer d'accord avec ledict sieur de Seras, de leur dicte garnison, et si leur portion des deniers extraordinaires dont ils veullent estre deschargez ne suffizent au paiement de ladicte garnison, que le païs suppléera à ce qui en deffauldra, ou aultrement qu'ils payeront par entier leur cottité desdicts deniers extraordinaires. Ce que lesdicts Estatz entendent avoir lieu seullement pour le passé, déclarant n'estre besoing et n'avoir moyen d'y satisfaire pour l'advenir. Quant audict sieur de La Croix, attandu qu'il n'y avoyt aulcune nécessité de tenir garnison audict Florac, et que par le moyen de la garde bourgeoise des habitans de ladicte ville, elle pouvoit estre conservée en l'obéissance du Roy, aussi bien lors que maintenant, sans garnison, sera advisé de composer avec ledict sieur de La Croix, de ce qu'il peult prétendre pour raison d'icelle, aultrement que l'on aura recours au Roy pour en faire descharger le païs.

Laquelle conclusion entendue par lesdicts sieurs de La Croix et de Seras, ils ont déclaré ne pouvoir entrer en aultre composition que d'estre entièrement paiez de ce que revient ladicte garnison, suivant ladicte commission, attandu mesmes que par icelle, les douze mois sont réduictz à neuf, qui est aultant de perte et diminution de la solde de trois mois qu'ils ont esté contrainctz d'avancer pour retenir les soldatz et garder qu'il n'advint faulte et inconvénient des places. A cause de quoy ils ont sommé et requis lesdicts Estatz, ensemble MM, les commissaires de l'assiette, y assistans, d'effectuer le contenu en ladicte commission et à ceste fin imposer ce que monte ledict entretenement ainsi qu'il leur est mandé par Sa Majesté. Et par mesme moyen y pourveoir pour l'advenir, aultrement ils ont protesté contre les Estatz. Offrant néantmoings, ledict sieur de Seras, de garder ladicte citadelle de Marieujolz jusques à ce que par le Roy en soit aultrement ordonné, et le faisant paier entièrement de ce que monte ladicte garnison durant les neuf mois portez par ladicte commission. Attandu laquelle sommation, lesdicts sieurs commissaires, par la bouche de M. de Guilleminet, commissaire principal, ont requis les Estatz de les assister à l'imposition des sommes à quoy revient ledict entretenement ; protestant à leur refus de passer oultre à l'exécution de ladicte commission.

Dudict jour sixième d'avril, de relevée.

Sur la requeste présentée par le sieur de Meyniez, tendant à ce qu'il pleust aux Estatz pourveoir au paiement de la somme de 512 escus par luy fournie et advancée à la solde et entretenement de huict arquebusiers à pied, establiz pour le service du Roy en garnison dans la tour de Grèze, suivant les commissions de Mgr de Fosseux, gouverneur et sénéchal dudict païs, ne luy aiant esté baillé aulcun entretenement depuis le premier de décembre jusques à présent pour lesdicts huict soldatz, ny aulcun appoinctement pour luy, à quoy il requiert des Estatz voulloir avoir esgard et faire le tout imposer en l'assiette extraordinaire, a esté conclud que le païs n'est tenu au paiement de ladicte garnison, et qu'il se retire si bon luy semble au propriétaire de la maison de Grèze.

Sur aultre requeste présentée auxdicts Estatz par M. Jehan Vergile, notaire royal de la ville de Mende, mary de Sandre Destreche et tuteur de Firmin Pelagal, cohéritiers par bénéfice d'inventaire de feu Pons Destreich, sieur de Garrejac, à ce que suivant les arrestz de la Cour de nos seigneurs des Aydes, ladicte assemblée procédast à l'audition du compte de l'imposition faicte sur ledict diocèse par commission de feu Mgr l'admiral de Joyeuse, l'année 1586, que ledict Vergile avoit en main.

A esté conclud, attandu que pour la briefveté du temps et proximité de la festes de Pasques lesdicts Estatz ne pouvant vacquer au faict des comptes dudict païs ont choisy et député certain nombre de personnages de ladicte assemblée pour procéder à l'audition et closture desdicts comptes pardevant Mgr de Mende à Chenac, auquel lieu pour cest effect lesdicts Estatz ont donné charge auxdicts députés de se trouver le lendemain de

Quasimodo, précisément à ceste cause, le compte dudict Vergile est renvoyé comme les aultres devers lesdicts députés en leur dicte assamblée pour estre par eulx procédé à l'audition et closture d'icelluy, selon qu'ils verront estre raisonnable.

Mgr de Fosseux, gouverneur et sénéchal dudict païs, est venu en l'assamblée, laquelle il a représenté le devoir auquel il s'estoit mis pour entrer en réconciliation avec Mgr de Mende pour vivre désormais en amitié avec luy et chasser toutes partialités et divisions du païs suivant l'intention et commandement du Roy et de Mgr le Connestable, pour le bien du service de Sa Majesté et repos dudict païs, à quoy il désiroit de tout son cœur de pouvoir parvenir, mais ledict seigneur de Mende se rend refusant de son costé, s'arrestant à ce que sa maison du Vialar luy soit rendue, encores que ce soit chose qui dépend de la volunté de Mgr le Connestable qui a baillé sa commission et son commandement exprez à celuy qui est dans ladicte place de la garder, tellement qu'il ne tient à luy que ladicte réconciliation ne se face, comme il a prié lesdicts Estatz voulloir prudemment juger les articles du traitté qui en avoit esté commencé et qui ont esté leuz en ladicte assamblée.

Davantage ledict seigneur gouverneur a proposé auxdicts Estatz que le sieur Molines, prévost, aiant esté nommé par le païs et obtenu provisions du Roy sur son office, il estime qu'il doibt estre continué à l'exercice de sa charge, à quoy il a prié et exhorté lesdicts Estatz de se voulloir résouldre, affin que ledict Molines n'ayt occasion et peine de recourir à la justice pour le faict de sadicte commission.

Aussi les a priez de le voulloir résoudre de leur intention sur le contenu des provisions du Roy et de l'estat qu'il leur a faict présenter et après est sorty de ladicte assamblée.

Lesdicts Estatz désirans faciliter de tout leur pouvoir l'entière et ferme résolution du traitté, commencé pour la réconciliation de Mgr le gouverneur avec mondict seigneur de Mende et affin d'inviter davantage ledict seigneur gouverneur à faire rendre ladicte maison du Vialar audict seigneur de Mende, ont advisé d'aller trouver, tous ensemble, ledict seigneur gouverneur en son logis pour luy faire ceste requeste ; ce qui a esté faict par lesdicts Estatz. Et d'aultant que ledict seigneur leur a respondu que c'estoit chose qui dépendoit de Mgr le Connestable, ils l'ont encores supplié pour ne laisser ung si bon œuvre imparfait, de remettre ladicte maison entre les mains du syndic dudict païs dont tous les Estatz se rendront responsables, attandant le commandement de Sa Grandeur. Sur quoy ledict seigneur gouverneur a dict qu'il prendroit advis, qui a esté cause que lesdicts Estatz s'en sont retournez au lieu de leur assamblée.

M. Abel Chaudier, procureur de M. Hercules Spéronnat, pourveu par le Roy, en tiltre de l'office de receveur des tailles dudict diocèse, a remonstré qu'en la dernière assamblée des Estatz dudict diocèse, tenus en la ville de Mende, ledict Spéronnat auroit faict deuement apparoir de ses lettres de provision en bonne forme et des actes de vérification d'icelles et des cautions par luy baillées suivant les ordonnances de Sa Majesté, au moïen de quoy il auroit faict requérir lesdicts Estatz de l'admettre à l'exercice dudict office en l'année dernière et à ceste fin, luy délivrer ou à son commis les assiettes et despartement des deniers ordinaires et extraordinaires dudict diocèse, pour en faire la recepte, suivant la teneur de ses provisions. Ce que ladicte assamblée, jugeant très-raisonnable, auroit ordonné et conclud que lesdictes provisions et actes seroient enregistrées ez registres dudict païs, pour jouyr, par ledict Spéronnat, de l'effect et contenu d'icelles. Et pour ceste cause, ledict Spéronnat avoit résolu de faire la charge ladicte année. Toutesfois pour certaines considérations touchant les affaires dudict diocèse, les Estatz ayant requis ledict sieur Spéronnat de s'en désister pour ladicte année et consentir que ladicte recepte fust délivrée à telle personne capable qu'ils adviseront, pour la commodité des affaires dudict païs, il se seroit finalement accordé au désir desdicts Estatz soubz les conditions toutesfois qu'il auroit réservées par le contract qui en auroit esté sur ce passé, mesmes entre aultres de pouvoir faire ladicte recepte l'année présente. Auquel effect lui aiant, ledict sieur Spéronnat, passé procuration, il s'est expressément acheminé en ceste assamblée, la requérant luy faire délivrer les assiettes et département que y seront arrestez pour en faire la recepte, suivant lesdictes provisions et la teneur de ladicte procuration, de laquelle il a remys ung extraict au greffe ; aultrement a protesté de tous despens, dommages et interestz que ledict Spéronnat en pourroit souffrir.

Sur la requeste présentée auxdicts Estatz par les habitans et paroisse de Quézac, remonstrant que à cause de leur extrême pauvreté et impuissance, ils se seroient retirez au Roy pour estre deschargez des tailles et impositions de tout le passé et de celles qui leur seront mises sus pour six années à venir. Sur quoy Sa Majesté, par ses Lettres patentes du VI° jour de décembre dernier, les auroit renvoiez à MM. les trésoriers généraulx de France pour informer du contenu en leur requête et en donner advis à Sa Majesté. Lesquels sieurs trésoriers, par appointement d'aultre requête présentée le 15 mars dernier, auroient ordonné avant de procéder à la vérification desdictes Lettres patentes ny a aulcune information, que les supplians communiqueroient le tout au syndic dudict diocèse en la présente assiette, pour vérifier si ledict diocèse y a interest pour ses deniers et quels sont les receveurs sur lesquelz les supplians sont en reste pour ce faict, et le tout remys au bureau en estre ordonné ; requérant lesdicts habitans pour ces causes et attandu qu'ils ne dôibvent aulcunes restes de tailles que de l'année dernière et que ledict païs n'a aulcun interest à la descharge qu'ils poursuivent, qu'il pleust auxdicts Estatz consentir à l'interinement de leur dicte requeste. Lesdicts Estatz aiant veu ladicte requeste et les pièces y mentionnées, ont déclaré qu'ils n'entent empescher la descharge demandée par les supplians, en ce qui est des deniers du Roy qui ne sont comprins au don et remise faicts par Sa Majesté audict diocèse et païs pour l'acquittement de leurs debtes et aultres affaires d'icelluy, et à la charge que ledict païs en demeurera d'aultant quicte envers Sa Majesté et ce que montera ladicte descharge, passé en reprise à la reddition des comptes des receveurs dudict diocèse.

Sur la réquisition faicte par le cappitaine Colombet, commandant pour le service du Roy en la ville de Lengoigne, de pourveoir à son remboursement de la somme de 576 escus, d'une part, à quoy revient la solde et entretenement de seize arquebusiers à pied, establiz en garnison, pour le service de Sa Majesté dans ladicte ville, durant neuf mois, à commencer du premier d'octobre 1594. Laquelle somme il auroit fournie et advancée de ses propres deniers, suivant les délibérations de MM. les commis et députés du païs ; et oultre ce la somme de 38 escus pour l'impétration des Lettres d'assiette qu'il en auroit obtenues de Sa Majesté ; lesquelles il prétend faire vérifier pardevant MM. les trésoriers généraulx de France et avoir leur attache sur icelles, pour après en poursuivre l'exécution ; mais parce que ce ne sera qu'augmentation de frais et despens pour le païs, dont il a regret, il a bien voulu premièrement s'adresser à l'assamblée, affin que luy donnant contentement de bonne volunté, il n'ayt occasion de continuer sa poursuite. A esté advisé et conclud d'accorder audict cappitaine Colombet, pour toutes prétentions qu'il pourroit avoir contre le païs, à cause de ladicte garnison, la somme de 200 escus, de laquelle il sera prié se contenter, veu l'impuissance du païs. Ce qu'ayant entendu par la bouche de M. le vicaire, président, il a dict qu'il estoit bien désireux du soulagement du païs, mais qu'il ne pouvoit souffrir si grande perte ; qui a esté cause que l'assamblée luy a accordé pour tout, jusques à 300 escus ; requérant MM. les commissaires de la comprendre en leur despartement extraordinaire, à la charge que ledict Colombet ne pourra prétendre aultre chose contre ledict païs et qu'il remettra devers le greffe d'icelluy les provisions par luy obtenues et aultres pièces qui en dépendent.

La requeste présentée par le sieur Rodier, lieutenant de prévost dudict diocèse, au quartier des Cevennes, a ce qu'il pleust aux Estatz pourveoir au paiement des fraiz, journées et vacations par luy exposez en plusieurs chevauchées et exécution qu'il a faictes dans le diocèse, attandu qu'il n'a aulcuns gaiges ; a esté ladicte requeste renvoiée par les Estatz à MM. les députés à l'audition des comptes du païs en leur assamblée assignée à Chenac devant Mgr de Mende, pour y avoir tel esgard qu'ils jugeront raisonnable.

Sur le rapport faict par les députez à la vérification des debtes du diocèse plus importans et pressez qu'ils ont veu l'estat baillé par M. Reich, trésorier de la Bourse du païs de Languedoc, par lequel ils ont trouvé luy estre deub de restes, environ la somme de 7,000 escus depuis l'année 1586, jusques comprins l'année 1594, pour raison des deniers de sa charge, en ce non comprins 1,920 escus employez en son estat; pour les frais des années 1588 et 1589, d'aultant que ladicte partie doibt estre acquitée par le sieur Alméras, receveur dudict diocèse, l'année dernière, comme aiant esté couchée et imposée en l'assiette extraordinaire de ladicte année ; a esté conclud, attandu l'impuissance du diocèse, que ledict sieur Reich sera prié se contenter de la somme de 2,000 escus que lesdicts Estatz ont requis MM. les commissaires de l'assiéte imposer ceste année pour luy estre paiée en déduction des parties a luy deues, et le surplus également en deux années suivantes, à la charge de faire cesser toutes contrainctes et exécutions pendant ledict temps contre ledict diocèse et de ne demander aulcuns dommages ny apportz, et aussi d'allouer et desduire toutes aultres sommes de deniers, si aulcuns se trouvoient avoir esté paiées sur lesdictes parties ou desquelles ledict diocèse deubst estre deschargé, soit par délibérations des Estatz généraulx de Languedoc, ou en quelque aultre sorte valable que ce fust ; ce qu'aiant entendu ledict sieur de

Reich et aiant déclaré ne pouvoir se contenter de ladicte somme de 2,000 escus la présente année, d'aultant qu'il luy á esté enjoinct par les Estatz généraulx de Languedoc de vacquer diligemment au recouvrement desdicts restes, a esté finallement accordé qu'il seroit imposé ceste année jusques à 3,000 escus et le surplus en deux années suivantes.

Et pour le regard de la somme de dix mil tant d'escus, dont le sieur Portalés, trésorier provincial de l'extraordinaire des guerres, faict demande audict diocèse, prétendant luy estre deue pour restes de la cottité dudict diocèse des deniers de la subvention de l'année 1592, d'aultant que par la coppie d'ung estat arresté par M. Marion, trésorier de France, le 14 avril dudict an, est porté que la somme de 23,207 escus 25 solz 2 deniers, à quoy montoit la portion dudict diocèse de ladicte subvention en ladicte année, avoit esté réduicte par l'assemblée de Montpellier, à l'occasion des lieux occupez et impuissans dudict diocèse, à la moitié, montant 11,603 escus 41 solz 6 deniers. A ceste cause, a esté advisé et conclud que plus ample vérification sera faicte à la diligence du syndic dudict diocèse de ladicte descharge et réduction, soit par le moyen du verbal de ladicte assamblée de Montpellier ou aultrement, pour après y estre pourveu à la prochaine assamblée, selon qu'il sera trouvé nécessaire pour la descharge et soulagement dudict diocèse.

Et sur le rapport et dénombrement faict par lesdicts sieurs députés pour la vérification des debtes dudict diocèse des aultres parties dont les créanciers d'icelluy font instance et pour raison desquelles il souffre et peult encourir plusieurs fraiz, dommages et interestz, lesdicts

Estatz ont conclud de requérir MM. les commissaires de l'assiette de comprendre, en leur despartement des deniers extraordinaires, la présente année, les sommes cy après désignées pour estre paiées auxdicts créanciers, à l'acquict dudict diocèse, assavoir : à M. Pierre Clauzel, trésorier provincial de l'extraordinaire des guerres, la somme de 890 escus pour entier paiement de ce que ledict diocèse luy restoit des deniers de la subvention de l'année 1593, et dont il avoit obtenu arrest de la Cour des Aydes.

A Jacques Missilier, paieur de la compaignie de gendarmes du sieur Du Pujol, la somme de 366 escus 39 solz 6 deniers, tant pour aquittement de la moitié de la somme de 711 escus 19 sols 3 deniers, en laquelle ledict diocèse a esté condampné envers luy par arrest de ladicte Cour des Aydes, que d'ung taxat qu'il a obtenu pour les despens dudict arrest.

A M° Estienne Motte, marchand d'Anduze, comme rémissionnaire de M. Anthoine Barthélemy, son beau-père, la somme de 550 escus 13 solz 4 deniers, en déduction de 1,478 escus 52 sols 6 deniers, en laquelle dernière somme ledict diocèse a esté condamné envers luy par ladicte Cour pour le principal et 51 escus 21 sols 3 deniers pour les despens.

A M. Olivier Sévérac, receveur dudict diocèse ez années 1593 et 1594, la somme de 1,847 escus 24 solz à luy deubz par arrestz de ladicte Cour et dont il a obtenu Lettres patentes du Roy.

A M. Pierre Portalés, aussi receveur dudict diocèse ez années 1591 et 1592, la somme de 6,556 escus 24 solz à luy deue pour les causes contenues ez Lettres patentes du Roy, vérifiées en ladicte Cour le 7 mars dernier.

A M. Barthélemy de Roquoles, la somme de 150 escus, pour entier paiement de 300 escus à luy deubz comme rémissionnaire de Jehan Bédos et Anthoine Vanel.

A M. le marquis de Canilliac, la somme de 2,611 escus 6 solz 8 deniers, en déduction de 7,833 escus 20 solz à luy deubz, tant à cause de la vente qu'il faict au diocèse de mille sestiers froment et 300 sestiers avoine, pour la la nourriture de l'armée de feu M. l'admiral de Joyeuse, que pour les apportz jusques à la fin de ceste année ; sur quoi il a obtenu Lettres patentes du Roy, vérifiées par MM. les trésoriers généraulx.

Aux hoirs de feu Claude Corrier, marchand de Mende, la somme de 300 escus, en déduction de 716 escus que luy sont deubz pour restes de plus grande somme, suivant les arrestz de ladicte Cour.

Aux consulz et habitans de La Canourgue, la somme de 400 escus, en déduction de 1,243 escus 20 sols, en quoy ledict diocèse a esté condampné par arrest de ladicte Cour des Aydes, comprins les frais de la poursuite dudict arrest.

Aux hoirs de feu sieur de Costeregord, de Chanac, la somme de 300 escus, en déduction de 1,971 escus deubz de restes audict Costeregord, par la closture du compte par luy rendu aux Estatz, l'année 1582, comme commissaire des vivres en l'année 1580 ; pour avoir paiement desquelles restes il avoit obtenu Lettres patentes, vérifiées par lesdicts sieurs trésoriers.

A M. Anthoine Chevalier, receveur dudict diocèse en l'année 1582 et 1583, sur et tant moings de 4,248 escus par luy demandez suivant plusieurs arrestz de ladicte Cour, pour comptes renduz de la recepte dudict diocèse desdictes années, la somme de 500 escus.

A M. Vidal Borrel, aussi receveur dudict diocèse, en l'année 1581, la somme de 1,594 escus, en déduction de 4,781 escus à lui deue par compte rendu de ladicte recepte ou pour parties contenues en son estat et dont y a Lettres patentes du Roy, vérifiées par lesdicts sieurs trésoriers généraulx.

A M. Thibault des Hayes et Estienne Molières, huissiers de ladicte Cour des Aydes, la somme de 50 escus à eulx cy devant ordonnée par les commis et députez, pour frais et vacations par eulx exposez contre ledict diocèse.

Au cappitaine Puyolat, 152 escus pour la moictié de la somme de 304 escus à luy deue suivant ung arrest de ladicte Cour.

Aux hoirs de feu cappitaine Graveyrolz, d'Allez, 142 escus 20 solz pour la moictyé de 284 escus 40 solz à luy deue par ledict diocèse.

A Mes Jacques Langlade et Pierre Loberie, docteurs, habitans de Salgues, la somme de 300 escus, à eulx accordée par les Estatz derniers, tenus en la ville de Mende pour les causes contenues en la délibération.

A M. Guillaume Boissonnade, notaire de Montjuzieu, la somme de 75 escus pour entier paiement de 400 escus, à luy deue par transaction passée avec ledict diocèse, en l'année 1578. .

A certains particuliers, habitans de la ville de Mende, la somme de 100 escus à eulx accordée pour raison de la démolition qui fut faicte de leurs maisons pour bastir la citadelle, en attendant qu'il soit pourveu par le Roy au paiement desdictes maisons, suivant l'estimation qui en fut faicte.

A sire Jehan Vivian, de Mende, la somme de 400 escus, en déduction de plus grande somme à luy deue, suivant les arretz de ladicte Cour.

Au sieur de Bouzolz, la somme de 160 escus, en déduction de plus grande somme en laquelle il s'obligea pour le diocèse envers les consulz de Saint-Flour, pour certaines munitions par eulx fournies pour le faict de la réduction de Chirac, en l'année 1588.

A Estienne Constantin, muletier du lieu de Laval, la somme de 20 escus, en déduction de 63 escus qui luy sont deubz pour raison d'une exécution contre luy faicte par Loys Vidal, comme procureur du sieur Spéronnat, de Pézénas, pour la partie à luy deue par ledict diocèse comme l'estat vérifié cy devant audict Constantin.

A Pierre Poujol, muletier de Chenac, pour entier payement des dommages et interestz à luy deubz pour aultre exécution contre luy faicte par ledict Vidal, suivant l'estat qu'en fut aussi vérifié cy devant, la somme de 20 escus.

A Pierre Colrat, Loys Prieur et aultres marchands, la somme de 130 escus pour les dommages et interestz par eulx souffertz, pour avoir esté faictz prisonniers à Lyon, à la requeste du sieur Habert, pour les 2,000 escus qui luy sont deubz par le diocèse.

A Guillaume Jehan, de Mende, 12 escus pour ce qui luy est deub, tant par obligation que par sentence du Bailliage de Gévaudan.

A M⁹⁹ Jacques Bougrand et Jacques Teissier, de Salgues, consulz de ladicte ville, en l'année 1590, la somme de 100 escus, en déduction de 200 escus, en quoy le syndic du diocèse, par sentence du sénéchal de Mende, a esté condampné pour le principal de 9 escus 46 sols, 6 deniers de despens, et ce à cause des advances faictes par lesdicts consulz pour la garnison de Salgues.

Au sieur Fontunye, dudict Salgues, 91 escus 17 solz à

luy deue, comme receveur dudict diocèse, en l'année 1580, pour restes des frais du païs de Languedoc qu'il a paiez à M. Reich, receveur de la Bourse dudict païs.

A M. François Tardif, cy devant receveur en tiltre d'office dudict diocèse, la somme de 400 escus pour ses gaiges de l'année 1589, d'aultant que ladicte année ne fut faict aulcun despartement des deniers du Roy à cause des troubles et que ladicte somme fut obmise en l'assiette de l'année passée, aiant esté promis au sieur Spéronnat, résignataire dudict Tardif, de luy faire imposer ladicte partie, suivant le contract passé avec luy par les Estatz.

Aussi a esté advisé et conclud que lesdicts sieurs commissaires seront requis imposer et comprendre, en ladicte assiette extraordinaire, la somme de 400 escus pour restes et entier paiement de la fourniture faicte par le sieur Blancard pour le remontage de l'artillerie qui est dans la citadelle de Mende, suivant la charge qu'il en avoit dudict seigneur de Fosseux, gouverneur, sauf à recouvrer ladicte partie, suivant les délibérations des années précédentes, sur M. Jacques Chantuel, à faulte d'avoir valablement satisfaict au contract passé avec luy pour le remontage de ladicte artillerie.

Sur la réquisition faicte par le sieur de Seras, commandant pour le service du Roy en la ville de Marieujolz, à ce que lesdicts Estatz luy fissent déclaration s'ils veullent pourveoir au paiement de ladicte garnison pour le nombre de vingt arquebusiers et durant le temps de neuf mois, faisant les douze de l'année passée, ainsi qu'il les en a interpellez et requis par deux fois et qu'il leur est enjoinct et ordonné de faire, par les Lettres patentes du Roy, vérifiées en la Cour des Aydes, et desquelles a esté cy devant faicte lecture en ladicte assamblée, ou bien qu'il plaise auxdicts Estatz luy bailler ung acte de refus pour luy servir en ce que de raison, a esté concluded que lesdicts sieurs commissaires de l'assiette seront requis imposer, avec les aultres deniers extraordinaires, la présente année, la somme de 360 escus pour rembourser ledict sieur de Seras de ce qu'il a fourny et advancé pour l'entretenement desdicts soldatz, montant pour lesdicts neuf mois, faisant douze, suivant lesdictes Lettres patentes, la somme de 720 escus; ce que lesdicts Estatz ont accordé sans conséquence et à la charge que les habitans dudict Marieujolz seront tenus à l'advenir de paier, si bon leur semble, ladicte garnison et en descharger le païs, déclarant lesdicts Estatz que ledict païs en est aulcunement tenu, tant parce qu'il est maintenant paisible et n'a besoing d'aulcuns gens de guerre pour estre entièrement réuny à l'obéissance du Roy, aussi que les habitans dudict Marieujolz ne contribuent à aulcuns affaires de la communauté dudict diocèse, au moyen de l'exemption dont le païs leur permet la jouissance.

Et sur aultre réquisition faicte par le cappitaine Seguyn, de pourveoir à son remboursement de la somme de six vingtz escus qu'il a fournie à dix arquebusiers à pied, de ladicte garnison, a esté conclud que ladicte somme sera aussi imposée pour ledict remboursement et entretenement desdicts dix soldatz pour trois mois, faisant quatre, suivant l'estat des garnisons de Languedoc, à commencer du premier jour de janvier, et ce à la mesme charge et condition de la précédente délibération.

Le dimenche 17e jour dudict mois d'avril, du matin.

Lesdicts Estatz ne se sont assamblez pour traitter

d'affaires ains ont vacqué à prières, aiant assisté le matin au service divin en l'église dudict Marieujolz.

Dudict jour septiesme dudict mois d'avril, de relevée.

Le sieur Fumel, sindic, a dict que M. de Fosseux, gouverneur, luy avoit commandé de faire souvenir l'assamblée de pourveoir sur le contenu en l'estat qu'il avoit faict bailler ces jours passez.

Sur quoy, M. le vicaire, président, a représenté aux Estatz l'importance de cest affaire, les exhortant d'y penser meurement pour plusieurs raisons, mesmes d'aultant que les demandes faictes par ledict seigneur de Fosseux sont contraires à l'intention du Roy et aux délibérations des Estatz généraulx de Languedoc, lesquelz ont reiglé la garnison de Mende, au nombre de 60 hommes, et l'estat des gouverneurs particuliers des diocèses à 200 livres par mois, ce qui ne doibt ny ne peult estre excédé par ladicte assamblée. Et pour le regard de la citadelle, attandu que par la response que le Roy a faicte sur le cahier présenté à Sa Majesté par Mgr de Mende, est ordonné que vérification sera faicte de la valeur des ouvrages et réparations de ladicte citadelle, avant que procéder au remboursement demandé par ledict seigneur de Fosseux, oultre que Sa Majesté a faict don, audict seigneur de Mende, des deniers qui ont esté paiez pour ladicte construction, excédans le pris de l'estimation qui en sera faicte par ouvriers et gens à ce cougnoissans, pour estre employez à la réédification de l'église cathédrale. Pour ces raisons, lesdicts Estatz doibvent adviser sur cest affaire, protestant de sa part, ledict sieur vicaire, qu'il n'entend assister aux délibérations qu'ils feront, pour ce regard, affin de ne contrevenir aux ordonnances du Roy et reiglement de Languedoc, ny à son pouvoir qui est en cela limité, ordonnant néantmoings que la response dudict cahier fust leue avec une lettre de Mgr le duc de Vantadour, escripte audict seigneur de Mende, que ledict sieur vicaire a exhibée et en aiant esté faicte lecture publicquement ont esté par luy retirées.

Et après l'affaire mis en délibération et attandu que ledict sieur vicaire a protesté de n'assister à l'assamblée, pendant qu'il se traittera dudict affaire, s'excusant sur ce que son pouvoir est limité, a esté advisé de députer MM. de Maubert, député du Chapitre, et Brun, 1er consul du Malzieu, devers mondict seigneur de Mende, pour le supplier de donner pouvoir libre audict sieur vicaire, de conclure en tous affaires qui seront délibérez en ladicte assamblée ainsi qu'il est acoustumé, et à ceste fin en a esté escript audict seigneur de la part desdicts Estatz.

Sur la remonstrance faicte par ledict sieur de Chanoillet, naguières sindic dudict diocèse, de ce que le sieur de Saint Roman, de Milliau, en Rouergue, et certains aultres particuliers, auxquelz le diocèse avoit vendu quelques terres des biens du feu sieur de Bussac et qui avoient esté adjugées audict diocèse pour les frais et despens du procès et jugement dudict Bussac, prétendent le faire appeller en garantie à l'occasion du trouble qui leur est donné en la possession desdictes terres par le sieur viscomte de Larboux et aultres parens dudict Bussac, poursuivans le retractement dudict jugement et renvoy de la cause en la chambre my partie ; requérant ledict sieur de Chanoillet auxdicts Estatz de pourveoir à la deffense de leur droict et à son indempnité, a esté conclud qu'il sera présenté requeste au Roy, à ce que suivant plusieurs arrestz donnez en son Conseil, il luy plaise y retenir la cause et ordonner que les acquéreurs seront réintégrés et maintenus en la possession des choses à eulx vendues par ledict diocèse, lequel en tout cas prendra la cause et deffense pour ledict de Chanoillet pour raison de ce que dessus.

Messieurs les députés à l'audition des comptes ont raporté avoir veu, cloz et arresté le compte des fournitures faictes par le sieur Alméras, receveur dudict diocèse l'année dernière, par lequel se trouve luy estre deub, par le diocèse, la somme de 3,351 escus 34 sols 1 denier, dont il requiert estre remboursé. Sur quoy a esté advisé et conclud que MM. les commissaires de l'assiette seront requis imposer ladicte somme en l'assiette extraordinaire, la présente année, pour le remboursement dudict sieur Alméras, à la charge néantmoings que le sindic dudict diocèse fera bannir et arrester entre les mains du trésorier provincial de l'extraordinaire des guerres en Languedoc, la présente année, la somme de 1,837 escus pour faire rembourser ledict diocèse de pareille somme que ledict sieur Alméras employe en son dict compte et qu'il a fournie et advancée à la garnison de la ville et citadelle de Mende, des deniers dudict diocèse, et qui doibt tenir lieu de paiement à ladicte garnison, suivant la délibération des Estatz généraulx de Languedoc, à commencer du premier jour de janvier dernier.

Du lundy, huictième jour dudict mois d'avril, du matin.

Les requestes présentées par les habitans des paroisses de Saint-Georges-de-Lévéjac, le Recoux et aultres, pour avoir modération de leur cottitez des deniers qui seront imposez en la présente assamblée, avec remboursement des sommes par eulx paiées pour l'entretenement de la compaignie de gendarmes de M. le gouverneur, en vertu des mandz à eulx envoiez, signés Chaumont; ont esté lesdictes requestes renvoyées à la prochaine assamblée des Estatz dudict diocèse pour y estre pourveu ainsi que de raison.

Sur la plaincte faicte par les habitans de plusieurs villaiges dudict diocèse touchant les abus que les receveurs ou leurs commis font en leurs exécutions, mesmes en ce que sans observer l'ordre de discussion porté par les ordonnances du Roy et les reiglemens de Languedoc, il se veoid bien souvent une partie des habitans d'une paroisse et quelquefois ung seul habitans, ores qu'il ayt entièrement paié sa portion de la taille, estre par lesdicts receveurs, contrainct et exécuté pour la cottité des aultres qui sont refusans ou dylaians. En quoy la condition des mauvais paieurs se trouve meilleure que non pas celle des bons, qui finallement sont, à cause de ceste oppression, réduicts à indigence et pauvreté, oultre que par cest exemple, les paroisses se remplissent de tant de mauvais paieurs que les deniers du Roy et ceulx du païs en sont, non seullement retardez, mais aussi beaucoup diminués. Requérant lesdicts habitans qu'il fust par lesdicts Estatz pourveu à ce désordre, comme aussi à ung aultre abus desdicts receveurs sur ce que après avoir usé de l'exécution sur le bestail ou aultres meubles parmy les villaiges, au lieu de transporter le tout comme ils debvroient en la plus prochaine ville, pour y continuer les exploictz qui sont requis en suitte de l'exécution par les voyes et formes ordinaires de la justice, affin que les intéressés y peussent avoir recours, au contraire lesdicts receveurs ou lesdicts commis retiennent dans les villaiges le bestail pour le faire vendre à leur discrétion, de sorte que bien souvent le prix des adjudications n'est suffizant pour paier les despens de l'exécution, sans toucher au principal qui est une autre espèce d'oppression au pauvre peuple et de retardement et diminution des deniers de Sa Majesté. Requérant aussi lesdicts habitans, qu'il y fust par mesme moyen donné quelque ordre en ladicte assamblée. A esté conclud, pour réprimer le cours de tels abus, qu'il sera expressément enjoinct au receveur qui entrera en charge, la presente année, de faire toutes exécutions, suivant les termes de droict et reiglement de luy et du païs de Languedoc, sans pouvoir contraindre ceulx qui auront paié leur portion, pour les cottités des aultres, et néantmoings que lesdictes exécutions faictes en la forme prescripte, lesdicts receveurs seront tenus faire transporter le bestail et aultres meubles délivrez au plus offrant et dernier enchérisseur, sans fraude, suivant les voyes ordinaires de la justice, affin que les intéressez, en cas d'abus, puissent avoir leur recours. Et d'aultant que la cause de ce désordre procède en partie du grand nombre de commis que lesdicts receveurs employent et de la diversité des lieux où ils font leur recepte ; a esté advisé qu'ils feront ladicte recepte en la ville de Mende, capitalle du païs et non ailleurs, sinon en cas de légitime empeschement et sans préjudice des privilléges de la ville de Maricujolz, si aulcuns en ont pour ce regard. Aussi ne pourra ledict receveur tenir qu'ung ou deux commis, desquelz il sera responsable ; ayant esté enjoinct au sindic dudict païs tenir la main à l'observation de ce que dessus et faire informer des abus et contraventions pour en poursuivre la punition en justice, à la réquisition et aux despens des habitans des paroisses intéressées.

Sur la réquisition réitérée par le sieur du Bacon, de voulloir procéder à l'audition du compte des munitions par luy administrées en l'année 1585, par commandement de Mgr de Saint Vidal, lors gouverneur du païs, suivant aultre sommation qu'il en a faicte auxdicts Estatz, a esté dict que lesdicts comptes sont renvoyez à MM. les députez à l'audition des comptes pardevant Mgr de Mende à Chenac, pour y estre veuz et arrestez ainsi qu'ils trouveront estre de raison.

Sur la remonstrance faicte par M. Pierre Parat, cy devant commis à la recette dudict diocèse es années 1585, 1586 et 1587, de ce que il auroit exercé la charge de receveur audict diocèse, durant lesdicts trois années, et comme estant lors ledict diocèse en combustion, à cause des guerres, cela fut cause que les deniers de sa recepte furent desnaturés et pervertiz pour subvenir à l'urgente nécessité des affaires, tant en vertu de certaines Lettres patentes du Roy, que des délibérations et ordonnances de MM. les commis et députés du païs ; au moyen de quoy il se trouve maintenant en peine, d'aultant qu'estant pressé de rendre ses comptes à la chambre, il préveoit ne pouvoir esviter de se trouver redevable à la recepte généralle d'environ 13,000 escus, tant à cause dudict divertissement que des restes qui luy sont deues, desquelles le païs, par plusieurs délibérations, luy a interdict la levée. Ce qui a contrainct ledict Parat, faire assigner lesdicts sieurs commis et députez en ladicte Chambre, pour assister à l'exécution desdicts comptes, affin d'estre condempnez à le relever de toutes radiations et à reprendre lesdicts restes qui montent environ semblable somme de 13,000 escus, ne pouvant faillir que ledict païs ny soit condampné suivant les clauses desdicts contractz avec despens, dommages et interest qui monteront beaucoup ; toutesfois, il n'auroit voulu entrer plus avant en poursuite contre ledict païs, sans en advertir la compaignie, pour adviser les meilleurs et plus convenables moyens que leur prudence leur pourra suggérer de remédier à cest affaire, soit en recourant devers le Roy, affin d'obtenir validation de l'employ desdicts deniers et descharge desdicts restes ou aultrement ; offrant ledict Parat, pour cest effect, faire l'advance des frais nécessaires en ceste poursuite, à la charge d'en estre remboursé par ledict païs ; aultrement à faulte de ce a requis la révocation des précédentes délibérations desdicts sieurs, et en ce faisant, qu'il luy soit permis de lever lesdicts restes et de prendre main forte, attandu les notoires rebellions qui luy ont esté faictes. A esté conclud que le sieur de Chanoillet, naguières syndic dudict diocèse, est prié, de la part desdicts Estatz, de dresser les mémoires et minutes des provisions qu'il est nécessaire d'obtenir pour faire tenir quicte et descharge ledict diocèse desdictes parties envers le receveur général particulier et tous aultres et ce au nom dudict syndic et à lacharge que ledict Parat, suivant son offre, advancera les fraiz.

Aussi a esté prié ledict sieur de Chanoillet de dresser mémoire sur la poursuite qu'il est nécessaire de faire en Cour, au nom du sindic, pour faire descharger le païs des obligations consenties au profit de ceulx du Tiers et commun Estat du bas pays d'Auvergne, pour les vivres fournis à l'armée de feu M. l'admiral de Joyeuse, par commandement du feu Roy, pour estre, lesdicts mémoires, envoyez en Cour, pour faire les poursuites nécessaires, selon que par MM. les députez à l'audition des comptes à Chenac, pardevant Mgr de Mende sera advisé.

Estans revenuz les sieurs Maubert et Brun qui avoient esté députez devers Mgr de Mende, ils ont rendu une lettre que ledict seigneur escript aux Estatz, oultre laquelle ils ont dict qu'il escriroit à M. son vicaire une aultre lettre, luy faisant entendre par icelle ce qui estoit de son intention touchant la prière que lesdicts Estatz luy faisoient d'envoyer, à son dict vicaire, ample pouvoir, avec liberté de conclure en toutes délibérations, mesmes touchant les sommes de deniers demandées aux Estatz par M. de Fosseux, gouverneur. Et après avoir esté faicte lecture de la Lettre que mondict seigneur de Mende escript auxdicts Estatz, M. de Guilleminet, commissaire principal de l'assiette, a dict que ledict seigneur de Fosseux luy a faict signifier, et aux aultres sieurs commissaires, les Lettres patentes du Roy, qu'il a obtenues touchant l'imposition des parties qu'il demande, avec sommation d'y satisfaire, à peine de s'en prendre à eulx en leur propre et privé nom ; au moyen de quoy ledict sieur de Guilleminet a requis l'assemblée d'en délibérer. Sur quoy M. le vicaire, président, a dict que Mgr de Mende persiste en sa première opinion, que l'on ne doit imposer aulcuns deniers extraordinaires à la foule et surcharge du pauvre peuple et contre l'intention et volunté du Roy, Edict de pacification, arrest de la Cour des Aydes et reiglemens de Mgr de Vantadour et des Estatz généraulx. Toutesfois pour esviter aux inconvéniens dont lesdicts Estatz sont en crainte, il est d'advis nommer quelques ungs de la compaignie, pour traitter avec luy sur le faict de son estat de gouverneur et de la citadelle, sans toucher aux aultres demandes contenues esdicts articles, et à ceste fin ont esté nommez MM. de Saint Auban, d'Hauteville et de Bouzolz.

Sur la requeste présentée par le cappitaine Molines, de pourveoir au paiement de ce qui luy est deub pour l'entretenement de la garnison du Villar, depuis plusieurs mois, suivant la commission de Mgr le Connestable et dudict sieur de Fosseux, gouverneur, a esté dict que le païs n'y est tenu, ains sera, ledict seigneur gouverneur, supplié de rechef, de la part desdicts Estatz, faire effectuer ce qui est de l'intention du Roy et en ce faisant, ordonner audict Molines de rendre audict seigneur de Mende ladicte tour du Villar comme estant sa maison.

Les réquisitions que le sieur Alméras, receveur du diocèse, l'année dernière, a baillé par escript aux Estatz, ont esté leues en plaine assamblée, et d'aultant qu'il s'agist des dommages et interestz par luy souffertz et à souffrir à faulte d'avoir peu faire la levée des deniers de la dernière imposition extraordinaire pour les raisons contenues en ses dictes réquisitions, a esté conclud que par MM. les députez qui ont veu et arresté son compte de fournitures par luy faictes, sera aussi procédé à la liquidation desdicts dommages et interestz et en demeureront d'accord avec luy.

MM. les consulz du Malzieu, Saint-Chély, Saulgues et aultres adhérans, ont dict que la principale occasion qui les avoit faict rendre opposans à la levée des deniers de l'assiette extraordinaire de l'année passée, estoit la surcharge de la portion des Cevennes et mesmes de la ville de Marieujolz que l'on avoit rejectée sur eulx, à cause de quoy ont requis, par la bouche dudict sieur consul du Malzieu, qu'il soit enjoinct au syndic du païs de prendre la cause pour eulx en la poursuite par eulx commencée à Montpellier à ce qu'il soit dict que lesdicts habitans de Marieujolz contribueront auxdicts deniers extraordinaires comme les aultres habitans dudict diocèse. A esté conclud que ledict sindic assistera lesdicts consulz en la poursuite et en tant que besoing prendra la cause pour eulx, au nom du général du païs, pour faire contribuer lesdicts habitans de Marieujolz aux deniers extraordinaires, nonobstant leur exemption, attandu qu'elle ne se peult estendre plus avant qu'aux deniers du Roy.

Les députés à la vérification des dommages et interest demandez par le sieur Alméras ont rapporté y avoir vacqué et liquidation faicte d'iceulx, ils auroient accordé audict sieur Alméras, pour les despens, dommages et interestz, par luy prétenduz, à la somme de 700 escus ; moyennant lesquelz il se desmet de toutes aultres prétentions et interestz jusques au premier jour d'octobre prochain. Laquelle liquidation et accord, lesdicts Estatz aiant agréable, ont advisé et conclud que MM. les commissaires de l'assiéte seront requis imposer ladicte somme de 700 escus en la présente assiéte des deniers extraordinaires pour estre paiés audict sieur Alméras et que ledict sindic prendra le faict et cause pour luy, au nom du païs, au procès pendant en la Cour des Aides contre les opposans à la levée de ladicte imposition extraordinaire et à ceste fin en fera, en ladicte Cour, toutes poursuites nécessaires. Aussi que ledict sieur Alméras se pourra rembourser des sommes à luy deues et couchées en ladicte assiéte, à proportion de ce qu'il lèvera des deniers de ladicte assiéte.

MM. de Saint Auban, d'Hauteville et de Bouzolz qui avoient esté députez vers mondict seigneur de Fosseux, pour le prier de soulager le païs sur les demandes qu'il a proposées aux Estatz, se contentant de ce que lesdicts Estatz luy pourront accorder librement pour le faict de la citadelle et pour son estat de la présente année, ont faict rapport à l'assamblée qu'ils avoient supplié ledict seigneur, de ce que dessus et encores de voulloir faire rendre le Villar à Mgr de Mende. Sur quoy il leur auroit dict ne pouvoir leur rendre response certaine, qu'il ne fust asseuré du contentement que les Estatz luy veullent donner sur lesdicts deux pointz de son estat, comme gouverneur et de ladicte citadelle. Ce qu'ayant esté proposé et mis en délibération en ladicte assamblée, a esté advisé et conclud, pour l'honneur et respect que lesdicts Estatz doibvent aux commandements du Roy, que pour ceste année seullement et sans conséquence, qu'ils accordent audict seigneur de Fosseux pour son estat de gouverneur la somme de 1,600 escus. Et pour le regard du remboursement des frais de la citadelle, les Estatz, oultre 12,000 escus qu'il en a receu du pays, luy ont encores accordé, pour toutes restes, la somme de 3,000 escus, sans préjudice de l'action que le païs a contre le capitaine Méjanes, pour la restitution de ce qu'il a plus receu que les ouvrages ne seront estimez, et à la charge aussi que ledict seigneur sera prié de remettre audict païs la provision qu'il a obtenue du Roy pour ledict remboursement, et d'en faire acquit final au dos, pour la descharge dudict diocèse.

Et sur ce que les députés des Cevennes ont protesté de se rendre opposans en cas que les Estatz les vouldroient comprendre au département des deniers extraordinaires pour les parties dont ils doibvent estre deschargez suivant les arrestz, requérant à ceste fin qu'il leur soit baillé coppie des articles de l'assiette extraordinaire, pour déclarer ceulx à qui ils veulent librement contribuer, a esté conclud qu'ils en communiqueront avec le sieur de Chanoillet et le sindic du païs, pour adviser s'ils pourroient demeurer d'accord desdicts articles.

Les Estatz aiant esté bien advertiz de la despense et frais que mondict seigneur de Mende avoit esté contrainct de faire au dernier voiaige qu'il feit devers le Roy pour les affaires dudict diocèse, suivant la prière et délégation de la dernière assamblée des Estatz dudict diocèse, tenus en la ville de Mende, au mois de juillet dernier, attandu qu'il n'a rien touché de ce qui avoit esté destiné pour ledict voiaige en l'asiette extraordinaire de l'année passée, ains que ça esté à ses propres coust et despens, luy ont accordé la somme de 500 escus pour le rembourser desdicts frais et despenses, et qu'à cest effect MM. les commissaires de l'assiéte sont requis comprendre ladicte somme en leur despartement extraordinaire de ceste année ; ce que ledict seigneur de Mende sera supplié avoir agréable.

Sur l'advis que lesdicts Estatz ont eu que mondict seigneur de Fosseux se dispose de partir ce matin de ceste ville pour s'en retourner à Mende, ont advisé de l'aller trouver tous en corps d'Estatz avant son partement, pour le supplier voulloir avoir agréable et se contenter des sommes qu'ils luy ont accordées, tant pour son estat que pour le faict de la citadelle, et qu'il luy plaise aussi, observant les Editz et ordonnances du Roy et reiglement de Mgr le Connestable, faire mectre au pouvoir de Mgr de Mende sa maison du Vialar, ainsi que lesdicts Estatz les ont cy devant prié, comme aussi celle de Grèzes, es mains du propriétaire, et ce pour le repos et soulagement dudict diocèse. Et s'estant, lesdicts Estatz, à ceste fin, acheminez au logis dudict seigneur de Fosseux, pour luy parler, a esté dict qu'il n'y avoit moyen de luy parler parce qu'il estoit occupé pour son partement; à cause de quoy lesdicts Estatz s'en sont retournez au lieu de leur assamblée.

Sur la requeste présentée par les habitans du villaige de Mialanes, jurisdiction de Saint Auban, disant que le 14° jour de septembre dernier, certains soldatz, en nombre de dix à douze, à cheval et à pied, armez, vindrent audict villaige ou de voye de faict et par force et violence, prindrent le bestail gros des supplians et icelluy emmenèrent en Auvergne, disant que c'estoit pour la taille; battirent aulcuns desdicts habitans jusques à effusion de sang et contraignirent lesdicts supplians, pour recouvrer leur dict bestail, de bailler la somme de unze vingtz escus, sans leur monstrer aulcun pouvoir ny faire aparoir d'aulcun debte. Et d'aultant que c'est chose grandement odieuse et contre la liberté du païs et l'authorité du Roy qui, Dieu grâces, dès longtemps auparavant ledict excès estoit recougneu en ce païs, lesdicts supplians ne peuvent moings faire que d'amener ladicte entreprise aux Estatz, les suppliant ordonner que, par le syndic dudict diocèse, le prévost général du Languedoc ou celluy dudict diocèse, sera requis d'informer dudict excez avec les tesmoings qui seront nommez par les supplians, et l'information faicte, que les coulpables seront poursuiviz par ledict sindic, au nom dudict païs, jusques à punition exemplaire, telle que le faict mérite; a esté conclud que le prévost dudict diocèse sera requis par ledict syndic, d'informer dudict excez pour l'information faicte, estre les coulpables poursuiviz par ledict sindic, au nom dudict païs, jusques à punition exemplaire.

Dudict jour huictième d'avril, de relevée.

Le sieur de Guilleminet, commissaire principal de l'assiette, a de rechef proposé comme ledict seigneur de Fosseux luy avoit faict intimer la commission du Roy, par luy obtenue, pour l'entretenement de la garnison de Mende, avec sommation de procéder au despartement des sommes à quoy monte ledict entretenement. Sur quoy ledict sieur de Guilleminet a requis lesdicts Estatz de délibérer pour luy servir en ce que de raison ; aultrement a protesté de passer oultre à l'exécution de ladicte commission.

Laquelle proposition entendue par M. le vicaire président, il a aussi protesté de ne se trouver en aulcune délibération touchant les impositions extraordinaires sur le diocèse.

M. le premier consul de Mende a protesté aussi, en cas que les Estatz ne donnent contentement audict seigneur de Fosseux, de s'opposer à tout ce qui a esté faict et qui se feroit et qu'il n'y consentoit en aulcune sorte. Après, l'affaire aiant esté mis en délibération, attandu que les Estatz généraulx de Languedoc y ont pourveu en leur dernière assamblée, tenue à Pézénas, aiant réduict ladicte garnison à soixante arquebusiers, pour estre paiez sur la crue d'ung escu qui se lève sur chascun quintal de sel, au pays de Languedoc ; oultre que sur l'accord faict avec M. de Joyeuse, le Roy a retranché de nouveau les garnisons de Languedoc, a esté conclud qu'il n'y a lieu d'entrer en despense pour l'entretenement de ladicte garnison, et qu'à ceste cause, ledict seigneur de Fosseux sera supplié d'en descharger ledict diocese. A laquelle conclusion, M. le consul de Mende s'est opposé, protestant de la perte de ladicte ville. Despuis lesdicts Estatz, pour certaines considérations, ont conclud et aresté de consentir que MM. les commissaires de l'assiéte se dispensent d'imposer la somme de 1,000 escus en l'assiéte extraordinaire, oultre les 5,000 escus accordez audict seigneur de Fosseux pour son remboursement de la despense faicte à la construction et bastiment de la citadelle, suivant les Lettres patentes du Roy.

Les députés des Cevennes ont remonstré qu'ils ont esté advertis que l'on veult procéder à la taxe du deffray des Estatz. Et d'aultant que c'est chose de laquelle ils sont deschargez par les arrestz de la Cour des Aydes, ils protestent de s'opposer à l'imposition, en cas que l'on vouldroit les y comprendre, comme dès à présent ils s'y opposent. A quoy lesdicts Estatz ont respondu unanimement que la qualité est pendante au Conseil du Roy et jusques à ce qu'il en ayt esté ordonné par Sa Majesté, que les privilléges du païs en cela et aultres choses doibvent estre maintenus et conservez.

Sur la prière que les Estatz, par la bouche de M. le vicaire, ont faicte au sieur Alméras d'entendre à la rerecepte de ce diocèse, la présente année, pour le désir et contentement que le païs auroit de le veoir continuer ladicte charge, ledict sieur Alméras, après avoir remercié les Estatz de leur bonne volunté, les a priez de l'excuser paur ceste année, estant bien marry, pour plusieurs raisons, qu'il ne puisse faire ce service au païs, bien a offert de s'employer en toute aultre chose où il en aura le moyen et mesmes de faire attandre, par M. le receveur général de Languedoc, le paiement des deniers de ce diocèse, jusques à la fin du mois d'aoust, sans que le païs en souffre aulcunes exécutions ny contrainctes; desquelz offres lesdicts Etatz l'ont remercié et en tant que besoing est les ont acceptées, le priant de continuer en sa bonne volunté envers le diocèse.

MM. les consulz du Malzieu et Saint-Chély ont remonstré que le sieur Sévérac aiant, en vertu d'une rescription de M. Alméras, faict plusieurs exécutions contre les habitans desdictes villes et paroisses, encores qu'ils fussent opposans à la levée des deniers de l'assiéte extraordinaire, auroit néantmoings faict condamner lesdicts habitans en une notable somme de deniers pour les despens qui est porté par les arrestz de ladicte Cour. Et d'aultant que c'est affaire regarde tout le général du diocèse, ils ont requis en estre délibéré par ladicte assemblée.

Sur quoy a esté conclud que la vérification des despens, exposez légitimement par ledict Sévérac audict procès, sera faicte en présence dudict Alméras comme aiant baillé ladicte rescription audict Sévérac sur lesdicts lieux du Malzieu et Saint-Chély, pour adviser d'en demeurer d'accord ou bien à deffault de ce sera renvoyé à l'assemblée desdicts députez à l'audition des comptes à Chenac, pour y pourveoir.

Les députés des Cevennes se sont opposez à tout ce qui sera faict en ceste assamblée, contrevenant aux arrestz de la Cour des Aydes et qui leur concerne, ne consentant à aulcune imposition de deniers, sinon à ceulx des commissions des Estatz généraulx de Languedoc, suivant leurs procurations.

Estant venus en l'assemblée le sieur de Saint André de Valhorgne, les Estatz l'ont prié et semond d'entendre à la recepte dudict diocèse la présente année, tant parce qu'il a part à l'office de receveur, aussi qu'il est du païs et a moyen de soulager le diocèse en faisant ladicte recepte dont il sera recogneu. De quoy ledict sieur de Saint André a remercié lesdicts Estatz, les priant de l'excuser, bien a offert d'assister ung nommé Chaudier en ce qu'il pourra, comme aiant esté envoié par le sieur Spéronnat, receveur dudict diocèse, pour faire la charge ceste année.

Les consulz de La Canorgue, Sainte-Enymie, Marieujolz, Le Malzieu, Saint-Chély, Salgues, Chirac et l'envoyé de M. le marquis de Canilliac, ont faict déclaration publicquement en ladicte assemblée ne voulloir adhérer à la poursuite du procès d'appel ny des oppositions formées, pendant en la Cour des Aydes, sur imposition et levée des deniers de l'assiéte extraordinaire de l'année passée, et si aulcuns d'eulx y avoient adhéré ou consenty, ils s'en despartent et y renoncent dès à présent.

Sur ce que M. le premier consul de Mende a remonstré, qu'estant venu Mgr de Fosseux en ceste ville, pour se trouver aux Estatz, y ayant mené une bonne compagnie avec luy, il estimoit qu'il seroit bien honorable de faire paier leur despense chez les hostes où ils ont logé; aiant aussi esté adverty que la pluspart s'en sont allez sans paier; a esté conclud qu'il sera couché à cest effect ung article dans l'estat de deffray soubz le nom dudict seigneur.

M. de Guilleminet, commissaire principal, a proposé, attandu que M. le premier consul de Mende s'est retiré de l'assemblée et ne se trouve point pour y assister, comme il est tenu, assavoir, si on luy doibt passer ses parties en l'assiéte, ou si il en doibt estre privé, requérant qu'il soit mis en délibération.

Sur la proposition faicte par M. le vicaire, président desdicts Estatz, de députer quelqu'un pour aller à la Cour, poursuivre les affaires du diocèse concernant le soulagement et repos d'icelluy ou bien d'y envoyer seullement ung lacquais pour le présent, avec mémoires et Lettres à M. le prévost de l'église de Mende, pour le prier de s'y employer pendant qu'il est sur le lieu ; a esté dict, attandu que la compaignie est contraincte se retirer et mettre fin à la présente assamblée, pour estre la feste de Pasques fort proche, qu'il sera pourveu aux susdicts affaires et aultres occurrens du païs par MM. les députez desdicts Estatz sur l'audition des comptes, en leur prochaine assemblée à Chenac, pardevant Mgr de Mende, selon qu'ils jugeront la nécessité et importance desdicts affaires et requérir avec le seigneur de Mende.

A esté aussi advisé et conclud que les mandemens qui seront doresnavant expédiez par MM. les commis et députez du païs seront signez de tous quatre et du sindic, et que lesdicts mandemens n'excèderont la somme de 33 escus 20 solz pour une fois et en ung mesme affaire, hors de ce qui sera couché es assiétes, desquelles ils ne pourront pervertir les deniers ; aussi ne leur sera loisible de faire aulcune imposition ny despartement, soit par forme d'emprunt ny ault ement, sans appeler et advertir les consulz du diocèse qui ont voix aux Estatz.

Aussi a esté advisé de députer devers mondict seigneur de Fosseux à Mende, Mr Maubert, envoyé du Chapitre dudict Mende, et M. Brun, premier consul du Malzieu, pour luy faire entendre, comme les Estatz luy ont finallement accordé jusques à la somme de 6,000 escus, assavoir : pour son estat, 1,600 escus ; pour la citadelle, 4,200 escus, et pour son deffray, 150 escus.

Sur les protestations faictes par les députés des Cevennes, de se rendre opposans à la levée de certaines parties extraordinaires que les Estatz ont advisé de faire imposer, disant qu'ils ne sont tenus d'y contribuer, ains en sont déchargez par les arrestz de la Cour des Aydes : a esté conclud, pour esviter à désordre et relever le païs des fraiz de la poursuite d'ung procès, que lesdicts députez des Cevennes se trouveront à Chenac en l'assemblée de MM. les députez, à l'audition des comptes, pour y estre faicte vérification des parties dont les habitans desdicts Cevennes doibvent estre deschargez et en demeurer d'accord avec lesdicts députez.

Sur la requeste présentée par M. Paul Arnauld, sieur de la Cassaigne, comme dez le 26° novembre dernier, il auroit contracté avec M. François Bon, secrétaire de la Chambre du Roy, pour l'office de receveur alternatif des tailles en ce diocèse, aiant, icelluy sieur Bon, promis par les conventions de leur contract fournir audict Arnauld, Lettres de provision en bonne forme dans le mois de janvier dernier passé. A quoy ledict sieur Bon n'auroit satisfaict, quelles protestations et réquisitions que par ledict Arnauld luy en ayent esté faictes jusques au 3° jour de ce mois, que lesdictes Lettres luy furent présentées en ceste ville, par M. Olivier Sévérac, contrôleur des tailles au présent diocèse. Lesquelles provisions ledict Arnauld n'auroit voulu accepter que par ung préalable il ne fust asseuré qu'il seroit receu en l'exercice et jouissance dudict office en la présente assemblée et les despartemens des deniers ordinaires et extraordinaires à luy baillez, craignant que lesdicts Estatz fondent ung refus sur le deffault de la réception du suppliant qui n'a assez de temps pour s'aller présenter et faire recevoir en la Chambre des Comptes et bureau des finances où il doibt présenter ses cautions; bien que cela ne doibve empescher sa réception, puisqu'il appert auxdicts Estatz desdictes provisions qui sont en bonne et deue forme et qu'il offre et promet de faire recevoir en ladicte Chambre et bureau des finances dans quinze jours ou ung mois pour tout délay, et y bailler ses cautions en tel cas requises et acoustumées, avant que les deniers de ladicte recepte soient paiables et que les termes en soient escheuz. Requérant à ces causes qu'il pleut auxdicts Estatz ordonner que les despartemens des deniers ordinaires et extraordinaires luy seront baillez comme estant bien et deuement pourveu dudict office de receveur pour l'exercer la présente année, comme estant celle de son tour et rang; requérant aussi response sur le contenu en ladicte requeste pour s'en servir en temps et lieu et contre qu'il apartiendra par raison et que le registre du païs soit chargé du contenu en ladicte requeste et offres. A esté advisé et conclud qu'après que le suppliant aura présenté ses provisions, tant en la Chambre des Comptes que au bureau des finances où il doibt prester le serment et bailler les cautions en tel cas requises et nécessaires et que le sindic du présent païs y sera ouy pour representer et faire ordonner sur l'interest que ledict païs recevra de la prétendue vérification desdictes provisions pour les causes qu'il a à desduire et alléguer, il luy sera respondu sur les fins requises comme il apartiendra par raison et justice.

Du neufvième jour dudict mois d'avril, du matin.

L'assamblée a esté occupée à dresser l'estat des debtes

du païs et parties extraordinaires qu'il conviendra imposer la présente année pour l'advancement des affaires dudict païs, ayant esté advisé encores de comprendre, dans ledict estat, les sommes qui s'ensuivent, assavoir : la somme de 180 escus 50 solz accordée au sieur de La Croix, commandant pour le service du Roy, à Florac, pour la moictié de ce que monte la solde et entretenement de quarante arquebusiers, establiz en garnison dans ladicte ville, durant neuf mois, faisant les douze de l'année passée, suivant les Lettres patentes du Roy, qu'il en avoit obtenues.

A M. Jacques Saulze, commis du sieur Alméras, la somme de 55 escus, à luy deue par ung comptereau de fournitures faictes pour les procès que le païs a en la Cour des Aydes, contre les opposans et aultres menues parties.

Plus la somme de 10 escus accordez à Mᵉ Jehan Maurin, aultre commis dudict sieur Alméras, au quartier de Lengoigne, suivant le roolle par luy remis aux Estatz.

Aussi la somme de 53 escus 20 solz accordés à M. Dalboy, secrétaire de Mgr le duc de Vantadour, lieutenant pour le Roy au païs de Languedoc, pour les despesches et expéditions par ledict sieur Dalboy, faictes pour ledict diocèse, durant deux années.

Plus la somme de 50 escus accordés au sieur Blancard, pour le relever de la perte d'ung cheval, allant à Pézénas, pour les affaires dudict diocèse.

Plus 26 escus 20 solz au sieur de Roquoles, pour avoir assisté le second consul de Mende en l'assamblée tenue à Béziers l'année dernière.

A M. Jehan Bompar, pour le voiaige et séjour qu'il feit à Montpellier au mois de febvrier dernier pour les procès pendans en la Cour des Aydes et aultres affaires du diocèse, la somme de 15 escus.

Et ayant lesdicts Estatz esgard que MM. les commis et députés dudict païs, assavoir : MM. le vicaire de Mgr de Mende, commis pour l'église ; de Saint Auban, commis des nobles, et les premiers consulz de Mende et de Marieujolz, commis du Tiers-Estat, ne peuvent vacquer et s'employer durant l'année comme ils font ordinairement à tous les affaires occurrens, s'ils ne sont paiez, à tout le moings de leurs gaiges ordinaires et acoustumez ; a esté advisé que la somme de 208 escus à quoy reviennent lesdicts gaiges sera comprise audict Estat pour estre couchée en ladicte assiéte extraordinaire ainsi qu'il a esté faict par cy devant es assiétes précédentes.

Dudict jour neufvième avril, de relevée.

Sur la réquisition et instance que le sieur Rodier, lieutenant de prévost dudict diocèse, au quartier de Barre et Cevennes, a faicte auxdicts Estatz de luy accorder telle somme qu'il plaira au païs pour son entretenement et gaiges de la présente année, promettant faire si bien son debvoir en ladicte charge que le païs n'aura regret de l'avoir continué ; a esté advisé et conclud que lesdicts sieurs commissaires de l'assiéte seront requis de comprendre en leur assiéte extraordinaire avec les aultres parties de l'estat, la somme de 100 escus accordés audict sieur Rodier pour sesdicts gaiges et entretenement durant ceste année, à la charge de remettre de trois en trois mois devers le greffe du païs en la prévosté les verbaulx de ses chevauchées et aultres actes et procédures du faict de sadicte charge.

Le sieur de Paliers a remonstré qu'il avoit assisté en

l'assamblée des Estatz tenus à Mende, l'année dernière, comme les aultres députez, au moyen de quoy il estoit bien raisonnable qu'il fust paié de semblable deffray qui leur avoit esté accordé; toutesfois parce que ung jour auparavant la fin de leur assamblée, il s'en alla en Rouergue par commandement de Mgr de Fosseux, cela est cause qu'aiant esté obmis en l'estat dudict deffray, il n'a peu estre paié par le sieur Alméras, receveur, qui en faict difficulté sans ordonnance de l'assamblée, craignant qu'il ne luy soit passé en ses comptes ; requérant, ledict sieur de Paliers, en estre faict ordonnance audict receveur, a esté conclud que le sieur Alméras paiera 10 escus audict sieur de Paliers pour semblable deffray accordé aux aultres députés de sa qualité, comme a esté vérifié par ledict Estat, laquelle somme de 10 escus sera passée en son compte sans dificulté.

Les sieurs Maubert et Brun, estans de retour devers Mgr de Fosseux, ont raporté à l'assamblée avoir faict entendre audict seigneur la résolution des Estatz touchant les 6,000 escus qu'ils luy avoient accordez pour luy donner contentement, l'ayant suplié de la part desdicts Estatz d'avoir esgard à la pauvreté et impuissance du peuple. Toutesfois ledict seigneur leur a faict cougnoistre qu'il n'estoit entièrement satisfaict, leur aiant donné charge de luy faire scavoir si les Estatz veullent pourveoir à l'entretenement de la garnison de Mende, suivant la commision du Roy, et qu'il désire aussi que lesdicts Estatz facent response sur chascun de ses articles. Sur quoy lesdicts Estatz, par la bouche de M. le vicaire, président, ont remercié lesdicts sieurs Maubert et Brun, de la peine qu'ils ont prise en ceste affaire. Lequel, aiant de rechef mis en délibération, a esté advisé et conclud, pour ne donner mescontentement audict seigneur de Fosseux, qu'il luy est accordé oultre la somme de 1,600 escus pour son estat, l'entière somme de 5,200 escus pour restes et entier paiement de 17,200 escus par luy prétendus pour la construction de la citadelle de Mende, et encores 150 escus pour son deffray. De quoy il sera supplié de la part des Estatz se voulloir contenter et remettre les provisions du faict de ladicte citadelle et en faire acquict final au doz d'icelles.

Sur la remonstrance faicte par le sieur Alméras, receveur dudict diocèse, l'année dernière, de ce qu'il est fort pressé de paier aulcunes parties couchées en son assiéte extraordinaire, suivant les délibérations des Estatz derniers ; à quoy il faict difficulté, craignant que si elles estoient rayées par la Cour des Aydes, sur ladicte assiéte au procès qui en est pendant en ladicte Cour, que par après le païs fist difficulté de les allouer en la despense de son compte, encores que ce soit à l'acquict et descharge dudict païs ; a esté conclud que lesdictes parties, si aulcunes sont paiées par ledict sieur Alméras, seront passées et allouées en la despense du compte du sieur Alméras sans dificulté.

Sur la réquisition faicte par le sieur d'Hauteville, envoyé de M. le baron d'Apcher, de luy faire coucher au despartement semblable deffray qui avoit acoustumé d'estre accordé anciennement aux envoiez de MM. les barons de tour ; a esté conclud que la taxe des envoyés de MM. les barons sera esgalle cest année et ne sera accordé plus grand deffray à celluy de tour qu'aux aultres, ayant lesdicts Estatz prié M. le bailly de faire la taxe dudict deffray dont ils se remettent à sa discrétion. Sur quoy les députés des Cevennes se sont opposés comme à chose contraire aux arrestz de ladicte Cour des Aydes.

Lesdicts Estatz ont accordé à M. Loys Vidal, appothicaire de la ville de Marieujolz, tant pour avoir faict acomoder la salle où se tient la présente assamblée, avoir fourny le bois et les collations, durant la tenue des Estatz, la somme de 35 escus 20 solz qui sera employée en l'estat du deffray.

Du dixième jour dudict mois d'avril, du matin.

La response des articles de mondict sieur de Fosseux, gouverneur, a esté dressée, leue et arrestée en ladicte assamblée pour en estre despéché coppie par le greffier audict seigneur ainsi qu'il disoit.

A esté aussi advisé par lesdicts Estatz de requérir MM. les commissaires de l'assiéte d'imposer, avec les deniers extraordinaires, la somme de 150 escus, accordée à M. de Saint Auban pour le remboursement des fraiz de plusieurs voiaiges qu'il a faicts pour le diocèse, mesmes pour estre venus exprès de Languedoc en ce diocèse, par commandement de Mgr le duc de Ventadour, pour la réconciliation de Mgr de Mende avec mondict seigneur de Fosseux, et que lesdicts sieurs commissaires seront pareillement requis comprendre audict despartement extraordinaire, la somme de 300 escus par eulx accordée à M. de Picheron, bailly de Gévaudan, pour le rembourser de plusieurs frais par luy exposez durant six sepmaines qu'il a esté contrainct de demeurer et séjourner en ce diocèse, tant à l'occasion desdicts Estatz que pour aultres affaires concernans le bien, repos et soulagement d'icelluy et pour ung voiaige qu'il a faict, pour lesdicts affaires, devers Mgr le duc de Ventadour, estant à quatre chevaulx, et pour l'occasionner à s'employer pour le païs au voiaige qu'il va faire à la Cour. Laquelle conclusion entendue par ledict sieur Bailly, il en a remercié les Estatz, les priant disposer de luy en tout ce qu'il aura moyen de servir le païs et de luy bailler, à cest effect, mémoires des affaires, lorsqu'il s'en ira à la Cour, promettant de s'y employer fidellement et soigneusement.

Le contract de la recepte du diocèse, la présente année, a esté passé à M. Jacques Saulze, de la ville d'Uzès, et après a esté leu et stipulé en plaine assamblée par M. Jehan Bompar, notaire royal.

Aussi ont esté leuz et stipulez par ledict Bompar, en ladicte assamblée, ung contract d'accord faict entre lesdicts Estatz, d'une part, et les sieurs de Saint André, Du Verger et Chaudier, d'aultre, pour raison du faict de ladicte recepte, et une procuration passée audict sieur Alméras, pour emprunter la somme de 6,800 escus pour la délivrer audict seigneur de Fosseux, en acquictement de pareille somme accordée par lesdicts Estatz audict seigneur. Ayant lesdicts Estatz advisé et conclud que le contenu aux susdicts contractz et procuration sera effectué pour le bien des affaires dudict diocèse et repos d'icelluy et à ceste fin, MM. les commissaires de l'assiéte, sont requis imposer les parties qui deppendent desdicts contractz et procurations.

Sur la dificulté faicte par les députés des Cevennes, de signer le contract de recepte et d'aprouver l'estat des despartemens extraordinaires, qu'il sera faict en la présente assamblée, a esté conclud que tous les députés dudict païs signeront ledict contract comme l'ayant juré et stipulé et qu'en l'assamblée, qui se fera à Chenac dans 'e mois d'avril, seront vérifiées les parties couchées es impositions extraordinaires de l'année passée et de la présente, esquelles lesdicts habitans des Cevennes ne doibvent entrer comme en estant deschargez par arrestz de nos seigneurs de la Cour des Aydes, pour estre d'aultant deschargez de leurs cottités, et que M° Jacques Saulze, receveur dudict diocèse, sera prié leur tenir en compte ledict deschargement, selon la résolution qu'en sera prinse audict Chenac et néantmoings acquicter les créanciers dudict païs, couchez audict estat, à la charge que le païs l'en remboursera avec ses dommages et interestz.

L'estat des parties et sommes de deniers que les gens desdicts Estatz requièrent MM. les commissaires de l'assiéte d'asseoir et départir sur ledict diocèse la présente année, tant pour aquicter plusieurs debtes que pour subvenir aux aultres affaires d'icelluy, a esté leu, arresté et signé en plaine assamblée et conclud pour le soulagement du peuple, et affin qu'il ayt moyen de respirer, que les termes de paiement des assiétes de la présente année seront aux premier jour d'aoust et premier d'octobre prochains par esgalles portions. Cela faict, M. le vicaire, président desdicts Estatz, selon l'ancienne coustume, a donné la bénédiction aux assistans, qui a esté la fin de ladicte assamblée.

Signé : De Boxy, vic. et président.

Moy escrivant, signé : Brugeiron.

1597.

…es commissaires de l'assiette. — Rôle de MM. des Etats. — Différent entre les barons de Peyre et d'Apchier pour la préséance. — Motion du seigneur d'Apchier au sujet du consul de Mende. — Admission de l'envoyé de M. de Canillac. — Aucun député ne sera désormais reçu s'il n'est de la qualité requise. — Différent entre les barons de Randon et de Florac et autres gentilshommes pour la préséance. — M. l'envoyé de M. de Sévérac est reçu à l'assemblée. — Les Etats cherchent à rétablir la paix entre MM. de Saint Auban et d'Apchier. — De la démolition de la citadelle de Mende et du licenciement de la garnison. — Contestation pour la préséance entre les envoyés de MM. de Canillac et de Cénaret, de Randon et de Cénaret; de MM. de Sainte Enimie et de Langogne. — Citadelle de Mende à démolir. — M. Tondut, procureur du diocèse, en la Cour des Aides, rend compte aux Etats des procès du pays. — Procès à poursuivre contre les habitants de Marvejols et justification donnée par les consuls de cette ville. — Négociation avec M. de Fosseuse. — Rapport des commissaires. — Invitation à M. d'Apchier de revenir à l'assemblée. — M. Alméras est prié d'avancer certaines sommes d'argent. — Mesures pour la réduction de la ville de Mende, occupée par M. de Fosseuse. — Les commis du diocèse, malgré l'absence du premier consul de Mende, s'assembleront durant l'année pour traiter de l'administration des affaires. — Nomination des auditeurs des comptes. — Démission de M. de Fumel, sindic du pays. — Suppression de la sénéchaussée de Mende. — Protection en faveur des personnes du bas Languedoc qui conduisent leurs troupeaux en Gévaudan, pendant l'été. — *Rôle des fournitures et vacations de M. Tondut.* — *Lettre et requête à envoyer à M. de Ventadour.* — *Dette du pays en faveur du bas pays d'Auvergne.* — *Sommes à imposer pour la réduction de la ville de Mende.* — *Publication de la recette des tailles.* — *Dette en faveur de MM. de Canillac et de Bouzols.* — *Rapport des auditeurs des comptes.* — *Demande de M. Alméras, receveur.* — *Les députés de Mende retournent dans cette ville avec promesse de revenir à l'assemblée.* — *Emprunts pour les préparatifs de guerre contre le sieur de Fosseuse.* — *M. Spéronnat requiert l'assamblée de lui délivrer la recette des tailles.* — *Même demande par M. de Manifacier.* — *Différent entre l'envoyé du consul de Mende et le consul de Marvejols pour la séance.* — *Sommes dues à MM. Borrel, Alméras et de La Croix, qui en demandent le remboursement.* — *M. Chantuel offre de faire la levée des tailles.* — *Imposition pour les affaires imprévues.* — *Dette en faveur du bas pays d'Auvergne, offre de MM. des Etats et protestations de divers députés.* — *M. Chantuel, chargé de la recette des tailles.* — *La moitié des deniers ordinaires donné par le Roi aux habitants de la ville de Mende sera employée aux besoins du pays.* — *Imposition en faveur de M. Alméras, receveur et créancier du diocèse.* — *M. Tondut, procureur du pays et état des procès.* — *Dette en faveur de M. de Reich:* — *Sommes dues au sieur Alméras.* — *Suppression de la sénéchaussée.* — *Nomination d'un substitut du commis de la noblesse et du greffier des Estats.* — *M. Dumas, juge du Chapitre, est désigné pour aider le syndic.* — *Nomination de M. Bazalgette, sieur du Barret, à l'emploi de prévôt de la maréchaussée, vacant par la démis-*

sion du sieur Virgile. — *Imposition pour fournir aux poursuites des procès criminels qui n'ont point de parties civiles. — Dette en faveur du bas pays d'Auvergne. — Clôture des comptes du sieur Alméras. — Dette en faveur M. Motte, d'Anduze. — Compte du sieur Sévérac. — Somme due au sieur de Saint André de Valborgne. — Gratification en faveur de MM. Savaron et Martinon, députés du bas pays d'Auvergne. — Demandes de MM. Alméras et Saulze, receveurs des tailles. — Frais de voyages. — Gratification en faveur du lieutenant de prévôt de la maréchaussée. — Intérêts dus au sieur Chantuel. — Frais, dépenses, vacations, gratifications. — M. Borrel assistera aux délibérations à la place du premier consul de Mende, son beau-frère, attendu l'occupation de la ville de Mende par M. de Fosseuse et mesures prises par la tenue des assemblées. — Règlement de la dépense de ceux qui seront envoyés à la Cour ou ailleurs, pour les affaires du pays. — Nomination d'un substitut du syndic. — M. Dumas, docteur ès droicts, doit être appelé lorsqu'il s'agira des procès intentés ou à intenter. — Rapport des députés envoyés vers M. de Ventadour au sujet de la réduction de la ville de Mende et de la démolition de la citadelle. Deniers de l'assiette, demande d'un délai. — Dette en faveur de M. Portalés, trésorier provincial de l'extraordinaire des guerres en Languedoc. — M. de la Cassaigne, créancier du pays. — Offres faites à M. de Fosseuse pour l'engager à quitter Mende. — M. de Ventadour requiert les Etats d'envoyer un député à l'assemblée convoquée à Pézénas. — Nomination du substitut du syndic.*

L'an mil cinq cens quatre-vingt-dix-sept et le jeudy douzième jour du mois de juing, environ neuf heures du matin, dans la maison commune de la ville de Chenac, se sont assemblez les gens des trois Estatz du diocèse de Mende et païs de Gévauldan, suivant les commissions, tant de nos seigneurs les commissaires, présidens aux Estatz généraulx de Languedoc, tenuz à Béziers, au mois de décembre dernier, que de Mgr le duc de Ventadour, pair de France, lieutenant général pour Sa Majesté audict païs de Languedoc. En laquelle assamblée estans venuz M* M* Pierre de Guilleminet, greffier et secrétaire du Roy, auxdicts Estatz généraulx, commissaire principal de l'assiéte dudict diocèse, et M. de Picheron, gentilhomme ordinaire de la Chambre de Sa Majesté, bailly dudict païs de Gévauldan, commissaire ordinaire de ladicte assiéte et commis aussi par sadicte Majesté, pour se trouver en icelle ; ledict sieur de Guilleminet a proposé le faict desdictes commissions desdicts Estatz généraulx et a exhorté et requis lesdicts Estatz, de satisfaire promptement au contenu d'icelles, en ce qui les regarde, et ce faisant, l'assister à faire le departement des sommes de deniers portées par lesdictes commissions, aultrement a protesté contre eulx. Et néantmoings leur a déclaré qu'à leur reffuz, absence ou retardement, il procèdera audict departement sellon qu'il luy est mandé par lesdictes commissions ; ayant ordonné, à ceste fin, qu'elles seront leues en ladicte assamblée par le greffier du Bailliaige et desdicts Estatz.

Après lecture faicte desdictes commissions, le sieur de Fumel, sindic dudict païs, a requis lesdicts sieurs commissaires voulloir, suivant l'ancienne coustume, permettre la continuation de l'assamblée desdicts Estatz affin qu'ils puissent meurement et librement délibérer, tant sur le faict d'icelles que sur aultres affaires importans le service du Roy et le repos et soulaigement dudict diocèse ; laquelle permission lesdicts sieurs commissaires ont octroyé à ladicte assamblée, à la charge de ne traicter aucune chose préjudiciable au service de Sa Majesté, ny contre le bien publicq. Sur quoy Mgr de Mende, comte de Gévauldan, conseiller du Roy en son Conseil d'Estat et président en ladicte assamblée, a représenté ausdicts sieurs commissaires la bonne volunté que lesdicts Estatz ont de satisfaire auxdictes commissions, mais qu'estant ce diocèse réduict à une grande pauvreté, oultre plusieurs affaires qu'il a sur le bras, important le bien du service de Sa Majesté et le repos de ses subjectz, il luy est impossible d'effectuer entièrement le contenu auxdictes commissions et paier les deniers portez par icelles, ains au contraire auroit juste occasion de supplier le Roy de les leur donner et remectre, et à ceste fin requérir lesdicts sieurs commissaires d'en surseoir le despartement. De quoy lesdicts Estatz, par la bouche dudict seigneur président, les ayant requis et priés, lesdicts sieurs commissaires leur ont respondu qu'ils n'empeschent lesdicts Estatz de se retirer devers Sa Majesté pour obtenir le don et remise desdicts deniers, sans toutesfois que de leur part ils puissent retarder le département ny la levée d'iceulx. Et incontinent après, par ordonnance de mondict seigneur de Mende et suivant l'ancienne coustume, ont esté appellez les sieurs députés, tant de l'église, de la noblesse, que du Tiers-Estat, qui ont séance et voix délibérative en ladicte assamblée, en laquelle a esté faicte lecture de leurs procurations et s'y sont trouvez assistans, assavoir, pour l'estat ecclésiastique : MM. André de Chanoillet, docteur en droict canon, et Pierre Males, chanoines en l'église cathédrale, [députés du] chapitre de ladicte église ; frère Pierre Raugiou [religieux], scindic d'Aubrac, envoyé pour M. d'Aubrac ; M....., docteur ez droictz, juge dudict chappitre de Mende, envoyé de M. de Sainte Enimye ; frère Claude Clavel, religieux et aulmosnier du prieuré de Lengoigne, envoyé dudict sieur prieur dudict Lengoigne ; M. Pol Albaric, docteur ez droictz, juge du sieur commandeur de Saint Jehan, comparant pour ledict sieur de Saint Jehan. Pour l'estat de la noblesse : M. le baron d'Apchier, en personne ; M. le baron de Peyre, en personne ; M. le baron Du Tournel, en personne ; noble Anthoine Du Bourbier, sieur de La Croix, bailly des terres de M. le baron de Florac, envoyé dudict sieur, comme estant baron du tour, la présente année ; noble Claude de Choisines, envoyé de M. le baron de Randon ; noble Estienne de Sabran, sieur des Alpiez, envoyé de M. le baron de Céneret ; noble Jehan de Retrun, sieur de La Roche, envoyé de M. le baron de Canilliac ; M. de Seras, sieur de Barre, en personne; André Vivian, envoyé de M. d'Allenc ; noble François de Lormay, envoyé de M. de Saint Auban ; noble François de La Mollette, sieur de Felgeyrolles, envoyé de M. de Mirandol ; Mathieu Bazalgette, sieur de Barret, envoyé de M. de Sévérac ; Anthoine de Saint Martin, sieur du Villaret, envoyé de M. de Gabriac ; M. Jacques Ducros, docteur ez droictz, envoyé de M. de Portes ; Pierre Melliac, sieur du Montet, envoyé de M. d'Arpajon ; Vidal Borrel, bourgeois, envoyé de MM. les consulz nobles de La Garde-Guérin. Et pour le Tiers-Estat : M. Robert de Chanoillet, docteur ez droictz et premier consul de la ville de Mende ; Me Michel Jordan, premier consul de Marieujolz ; Jehan Cazes, consul de Chirac ; Pierre Lacam, consul de La

Canorgue ; Pierre Albet, consul de St-Chély-d'Apchier ; Pierre Giranton, consul de Salgues ; Jehan Bony, consul du Malzieu ; Jehan Grégoire, pour le sindic d'Yspaignac ; Ligier Pagès, procureur de Sainte-Enimye ; Jehan Aigly, consul de Châteauneuf-de-Randon ; M. Robert Brolhet, procureur de Serverette ; Jehan Bodet, procureur de Lengoigne ; Guillaume Noguier, procureur de la viguerie de Portes ; M. Gabriel Roffiac, scindic de Saint Auban ; Barthélemy Privat de Saint Germain, pour le procureur du mandement de Nogaret. A tous lesquelz assistans, mondict seigneur le président a faict prester le serment de procurer le bien et service du Roy et des affaires audict païs et de [ne] révéler les secretz desdicts Estatz.

M. le baron de Peyre a remonstré que despuis quelque temps il avoit recouvré une transaction passée entre feu MM. Anthoine de Peyre, seigneur et baron de Peyre et de Saint-Chirc, d'une part, et François d'Apchier, seigneur et baron d'Apchier, d'aultre en l'année 1554, suivant laquelle, bien qu'il eut occasion de demander la préséance en ceste assamblée devant M. le baron d'Apchier et toutz les aultres sieurs barons qui ne sont en tour ; toutesfois, pour l'amitié qui est entre ledict sieur baron d'Apchier et luy, laquelle il désire conserver, il luy auroit communicqué ung extraict dudict tiltre. Et d'aultant que ledict sieur d'Apchier prétend faire apparoir à la prochaine assamblée de quelques tiltres contraires au sien, ne voullant, ledict sieur de Peyre, entrer maintenant en contestation de la préséance, a déclaré que d'amitié et courtoysie il consent que pour ceste année ledict sieur d'Apchier aye la préséance en ladicte assamblée, sans préjudice toutesfois à l'advenir du droict à luy acquis par ladicte transaction et à la charge que le contenu d'icelle sera suivy et entretenu si de dedans les prochains Estatz ledict sieur d'Apchier ne faict apparoir du tiltre contraire. Veu l'extraict de laquelle transaction dont a esté faicte lecture à ladicte assamblée, du consentement dudict sieur d'Apchier, a esté conclud qui si dedans les prochains Estatz dudict diocèse il ne faict apparoir de tiltre contraire à ladicte transaction, qu'elle sera suyvie et aura lieu auxdicts Estatz pour l'advenir. De quoy ledict sieur baron de Peyre a requis acte.

Sur ce que M. le baron d'Apchier a dict qu'il seroit bon de faire délibérer si le consul de Mende doit oppiner là présent en l'assamblée, attandu que les habitans de ladicte ville n'y sont pas en liberté, pour estre occupée par les gens de guerre qui y sont maintenant en garnison, au moyen de quoy les oppinions dudict consul, en ce qui touche le faict de la réduction de ladicte ville, peuvent estre contrainctes et forcées par la craincte desdicts gens de guerre; le sieur de Chanoillet, premier consul de Mende, a dict que quant bien ladicte ville ne seroit en liberté, comme il a pleu audict sieur d'Apchier de dire, toutesfois cella ne pourroit empêcher que ses oppinions ne tendissent au repos et solaigement dudict diocèse ; remonstrant en oultre que le privilége que les consulz de ladicte ville de Mende ont acoustume d'avoir, d'assister et oppiner en ladicte assamblée ne deppend poinct de la délibération desdicts Estatz; et sur ce n'a esté aucuue chose délibérée ny conclud par ladicte assamblée.

Le sieur de La Roche, envoyé de M. le baron de Canilliac, s'est présenté en ladicte assamblée, requérant y estre receu en vertu d'une Lettre missive dudict sieur de

Canilliac, luy mandant d'assister ou se présenter auxdicts Estatz. Veu laquelle Lettre, et attandu les bons offices que ce diocèse a receu et espère encores de recevoir dudict sieur de Canilliac, ladicte assamblée a donné séance audict sieur de La Roche pour ceste fois seullement et sans conséquence à l'advenir et à la charge de porter et remectre, devers le greffier des Estatz, ratification dudict sieur de Canilhac de ce qui sera arresté en a présente assamblée.

D'aultant qu'ils se sont présentez en ceste assamblée quelques envoyés qui ne sont de la qualité de ceulx qui les ont depputez et que c'est chose qui porte conséquence ; aussi que les Estatz de ce diocèse sont institués à l'instar des Estatz généraulx de Languedoc qui ne permectent la réception d'aucuns envoyez s'ils ne sont de la qualité de ceulx qui les déléguent, a esté conclud qu'à l'advenir nul envoyé ne sera receu aux Estatz de ce diocèse s'il n'est de la qualité de celuy qui l'aura depputé ; et bien que ce soit chose souvent résolue ez assamblées précédentes, toutesfoys, ayant esté jusques icy mal observée, a esté enjoinct au greffier de mectre pour l'advenir aux Lettres de la convocation desdits Estatz, que ceulx qui n'y pourront venir en personne y envoyent de depputez de leur qualité et qu'aultrement ils n'y seront point receuz.

Sur le différent meu entre le sieur de Choisines, envoyé de M. le baron de Randon et le sieur de La Croix, envoyé de M. le baron de Florac, disant ledict sieur que ledict baron de Randon estoit en tour l'année passée et bien qu'il se présentast aux Estatz, toutesfois son rang et place luy furent occuppez par l'envoyé de M. le baron d'Apchier ; au moyen de quoy il doibt estre réintégré en son tour la présente année, comme il en a requis l'assemblée ; aultrement, à faulte de ce faire, a protesté d'en avoir recours au Roy ou aillieurs où besoing sera. Au contraire le sieur de La Croix disoit que, par délibération des Estatz derniers, fut dict et déclaré que ledict sieur baron de Florac seroit en tour la présente année, comme il est à la vérité, suivant l'ordre ancien desdicts barons, d'aultant que ledict sieur de Florac vient immédiatement après ledict sieur de Randon et que s'il a perdu son tour l'année passée, que ledict sieur de Florac n'en est pas cause et ne peult cella préjudicier à son droict ny déroger à la délibération desdicts Estatz. A esté conclud que ledict sieur de Florac demeurera en tour aux présentz Estatz, suivant ladicte délibération, et néantmoings que l'assamblée advisera de desdomaiger ledict sieur de Randon de ce qu'il peult prétendre de l'occupation de son dict tour de l'année passée. A laquelle conclusion, mondict seigneur le président, ayant prié ledict sieur de Choisines pour ne retarder les Estatz sur les principaulx affaires ; ledict sieur y a acquiessé pour ceste foys, sans conséquence ny préjudice des droictz dudict sieur de Randon à l'advenir.

Sur aultre différend d'entre les sieurs de Montrodat, de Barre, Mirandol et aultres de la noblesse de ladicte assamblée disant ledict sieur de Montrodat qu'il debvoit avoir son rang immédiatement après MM. les barons et précéder les autres gentilshommes, qui soubztenoient et préthendoient le contraire leur appartenir ; a esté conclud que pour la présente assamblée et sans conséquence ny préjudice du droict des parties, l'ordre et le rang auquel lesdicts nobles se trouvent maintenant en ladicte assamblée sera continué durant la tenue des présentz

Estatz, affin de ne retarder les affaires dudict diocèse et que pour régler ces différentz à l'advenir, tant pour le regard de MM. de l'église, barons et noblesse que du Tiers-Estat, il est enjoinct au syndic de faire recherche de tous les anciens rolles et tiltres touchant l'ordre desdicts Estatz, pour les remectre et en venir prest à la prochaine assamblée, affin que par icelle y soict plus amplement pourveu pour la conservation des droictz d'ung chascun. Sur quoy le sieur du Villaret, envoyé dudict sieur de Gabriac, a dict qu'il proteste du préjudice qui peult estre faict cependant aux droictz de préséance dudict sieur de Gabriac.

Sur la lecture qui a esté faicte des procurations des envoyés auxdicts Estatz, ayant remarqué qu'il y en a aucunes qui sont limitées, mesmes celles des envoyés de M. de Sévérac et d'Arpajon, qui est chose contraire à la liberté desdicts Estatz, a esté conclud que pour ceste fois seullement et sans conséquence attandu, l'offre faicte par lesdicts envoyés de faire ratiffier par les constituans tout ce qui sera arresté en la présente assamblée, lesdicts Estatz consentent à leur réception, en vertu desdictes procurations, à la charge de rapporter lesdictes ratifications devers le greffier des Estatz auquel a esté enjoinct de faire mention pour l'advenir, aux Lettres de convocation des Estatz que les procurations ny seront plus receues.

Mondict seigneur le président a représenté à ladicte assemblée que c'est chose fort utille et nécessaire pour le bien et advancement des affaires de ce diocèse qu'il y ayt bonne amytié et correspondance entre les personnes d'une si bonne compaignie, et parce qu'il a reconnu quelque petit commancement de différend entre MM. d'Apchier et de S. Auban, il pense estre expédient pour couper chemin au mal qui en pourroit arriver, de les prier toutz deux, de mectre soubz le pied toutes occasions de discorde et vivre en amytié comme bons voisins, quand ce ne seroit que pour le respect du bien publicq. Sur quoy, après que ledict sieur de Saint Auban a dict n'avoir jamais occasionné ledict sieur d'Apchier ny aultre personne, aussi ne pourroit-il souffrir d'estre offencé. Lesdicts Estatz les ont unanimement priez toutz deux vouloir, pour les susdictes considérations, vivre en amytié et mectre en oubly toutes occasions de différend et discorde entre eulx.

A esté aussi représenté à ladicte assamblée par mondict seigneur le président desdicts Estatz, comme pour faciliter l'exécution de l'édict faict par le Roy, en ce qui regarde le razement des citadelles de Mende et licenciement de toutes garnisons dans ledict diocèse, il auroict recherché, avec MM. les commis, toutz les moïens de la doulceur dont ils se seroient advisez pour disposer M. de Fosseux à ce debvoir ; toutesfois quelques offres qui luy ayent esté faictes et quelques commandements qu'il en ayt receu du Roy et de Mgr le Connestable, il n'en auroict voulleu rien faire. A cause de quoy Sa Majesté auroit décerné ses commissions à Mgr le duc de Ventadour, lieutenant général de sadicte Majesté en Languedoc. Mais avant que d'en venir à ceste extrémité, auroit encores esté advisé de prier mondict seigneur de Ventadour d'envoyer en ce païs MM. Despondillian, délégué, et de Gondin, pour parler audict sieur de Fosseux et le disposer d'obéyr aux commandemens du Roy et de mondict seigneur le Connestable, et en ce faisant, démolir lesdictes citadelles et congédier lesdictes garnisons.

Auquel effect lesdicts sieurs, l'estant venu trouver et l'ayant sommé de parolle et par escript, d'y satisfaire, il leur auroit respondu qu'après que les provisions obtenues sur ce faict auroient esté vériffiées en la Cour de parlement, il feroit ce qui seroit de son debvoir. Après laquelle response, auroient esté encores faictes quelques aultres ouvertures, lesquelles lesdicts sieurs seroient allés proposer audict sieur de Fossenx, à Mende, et sur lesquelles ils escripvent audict seigneur président une Lettre, portant advis comme ledict sieur de Fosseux leur auroit rendu quelque particulier tesmoiniaige qu'il estoit serviteur du Roy et ne seroit jamais aultre, avec promesse que dès qu'ils auroient parlé à Mgr de Ventadour, qu'il ne fera faulte de l'aller trouver au bas Languedoc pour accommoder toutes choses et faire sur ce leurs despêches au Roy et Mgr le Connestable, estant d'advis, lesdicts sieurs Despondilian et Delégues sur ceste nouvelle occurrance, que ledict seigneur de Mende doit faire partir incontinant le sieur d'Ispaniac, son nepveu, pour s'en aller avec eulx devers mondict seigneur de Ventadour, pour estre plus particulièrement instruict de son intention sur ce subject, et que cependant, pour empêcher les courses et levées extraordinaires que la garnison de Mende pourroit faire, que le plus nécessaire et meillieur seroict de la régler et luy donner quelque entrectenement pendant le temps de ceste négotiation. Sur quoy mondict seigneur le président a exorté l'assamblée de voulloir délibérer pour conduire cest œuvre à quelque bonne fin. Et après avoir faict lecture de ladicte Lettre et l'affaire mis en délibération, a esté conclud que MM. d'Ispaniac, de Gibertés, de Bressolles et Dumas, sont priez et depputez d'aller trouver à Mende lesdicts sieurs Despondillian, Delegues et de Gondin pour les prier, de la part desdicts Estatz, de prendre leur chemin par ce lieu de Chanac, affin d'avoir moïen de conférer avec eulx, ou bien, en deffault de ce faire, que les sieurs de Gondin et de Bedos demeurent en ce diocèse quelques jours après leur partement, pour parachever ce qui pourra rester de leur négociation et que cependant lesdicts sieurs d'Ispaniac et de Gibertés qui ont esté depputez par lesdicts Estatz yront trouver mondict seigneur de Ventadour, de la part de ceste compaignie, sur ceste nouvelle occurrance et seront priez, lesdicts sieurs Despondilian et Delegues, prendre asseurance dudict sieur de Fosseux, qu'il ne fera aucunes courses ny levées d'impositions, repparations ny fortifications pendant le voiaige desdicts sieurs depputez, et néantmoings a esté conclud que lesdicts Estatz pourront cependant adviser aux moïens de la force suivant les commandemens du Roy et de Mgr le Connestable, pour s'en pouvoir servir après le retour de leurs dicts depputez, en cas qu'il leur soit commandé par mondict seigneur de Ventadour et que la voye de la doulceur n'aye peu réussir.

Dudict jour, doutzième de juing, en l'assamblée desdictz Estatz tenue au lieu de dessus, de rellevée.

S'estant meu différend entre ledict sieur de La Roche, comme envoyé de M. le baron de Canilliac et le sieur des Alpiez, pour M. le baron de Céneret, à cause de leurs séances en ladicte assamblée, a esté conclud que, sans conséquence à l'advenir ny préjudice du droict des parties, lesdicts deux envoyés se précèderont ceste année alternativement l'ung un jour et l'aultre ung aultre et que ledict sieur des Alpiez, qui se trouve maintenant assiz le premier, centinuera son rang en ceste sorte pour tout ce jourd'hui, et ledict sieur de La Roche le précèdera demain, et continueront ainsy alternativement durant la tenue des présents Estatz, et que pour l'année prochaine, ils y seront réglés par les anciens rolles et tiltres du pays ; lesquelz, l'assamblée a chargé le syndic de recouvrer à cest effect suivant aultre délibération cy devant prise, affin que doresnavant il ne puisse intervenir aucung différand pour ce regard.

Sur aultre différand survenu entre ledict sieur de Choisines, pour M. le baron de Randon et ledict sieur des Alpiez, pour M. le baron de Céneret, à cause de leurs séances, a esté aussy conclud que, sans conséquence ny préjudice du droict des parties et jusques avoir veu lesdictz tiltres et roolles, que ledict sieur de Randon précèdera ledict sieur de Céneret.

Aussi sur aultre différend d'entre les envoyés de MM. de Sainte Enymie et de Langoigne, à cause de leurs séances, disant celluy de Lengoigne, qu'estant prebtre religieux, de la qualité de son maistre, il doibt précéder ledict de Sainte Enimye, lequel au contraire disoit, qu'à cause de sa qualité de docteur, laquelle a tousjours esté receue en ceste assamblée au lieu et place des ecclésiastiques, la préséance luy debvoit estre donnée, joinct que ledict sieur de Sainte Enimye a tousjours précédé aux Estatz ledict sieur de Lengoigne ; a esté conclud que l'envoyé dudict sieur de Sainte Enimye sera prié voulloir par modestie céder à l'envoyé dudict sieur de Lengoigne, à cause de son ordre. Laquelle conclusion entendue par ledict envoyé dudict sieur de Sainte Enimye, a déclaré ne pouvoir assister auxdictz Estatz en ce rang, pour ne préjudicier aux droictz dudict sieur, et incontiest sorty de ladicte assamblée.

M. de Picheron, bailly de Gévaudan, a faict entendre aux Estatz, comme dernièrement, après la surprinse d'Amyans, le Roy estant adverty de quelques remeuemens qui se faisoient en divers lieux de son royaulme, mesmes en ce païs, il a esté despéché de sa part vers Mgr de Ventadour, son lieutenant général en Languedoc, pour luy faire entendre son intention sur l'exécution de son édict, touchant la démolition de la citadelle de Mende et licenciement des garnisons dudict diocèse. A quoy mondict seigneur de Ventadour, désirant promptement d'y satisfaire, l'auroict renvoyé vers sadicte Majesté, avec ung estat de la despence nécessaire pour l'entretenement des forces et recouvrement des munitions de guerre requises, pour rendre Sa Majesté obéye. Laquelle continuant en sa première volunté, auroit faict despécher plus amples provisions pour la prompte exécution d'icelle, avec expresse révocation du pouvoir dudict sieur de Fosseux et autres particularités portées par les commissions et despéches de sadicte Majesté, suivant lesquelles et le commandement de mondict seigneur de Ventadour, ledict sieur Bailly s'est acheminé en ce païs, où il a faict toutes les diligences qu'il luy a esté possibles, pour l'advancement de cest affaire et recouvrement des canons, pouldres et munitions pour parvenir en l'entière exécution des commandemens de sadicte Majesté. En quoy il offre d'employer tout ce qui sera en luy ; requérant aussi et sommant lesdicts Estatz d'y apporter de leur part leur ayde, moïens et assistance, et si besoing est, leur propre vies, attandu qu'oultre le service de Sa Majesté, il s'agist de leur repos et solaigement et de la conservation de leurs vies et familles. Sur quoy a esté faicte lecture des Lettres clozes de sadicte

Majesté et de Mgr le Connestable, adressante, tant auxdicts Estatz que à mondict seigneur de Mende, ensemble de la coppie de la commission portant révocation du pouvoir dudict sieur de Fosseux. Aussi ont esté leues les commissions et Lettres clozes de mondict seigneur de Ventadour, pour l'imposition de deniers nécessaires pour subvenir à partie des fraiz qu'il conviendra faire pour ladicte exécution. Et après que mondict seigneur de Mende a loué la bonne diligence et affection que ledict sieur bailly a apporté auxdictz affaires et en avoir remercié et pryé de continuer, il a exorté lesdicts Estatz d'y rapporter tout ce qui sera de leur pouvoir sans uzer d'aucune dillaction à ung affaire de tel importance, ains mectre la main à l'œuvre promptement, et en ce faisant, recouvrer les moïens nécessaires pour subvenir aux fraiz de l'armée et entretenement des garnisons qu'il convient establir ez environs de Mende, pour reserrer ledict sieur de Fosseux et empêcher qu'il ne face la récolte, en attandant la venue de ladicte armée. Ce qu'ayant esté mis en délibération, MM. les envoyés du Chapitre de l'église de Mende et consul de ladicte ville ont dict, qu'encores qu'ilz ayent tousjours esté fidelles subjectz et affectionnés serviteurs de Sa Majesté et qu'ils seroient bien marris d'avoir pensé de rapporter aucung retardement à son service ; mais au contraire désirent d'avoir tout l'advancement qu'il leur seroit possible, comme ils ont tousjours faict, ne voullans en cella céder à nulz aultres, et mesmes en l'occasion qui se présente, en laquelle ils sont les plus intéressés ; toutesfois seroient d'advis de différer la délibération du faict de la guerre jusques à demain, que MM. qui ont esté depputez pour aller à Mende seront de retour, affin que par précipitation l'occasion de la voye de la doulceur, comme la meillieure, plus prompte et moingz dommaigeable au pauvre peuple, ne soit interrompeue. Sur quoy a esté conclud qu'il sera dressé ung estat des fraiz nécessaires, tant pour l'entretenement de ladicte armée, que desdictes garnisons, pour estre envoyé à mondict seigneur de Ventadour affin qu'il luy plaise pourvoir sur le tout, sellon qu'il advisera pour le mieulx ; ayant lesdicts Estatz prié MM. les baillif et barons d'Apchier et de Peyre, de dresser ledict estat, à l'assistance des envoyés de MM. d'Aubrac et de Lengoigne et des consulz de Saint-Chély, Salgues, Le Malzieu, La Canourgue, Sainte-Enimie et procureur de la viguerie de Portes.

Le sieur de Chanoilhet, premier consul de la ville de Mende, assisté des depputez de ladicte ville et des envoyés du Chapitre de l'église dudict Mende, a remonstré que suivant leur privilléges et l'ancienne coustume, ils se sont trouvez en ceste assemblée pour y procurer tout ce qui est de l'advancement du service du Roy et du repos et solaigement dudict diocèse, comme ils ont tousjours faict de tout leur pouvoir, ne voullans en cella, ny aultre chose de leur debvoir, céder à nulz aultres, et bien que suivant la franchize des Estatz, leurs advis et opinions qui ne tendent qu'au bien du service de sadicte Majesté et des affaires dudict diocèse deussent estre libres, toutesfoys, parce que aucuns ont révocqué en doubte et voulu mectre en délibération s'ils devaient oppiner en ladicte assemblée, faisans par cella cognoistre que leur présance n'estoit agréable à l'assemblée ; à ceste cause ilz supplient lesdicts Estatz ne trouver mauvais s'ils s'en retirent comme y estans inutiles, puisque il ne leur est permis d'y oppiner librement ; aussi que le pouvoir qui leur a esté baillé par les habitans de ladicte ville est limité à cela de ne consentir à aucune imposition sur le diocèse pour le faict de la guerre, comme grandement préjudiciable au solaigement dudict diocèse et tendant à la ruyne entière d'icelluy, veu l'extrême pauvreté et misère en laquelle il est desjà réduict. Sur quoy mondict seigneur de Mende, président desdicts Estatz, leur auroit représenté qu'encores qn'il aye esté propozé en ladicte assemblée s'ilz y debvoient oppiner, attandu que les habitans de ladicte ville de Mende ne sont maintenant en la plaine liberté qu'ils doibvent estre ; au moïen de quoy les oppinions desdicts sieurs consulz et depputez pourroient estre forcées par la craincte qu'ils peuvent avoir des gens de guerre qui occupent ladicte ville ; toutesfoys lesdicts Estatz ne seroient entrez en délibération et n'auroient rien conclud sur ce subject, en quoy ils ont tesmoigné le désir qu'ils ont que lesdicts consulz et depputez continuent leur assistance et oppinion en ladicte assemblée avec la mesme liberté et franchise qu'ont les aultres, comme ledict seigneur président en a requis et exhortez au nom de ladicte assemblée, envers laquelle, au contraire, lesdicts consulz et depputez ont continué leurs excuses, la priant de leur permectre de se retirer avec leur bonne grâce et incontinant après sont sortis de ladicte assemblée.

Du vendredy trezième jour dudict mois de juing,
de matin.

En l'assamblée desdicts Estatz. tenue au lieu que dessus.

Estant venu en ladicte assemblée M. Pierre Tondut, procureur dudict diocèse, en la Cour des Aydes à Montpellier, Mgr de Mende luy a dict que les Estatz estoient bien ayses qu'il se soict présenté pardevant eulx affin qu'ilz puissent entendre l'estat des affaires et procès dont il a heu charge pour le païs, en ladicte cour, pour scavoir la cause de la perte de plusieurs procès dont les parties ont obtenu arrest contre le païs, mesme de celluy contre les habitans de Marvejolz, pour l'exemption de leur cotte de toutz deniers extraordinaires durant neuf années, qui est de très-grand préjudice et conséquence audict païs et de celluy de M. le trésorier Portalés, pour la somme d'environ 10,000 escus, en laquelle ledict païs a esté condampné envers luy, pour restes de la subvention de l'année 1592, encores que ledict diocése en doibve demeurer deschargé. Sur quoy ledict Tondut a respondu que la seulle occasion de son voiaige en ce païs a esté pour ce présenter en ceste assamblée d'Estatz, le remercier de l'honneur qu'il leur a pleu luy faire de luy donner la charge de leur procureur et leur rendre raison de leurs affaires et procès dont il a fait les poursuites en ladicte Cour; néantmoings, la supplier très-humblement croyre qu'il a faict tout ce qui a esté en luy pour le bien et advancement desdictz affaires, et si quelques procès ont esté perdus, il en est bien marry et n'y a rien de sa faulte, comme l'assamblée pourra juger clèrement s'il luy plaict d'entendre particulièrement l'estat desdicts procès, mesmes des dessusdictz contre Marieujolz et Portalés, dont il a rendu compte par le menu à ladicte assamblée; et parce qu'il avoit demeuré un an ou plus, soict parce que le païs a esté longuement sans scindic, ou pour l'injure du temps, qu'il n'a peu recevoir aucuns mémoires ny instructions sur lesdicts procès de la part dudict païs, quelques Lettres qu'il en ayt souvent escriptes à MM. les commis, occasion de quoy il luy auroit esté impossible de deffendre si bien auxdicts procès comme il heust faict s'il en eust esté instruict de la part dudict païs, comme il estoit nécessaire. A ceste cause il auroit obtenu deux requestes civilles sur lesdicts deux arrestz, desquelles il a faict lecture en plaine assamblée, la suppliant de luy faire entendre son intention et luy donner ample instruction, tant sur le contenu desdictes requestes que sur les aultres procès dont il a présenté la liste, à ce qu'il pleust à ladicte assamblée la voir ou bien commectre à cest effect telles personnes qu'il leur plaira adviser si ladicte assamblée a agréable de l'honorer de la continuation de ladicte charge. Sur quoy a esté conclud que ledict Tondut remectra le brevet desdicts procès à MM. de Chanoilhet, consul de Mende ; de Fumel, scindic ; juge Albaret ; envoyé de M. de S. Jehan, et Dumas, juge du Chapitre, envoyé de M. de Ste Enimye, et leur fera entendre particullièrement l'estat d'iceulx pour, sur ce, dresser mémoires et instructions et adviser si lesdictes requestes civilles sont soubstenables, et du tout rendre instruict ledict Tondut, affin qu'il puisse continuer la poursuitte desdicts procès suivant la charge qu'il a du païs ; laquelle, en tant que besoing seroit, lesdicts Estatz luy ont confirmé et confirment ; l'exortant d'y faire de bien en mieulx son debvoir et de ne prester au nom dudict païs aucung consentement de conséquence et qui puisse pourter préjudice aux droictz d'icelluy, sans avoir l'exprès advis et mandement de MM. les commis et depputez ou du moingz dudict scindic, qui sera tenu, au préalable, d'en prendre l'advis desdicts sieurs commis.

Ayant esté proposé en ladicte assamblée si l'on doibt

poursuivre le procès sur la requeste civille obtenue contre lesdicts habitans de Maruejolz pour raison de leur dicte exemption de neuf années dont il leur reste à jouir encores deux années, attandu le grand interest que c'est au païs de porter sur luy la cottité desdicts habitans de toute sorte de deniers extraordinaires qui s'impozent audict diocèse, oultre que c'est chose d'une grande conséquence. M. le premier consul dudict Marieujolz a remonstré à l'assamblée l'estat misérable et la calamité en laquelle lesdicts habitans sont réduictz et que de les remectre maintenant en procès après ung arrest par eulx obtenu, ce leur seroit double affliction, joinct que quant bien il seroit ordonné qu'ilz payeront lesdicts deniers extraordinaires, leur impuissance est telle qu'ilz n'auroyent moyen d'y satisffaire, d'ailleurs il n'y va plus que de deux années qui ne peuvent estre à grand charge au païs maïs à eulx ce seroict leur entière ruyne. Pour lesquelles considérations il a supplié l'assamblée voulloir permettre qu'ils jouissent paisiblement de leur dite exemption, sans les inquiéter par le renouvellement dudict procès. Sur quoy, ayant esté conféré par les Estatz, n'a esté prinse aucune conclusion et a esté remis à y deslibérer plus amplement après disner, et ayant esté ledict consul rappellé à l'assamblée, mondict seigneur de Mende luy a remonstré l'occasion que les Estatz ont de poursuivre ledict procès tant pour l'interestz qui est à tout le païs que pour les mauvais offices que ladicte ville de Marieujolz rend au publicq, mesme pour la tollération et assistance que les officiers et consul de ladicte ville donnent à tous ceulx qui, sans permission ny autorité du Roy et consentement dudict païs, font levée des deniers sur le peuple. De quoy ledict consul s'est fort excusé et a dict qu'encores que pour estre leur ville du tout ruynée et ouverte de toutes partz ils soient contrainctz prendre la loy des plus fortz et souffrir à leur grand regret quelques fois des choses qui ne sont pas du debvoir. Toutesfoys ilz n'ont pas laissé de chasser et faire retirer souvent ceulx qui faisoient lesdictes levées, estant bien marris qu'ils n'ont plus de moïen de les empescher. Sur lequel propos estant arrivés à ladicte assamblée MM. des Baulmes, juge dudict Marieujolz, et de Chambrun, médecin, depputez de ladicte ville, mondict seigneur de Mende leur a faict semblable remonstrance qu'il avoit faicte audict consul, mesmes de ce qu'en ladicte ville l'on ne faict aulcune justice, ains y sont tollérez ceulx qui lèvent deniers sur le peuple sans authorité du Roy. A quoy lesdicts sieurs de Baulmes et de Chambrun ont respondu, faisant entendre plusieurs raisons, tant pour leur descharge et justification particulière que de toute la ville; supplians l'assamblée de croire qu'ils n'ont rien tant en affection que le bien et advancement du service du Roy et le repos et soulaigement du païs, et qu'ils désirent de se maintenir et conserver tousjours en ceste bonne volunté, mais aussi vouldroyent ilz prier les Estatz de les recognoistre comme membres de leurs corps et avoir esgard à leur misère, sans les porter au désespoir comme il semble qu'on veult faire par les traverses et empeschemens qu'on leur donne en leurs affaires, mesmes en la construction de leurs murailles et jouissance de leur exemption. Sur quoy n'a esté rien délibéré.

Dudict jour trezième juing, de rellevée, en l'assamblée desdicts Estatz, tenus au lieu que dessus.

Est arrivé à ladicte assamblée M. de Gondin avec MM. de Guilleminet, d'Ispaniac, de Gibertés et Dumas que avoient esté hier depputez par lesdicts Estatz pour aller à Mende devers MM. Despondillian et de Légues; lequel Sr de Gondin a dict qu'il a esté chargé par lesdicts sieurs, de leur faire entendre qu'ilz sont bien marris de n'estre peu passer par ce lieu, s'en retournant en Languedoc comme lesdicts Estatz désiroient, mais que la maladie survenue audict sieur de Légues les a contrainets de partir plustost qu'ilz n'eussent voulleu pour l'advancement des affaires de ce diocèse et de reprendre leur chemin droict à Florac, sans passer icy. Toutesfoys qu'ayant faict en leur négociation tout ce qui leur a esté possible envers M. de Fosseux, ils ont advisé de laisser en ce pays ledict sieur de Gondin si lesdicts Estatz le trouvent bon, pour tenir la main à l'observation de ce qui a esté accordé avec lesdicts sieurs de Fosseux pour dix jours, pendant lesquelz lesdicts Estatz envoyeront leurs depputez devers Mgr de Ventadour pour entendre son intention et commandement sur la négociation desdictz sieurs Despondilian et de Légues, mesmes sur la déclaration et tesmoinaige particulier que ledict sieur de Fosseux leur a donné, qu'il estoit serviteur du Roy et ne voulloit estre aultre, avec promesse d'aller trouver mondict seigneur de Ventadour incontinant après qu'il aura heu nouvelles desdicts sieurs Despondillian et de Légues, ne restant quant à présent pour l'observation des articles accordés avec ledict sieur de Fosseux pour lesdictz dix jours que de trouver promptement la somme de 300 escus qui luy ont esté accordés pour le solaigement du peuple affin de faire cesser la levée des restes de l'imposition faicte sur plusieurs paroisses dudict diocèse pour l'entretenement de la garnison de Mende. A quoy ledict sieur de Gondin a prié et exorté lesdicts Estatz de satisfaire le plustost qu'il leur sera possible, tant pour le bien et solaigement dudict païs, que pour la satisfaction et contentement desdicts sieurs Despondillian et de Légues, qui ont traicté cest affaire soubz l'autoricté de Mgr de Ventadour. Ayant encores ledict sieur de Gondin prié lesdicts Estatz de s'asseurer que tout ce qu'il pourra rapporter de sa part en ses affaires il ne s'y espargnera aucunement, estant tout dispozé de faire ce qu'ils adviseront bon estre, soict pour demeurer icy durant lesdictz dix jours ou bien s'en retourner devers mondict seigneur de Ventadour. Sur quoy mondict seigneur de Mende, au nom desdicts Estatz, a remercié ledict sieur de Gondin, de la peyne qu'il luy pleu prendre pour ce païs et du tesmoinaige qu'il leur rend de sa bonne volonté en laquelle il l'a prié de continuer et voulloir pour tenir la main à l'observation desdictz articles, séjourner en ce diocèse durant le temps desdictz dix jours.

Après, ledict sieur Dumas, l'ung desdictz depputez vers lesdicts sieurs Despondillian et de Légues, a faict aussi rapport auxdictz Estatz de leur délégation et a représenté les difficultés survenues en icelle. Avec tout ce qui avoit esté arresté ne restant qu'à recouvrer 500 escus pour faire cesser lesdictes courses et impositions et à faire rendre ung soldat de la garnison de Mende que ceulx de Sainte-Enimye tiennent, dont ledict sieur de Fosseux faict grand instance. Aussi a rapporté, ledict sieur Juge, l'asseurance que lesdicts sieurs Despondillian et de Légues leur ont donnée que ledict sieur de Fosseux estoit serviteur du Roy et ne voulloit estre aultre et l'espérance qu'ilz avoient, qu'allant trouver mondict seigneur de Ventadour, comme il leur avoit promis, les difficultés s'accomoderoient au contentement desdicts Estatz et solaigement dudict païs.

La lettre que ledict sieur Despondillian et de Lègues ont escripte sur le subject que dessus à MM. des Estatz, a esté leue en ladicte assamblée, ensemble les articles de ce que ledict sieur de Fosseux a promis d'observer pendant lesdicts dix jours et après que lesdicts articles ont esté rendus audict sieur de Gondin et qu'il s'est retiré de ladicte assamblée, a esté proposé par mondict seigneur de Mende si pour l'exécution desdits articles l'on doibt faire fournir ladicte somme de 300 escus. Sur quoy auroit esté délibéré et conclud que les consulz de Mende respondront aux hostes de ladicte ville de ladicte somme de 300 escus pour l'entretenement de ladicte garnison, ou bien en cas qu'ils ne s'en vouldroient contraicter, sera advisé d'emprumpter ladicte somme, de ceulx qui la vouldront prester au païs, affin que cella ne soict cause d'interrompre la négociation commancée par lesdictz Despondillian et de Lègues pour le solaigement dudict païs.

Et d'aultant que M. le baron d'Apchier s'est absenté de l'assamblée pour quelque petit mescontentement, ont esté priez MM. le baron de Peyre, de Guilleminet, de Gibertés, pour le prier de faire cest honneur à l'assamblée d'y voulloir continuer son assistance, ainsi qu'il avoit commencé.

Du sabmedy quatorziesme jour dudict mois de juing, du matin.

Mondict seigneur de Mende a représenté à ladicte assamblée que leur principal affaire estoit celluy de la liberté du païs, pour le recouvrement de laquelle il auroit esté advisé de préparer les moïens nécessaires à la réduction de Mende, et à ceste fin en dresser ung estat touchant l'entretenement de l'armée et des garnisons qui seront establyes, en attandant icelle, ez environs de Mende. Aussi a représenté qu'il est bien requis de pourvoir au voiaige de MM. d'Ispaniac et de Gibertés, depputez vers mondict seigneur de Ventadour, et de faire advancer leur partement le plustost qu'il sera possible affin que la longueur ne soict préjudiciable au païs ; attendu qu'il ne reste plus que huict jours de dix qui ont esté accordés de sursèance avec que ledict sieur de Fosseux pour ledict voiaige. Et parce qu'il est besoing faire délivrer argent auxdicts depputez pour fornir à la despence, a esté conclud de prier M. Alméras de prester à cest effect la somme de 50 escus, ce que ledict sieur Alméras a promis de faire pour le désir qu'il a de continuer le service qu'il a voué au païs ; à la charge qu'il plaise à l'assamblée luy faire rendre ladicte somme par le receveur qui entrera en charge la présente année.

Aussi a esté prié, ledict sieur Alméras, par lesdicts Estatz, voulloir faire ce plaisir au païs de fournir la somme de 300 escus pour satisfaire à ce qui a esté arresté par MM. Despondillian et de Lègues, avec ledict sieur de Fosseux ; ce que ledict sieur Alméras a semblablement promis de faire, à la mesme charge d'estre remboursé par ledict receveur qui entrera en exercice la présente année.

Sur ce qui a esté représenté par mondict seigneur le président, que pour le recouvrement des canons nécessaires à la réduction de ladicte ville de Mende, par la voye de la force, si celle de la doulceur ne peult avoir lieu, il est très requis d'adviser aux moyens qu'il fault tenir et mesmes aux asseurances qu'il conviendra à ceulx qui presteront lesdictz canons, affin que par ce deffault le service du Roy ne soit retardé et que l'exécution de son commandement, touchant ladicte redduction, ne demeure illusoire et sans effect. Après que l'affaire a esté mis en délibération en ladicte assamblée, a esté conclud et arresté que M. d'Apchier sera prié de faire ce bien à l'estat de ce païs, d'employer la faveur et crédit qu'il a, tant à l'endroict de MM. de Chevriers et de Lestrange, que de MM. les consulz et habitans de la ville du Puy, comme aussi à l'endroict de Mme la vicomtesse de Polignac, pour le recouvrement de quatre ou cinq canons qui sont en leur pouvoir, pour estre exploictez, par Mgr de Ventadour, pair de France, lieutenant général pour le Roy en Languedoc, à la redduction de ladicte ville de Mende en l'obéissance de Sa Majesté, suivant ce qu'il luy a pleu d'en ordonner par ses Lettres patentes et Lettres clozes qu'elle leur en a escriptes par M. le bailly Picheron, et sur ce leur représenter, oultre l'advancement du service du Roy, l'interest particulier qu'ilz peuvent avoir à ladicte redduction et encores ledict sieur est prié, ensemble MM. de Bouzolz et Chantuel, leur offrir les obligations particulières et géneralles qu'ilz pourront demander, et si tant est qu'ilz ne se contentent de l'obligation dudict seigneur d'Apchier, qu'il est instamment prié d'eu voulloir faire sur les seuretés et contre obligation que lesdicts Estatz luy en font lesdictz sieurs de Bouzolz et Chantuel, ensemble les consulz de Salgues sont priez aussi d'en voulloir faire en leur propre et privé nom les obligations particulières et nécessaires, soubz l'obligation et respontion que ceste dicte assamblée faict audict sieur de Bouzolz, Chantuel et consulz de Salgues, de les rellever desdictes obligations et les garantir d'icelles et de toutz despens, domaiges et interestz qu'ilz en pourroient souffrir. Et quant au recouvrement de l'artillerie qui est en la ville de Roddès, M. de Peyre est aussi instamment prié et délégué pour se transporter vers M. de Roquelaure, M. d'Arpajon, Mme de *Senuensa* et héritiers, et vers MM. les consulz de Roddès et scindic dudict païs de Rouergue pour les prier et requérir, de la part de ceste dicte assamblée, de voulloir par lesdictz sieurs de Roquelaure, consulz et scindic, effectuer en cest endroict les commandements qu'ils ont receu du Roy par ledict sieur bailly, pour le prest desdicts canons, estant en ladicte ville de Roddès et aultres lieux du païs de Rouergue, et prier aussi lesdictz sieurs d'Arpajon et dame de Senuensa et héritiers bailler, ceulx qu'ils ont en leur pouvoir. Et pour la seureté desdictz canons, MM. de Tollet, de Treslans et de Pommayrol et de Fabrègues sont instamment priez et requis de faire tant de bien à cedict païs, d'en respondre audict seigneur de Roquelaure, consulz et habitans de Roddès et scindicz du païs de Rouergue, Villefranche et aultres lieux, ensemble audict seigneur d'Arpajon, dame de Senuensa et héritiers, de leur rendre lesdictz canons aux fraiz et despens de cedict païs, six sepmaines après qu'ilz les auront prestez, ou bien la valleur d'iceulx en ce deffault, sellon et ainsi qu'ilz en pourront demeurer d'accord. Et pour rellever indempne lesdicts sieurs de Tollet, de Treslans, de Pomeyrol et de Fabrègues et les garantir de toutz despens, domaiges et interest qu'ils en pourroinct souffrir, MM. de La Roche, de Bouzolz, de Muret et de Salelles sont priez de s'obliger solidèrement en leur propre nom à ladicte garantie et indempnité soubz la promesse et obligation que ceste compaignie leur faict de les rellever indempne de ladicte garantie et de toutz domaiges et interest qu'ilz en pourroient souffrir. Et quant aux cinq canons qui sont dans Yssoire, M. le bailly Picheron est instamment prié, par ceste compaignie, ensemble M. de La Roche, d'aller trouver M. le marquis de Canilliac, pour le prier de faire tant de bien à ce païs de voulloir prester deux desdictz canons et une bastarde pour l'exploict que dessus, pour estre employés par mondict de Ventadour et luy représenter que, oultre le bien du service du Roy il y va de son particulier et qu'il est si affectionné au service de Sa Majesté et au repos et solaigement de cedict païs, que lesdicts Estatz s'asseurent qu'il ne reffuzera pas la bien humble prière qu'ilz luy en font sur l'exécution du commandement de Sa Majesté et qu'il luy plaise encores faire tant de bien à cedict païs d'assister mondict seigneur de Ventadour de sa personne et de ses forces, sellon l'offre qu'il luy a pleu d'en faire, et qu'à ceste fin les Lettres et despesches nécessaires, au nom desdictz Estatz, en seront faictes et expédiées tant audict seigneur de Canilliac, de Chevriers, de Roquelaure, consulz et scindicz que aultres à qui besoing sera.

S'est présenté ledict sieur Alméras qui a dict estre prest de faire fournir les 500 escus qu'il a promis aux Estatz pour l'accord faict par MM. Despondillian et de

Lègues, priant l'assamblée luy déclarer à qui veult elle qu'il les baille. Sur quoy a esté conclud que ledict sieur Alméras délivrera ladicte somme de 300 escus au sieur Fumel, scindic dudict païs qui en fera quictance audict sieur Alméras, rapportant laquelle ladicte somme luy sera remboursée par le receveur qui entrera en charge la présente année suivant les précédentes délibérations.

Et sur ce que ledict scindic a prié l'assamblée luy déclarer aussi à qui elle entend qu'il délivre ladicte somme de 300 escus, après qu'il l'aura receue dudict sieur Alméras ; luy a esté ordonné de la délivrer entre les mains de M. de Gondin qui la baillera à M. de Fosseux suivant ce qui a esté arresté par MM. Despondillian et de Lègues.

Sur ce que Mgr de Mende a propozé que se présentant durant l'année plusieurs affaires importans le bien du païs, lesquelz ne se peuvent différer, ains est besoing d'y pourvoir promptement et à ceste fin faire assambler MM. les commis ainsi qu'il est acoustumé de tout temps. Et parce que M. le premier consul de Mende est l'ung desdictz commis et que pour estre dans une ville qui n'est maintenant libre, il ne peult se trouver aux assamblées, comme il seroit nécessaire ; au moyen de quoy les affaires pourroient demeurer en arrière, comme ilz ont faict quelquesfois l'année passée au préjudice dudict païs, a esté conclud que nonobstant que ledict consul de Mende ne soict présent ausdictes assamblées, à cause de l'occupation de ladicte ville de Mende, les aultres commis ne laisseront de s'assembler et pourvoir aux affaires durant l'année, tout ainsi que si ledict consul de Mende y estoit. Et sur ce ayant esté leu la délibération prinse aux Estatz, tenuz à Maruejolz le 8ᵉ avril 1596, par laquelle est dict que les mandementz qui seront doresnavant expédiés par MM. les commis et depputez du païs seront signez de toutz et du scindic, et que lesdictz mandementz n'excèderont la somme de 33 escus 20 solz pour une fois et en ung mesme affaire, hors de ce qui sera couché ez assiettes desquelles ilz ne pourront pervertir les deniers ; aussi ne leur sera loisible de faire aucune imposition ny despartement par forme d'emprumpt ny autrement sans appeller et advertir les consulz dudict diocèse qui ont voix aux Estatz ; a esté conclud que ladicte délibération sera suivye et observée, et que ausdictes assemblées seront encores appellez ung ou deux de l'église, ung des barons, assisté du baron du tour ou de son envoyé et ung aultre de la noblesse ; le tout sans préjudice à l'advenir, lorsque ladicte ville de Mende sera libre, du privilége que ledict consul de Mende a tousjours heu d'assister aux assemblées du païs, comme premier commis du Tiers-Estat.

Pour l'audition et cloisture de comptes des sieurs Alméras et Saulze, receveurs du diocèse de Mende, des années 1595 et 1596, ont esté nommez et depputez, scavoir, pour l'église : MM. de Lengoigne et de Saint Jehan ; pour la noblesse : MM. de Peyre, de Florac et de Barre, et pour le Tiers-Estat : MM. les consulz de Maruejolz, La Canorgue, Salgues, Le Malzieu et Saint-Chély.

Le sieur de Fumel, scindic dudict diocèse, a remonstré ausdictz Estatz qu'il leur auroit pleu, l'année passée en leur assemblée, tenue à Maruejolz, l'honorer de la charge de scindic dudict diocèse, plus pour la bonne oppinion qu'ilz avoient de son zèle et affection à l'advancement du bien du païs que pour aultre considération, aussy reconnaissant qu'il luy seroit impossible de s'en acquicter si dignement qu'il eust bien désiré, il les supplia très instamment de l'en excuser pour plusieurs raisons qu'il leur fist entendre ; mais enfin pressé du respect qu'il a tousjours désiré de leur rendre, et pour n'estre veu mal affectionné au publicq, il se laissa persuadé d'accepter ladicte charge, jusques à la première assamblée desdictz Estatz ; ce qu'estant advenu, il supplie humblement l'assamblée le descharger de cest office, tant suivant leur promesse, que pour observer les arrestz de la Cour des Aydes ; par lesquelz telles charges sont seullement annuelles ; remerciant au reste lesdictz Estatz de l'honneur qu'il leur a pleu luy faire en cest endroict, avec humble prière de l'excuser, s'il ne s'est acquicté de ladicte charge si dignement qu'il eust esté requis pour le bien des affaires dudict païs, attandu que ce n'a esté faulte de bonne volunté, mais plustost de moien et commodicté, à cause de la misère de ce temps et des grandes traverses que ce païs a souffertes l'année passée, dont les effectz durent encores. Sur quoy mondict seigneur de Mende ayant loué l'affection dudict sieur de Fumel et le bon debvoir qu'il a rendu aux affaires dudict païs plus que le temps ne luy permettaict, il l'a exorté et prié, au nom desdictz Estatz, de continuer encores sadicte charge, au moings jusques à ce qu'il y ayt esté pourveu d'ung aultre en sa place, ce qu'ilz n'ont moyen de faire en la présente assamblée pour estre sur la fin de la tenue des Estatz. A quoy ledict sieur Fumel auroit replicqué que ladicte charge estant voluntaire et annuelle, il ne peult estre contrainct de l'exercer plus longuement et pour ceste cause il a de rechef supplié lesdicts Estatz avoir agréable sadicte démission ; protestant ne se voulloir plus mesler des affaires dudict païs en qualité de scindic.

S'est présenté à ladicte assemblée le sieur Moïse Malgoyres, lieutenant de prévost de MM. les mareschaulx du diocèse de Nismes, lequel a remonstré que suivant les commissions de Mgr le duc de Ventadour, que M. le bailly Picheron luy a baillé en main, il s'est acheminé en ce diocèse pour procéder aux informations et aultres actes deppendans de sadicte commission contre ceulx qui troublent le repos dudict diocèse. A quoy il auroict vacqué par plusieurs jours, comme résulte par son verbail qu'il a offert d'exhiber à ladicte compaignie, la priant si elle entend qu'il s'en retourne ou qu'il continue plus avant les actes de sadicte commission, encores que par sa procédure, le faict dont il s'agist, soit suffizamment vériffié; toutesfoys il offre de faire ce que par lesdictz Estatz sera trouvé nécessaire pour le bien publicq dudict diocèse. Sur quoy, mondict seigneur de Mende, au nom de l'assemblée, a loué le bon debvoir qu'il avoit rendu en cest affaire et que lesdictz Estatz trouvent bon qu'il remecte le rolle de la despence qu'il a faicte en l'exécution de ladicte commission pour y estre pourveu à son contentement.

Ledict sieur Malgoyres a remonstré aussy à ladicte assemblée, comme à son partement de la ville de Nismes, M. de Rochemore, juge mage et président en la sénéchaussée dudict Nismes, luy auroit baillé les vidimus de deux arrestz obtenus du Conseil d'Estat du Roy portant confirmation de la suppression de la sénéchaussée de Mende, en datte du doutziesme aoust 1596 et l'aultre, en datte du dix-neufviesme janvier 1597, pourtant révocation des provisions obtenues par les officiers de ladicte sénéchaussée de Mende, au préjudice des arrestz donnez au Conseil d'Estat et inhibitions faictes à la Cour de parlement de Thoulouse, d'en cognoistre. A cause de quoy, a requis que lesdicts arrestz soient leuz en ladicte assamblée et enregistrés au greffe desdictz Estatz, affin que personne n'en préthende cause d'ignorance et que pour l'observation d'iceulx, les habitans dudict païs puissent avoir recours audict registre. Après laquelle réquisition ledict Malgoires s'estant retiré, a esté délibéré et conclud que lesdicts arrestz seront leuz et enregistrés ez registres desdicts Etatz pour servir à ung chascun, en tant que besoing.

Dudict jour quatorzième dudict mois de juing, de rellevée.

Sur ce que mondict seigneur de Mende a propozé qu'il a esté adverty, comme plusieurs personnes du bas païs de Languedoc désiroient faire venir en ce païs, ainsi qu'ilz ont acoustumé durant le temps de lesté ung grand nombre de bestail menu et qu'à ceste fin ayant retiré asseurance de M. de Fosseux que, de sa part, ne leur scroit donné aucun empêchement, ilz vouldroient, par mesme moïen estre asseurés de la part desdictz Estatz ; ce qu'ayant esté trouvé très raisonnable et utile, à cedict païs, a esté conclud que lesdictz Estatz tiendront la main à ce que aucung désordre ny inconveniant n'advienne de leur part au susdict bestail dans ledict diocèse.

Sur la réquisition faicte par ledict sieur Tondut, procureur dudict diocèse en la Cour des Aydes, à Montpellier, de voir le rolle de ses fournitures et vaccations pour les procès dudict diocèse et en arrester la taxe, a esté conclud que la vériffication et taxe dudict roolle est renvoyé aux depputez qui ont esté cy devant commis pour voir la liste et brevet desdictz procès, pour icelle arrester ainsy qu'ilz verront estre raisonnable.

Ayant esté faicte lecture en ladicte assamblée de la minute d'une lettre et requeste que les Estatz avoient arresté d'envoyer à Mgr de Ventadour par MM. d'Ispaniac et de Gibertés, depputez vers Sa Grandeur, a esté conclud qu'elles seroient signées par lesdicts Estatz et baillées auxdictz sieurs depputez.

Sur la réquisition faicte par le sieur Savaron, comme ayant charge de MM. du Tiers et commung Estat du bas païs d'Auvergne, à ce que par ladicte asssamblée fut pourveu au payement, tant de la somme de 23,900 tant d'escus, en laquelle ledict païs de Gévauldan estoict obligé envers iceulx pour les bledz qu'ilz ont fournys avec les vins et aultres munitions, à l'armée conduicte devant Maruejolz, que des interestz de ladicte somme, despuis l'année 1586, le tout conformément à l'arrest du Conseil d'Estat, obtenu par lesdictz d'Auvergne contre ledict païs de Gévauldan, avec Lettres d'assiette de Sa Majesté pour l'imposition sur ledict diocèse de ladicte somme principalle et interestz ; offrant ledict Savaron, de s'accommoder des termes de payement, de telle sorte que ledict diocèse en recevra du solaigement pourveu que lesdictz Estatz vueillent arrester et licquider ledict debte ; après que par mondict seigneur de Mende ont esté desduictes plusieurs raisons pour monstrer que ledict diocèse ne doibt estre tenu au paiement d'une si grande somme de deniers et que les provinces circonvoisines dudict païs de Gévaudan y doibvent contribuer, pour la commodicté et solaigement qu'ilz ont receu de la redduction faicte de ladicte ville de Maruejolz par le moïen de ladicte armée ; veu aussy la commission obtenue à la requeste du scindic dudict diocèse pour faire appeller au Conseil d'Estat, lesdictz sieurs du Tiers et commung Estat dudict bas païs d'Auvergne que des aultres provinces circonvoisines, pour se veoir condampner à contribuer au paiement desdictes sommes; a esté conclud que ledict sieur de Guilleminet, de Picheron et Cavallery, sont depputez pour voir les papiers dudict Savaron et en faire rapport à l'assamblée, pour en estre plus amplement délibéré.

Le sieur Fumel a réiteyré à l'assamblée la réquisition par luy faicte le jour d'hier de commectre quelqu'ung en sa place pour l'exercice de la charge de scindic dudict païs de laquelle il s'est desmis, protestant qu'il ne s'en veult plus mesler ny entremectre ny assister à ladicte assamblée en qualité de scindic.

Snr la lecture qui a esté faicte en ladicte assamblée, de l'estat de la despence nécessaire pour l'achapt des munitions de vivres, pouldres, fraiz de conduicte d'artillerie, port de balles à canon et aultres despences de l'armée ordonnée par Sa Majesté et mondict seigneur de Ventadour, pour la réduction de la ville de Mende, et ce pour le temps d'ung mois, non comprins la solde et paiement des gens de guerre qui se fera des deniers imposez sur le général de Languedoc; a esté conclud que MM. les commissaires de l'assiette seront requis imposer, sur ce diocèse, la somme de 15,000 escus, à laquelle ledict estat a esté réduict et modéré par ladicte assamblée pour estre icelle somme employée à l'effect que dessus, sellon et ainsi que par mondict seigneur de Ventadour sera ordonné.

La recepte des deniers ordinaires et extraordinaires à impozer sur ledict diocèse, en la présente assamblée, a esté publiée ez places et carrefours de la présente ville de Chenac par Crespin Gras, sergent ordinaire de ladicte ville, ainsi qu'il a rapporté à ladicte assamblée.

Sur la remonstrance faicte par ledict sieur de La Roche, au nom de M. le marquis de Canilliac, de ce que aux Estatz tenuz à Maruejolz l'année passée, liquidation auroit esté faicte à la somme de 7,833 escus 20 solz pour tout ce qui estoit deu par ledict diocèse audict sieur marquis, tant en principal que interestz jusques à la fin de l'année dernière ; ayant esté imposé la somme de 2,611 escus, sur l'assiette de ladicte année pour ung tiers dudict debte ; mais ladicte imposition n'auroit esté levée ny ledict sieur marquis paié de ladicte somme, qui auroit esté cause qu'il se seroit retiré à la Cour des Aydes, laquelle par son arrest, auroit condapmné ledict diocèse à paier ledict debte en deux années ; requérant ledict sieur de La Roche, à ladicte assamblée, de satisfaire audict arrest. A esté conclud que lesdictz sieurs commissaires de l'assiette seront requis imposer la présente année la mesme somme de 2,611 escus qui avoit esté couchée l'année dernière et que ledict sieur marquis sera prié se contanter de ceste partie pour ceste dicte année, ayant esgard aux aultres grandz affaires du païs.

Sur la remonstrance faicte par le sieur de Bouzolz, de ce que en l'assamblée de l'année passée auroit esté couché la somme de 160 escus, en tant moingz de la somme de 360 escus, en laquelle despuis l'année 1588 il est obligé envers les consulz de la ville de Saint-Flour, à la réquisition de MM. les commis et deputez dudict diocèse pour certains vivres fournis, par lesdicts consulz, aux trouppes de MM. d'Apchier et de Canilliac, dressées en ladicte année pour la réduction de Chirac, estant ledict sieur de Bouzolz maintenant poursuivy et inquiété par lesdicts consulz à faulte de paiement de ladicte partie; requérant, à ceste occasion, qu'il plaise ausdictz Estatz pourvoir, n'ayant esté ladicte somme de 160 escus acquictée, bien qu'elle fust impozée en la dernière assiette, pour n'en avoir esté faicte la recepte; a esté conclud que lesdicts sieurs commissaires seront requis imposer, en la présente assiette, ladicte somme de 160 escus, pour estre délivrée audict sieur de Bouzolz en déduction de ladicte obligation.

Estantz venus à l'assamblée MM. les depputez à l'audition des comptes du sieur Alméras, receveur dudict diocèse, en l'année 1595, ont faict rapport, par la bouche de M. Peyre, d'avoir procédé à l'audition dudict compte, n'y restant qu'une dificulté qui deppend de la délibération des Estatz pour scavoir si la somme de seize cens et tant d'escus, que ledict sieur Alméras employe en reprise, à cause des restes de certaines parroisses, doibt estre passée et allouée en la despense dudict compte, disant, ledict sieur Alméras luy estre impossible de tirer payement desdictz restes à cause de la grand pauvreté desdictes paroisses. Sur quoy ayant esté veu la liste desdictes paroisses et jugé par l'assamblée qu'elles estoient solvables, a esté conclud que ledict sieur Alméras les contraindra au paiement desdictz restes, et ladicte reprinse sera rayée en sondict compte au proffict dudict diocèse.

Sur la remonstrance faicte par ledict sieur Alméras, de ce que à l'occasion de ladicte recepte, il souffre de grandz fraiz, dommaiges et interestz pour les sommes de deniers qu'il a esté contrainct emprumpter pour les affaires dudict diocèse, requérant luy en estre faicte rai-

son ; a esté conclud qu'il dressera l'estat de ses prétentions pour icelluy veu, y estre pourveu par ladicte
assamblée, sellon quelle advisera estre raisonnable.

Le dimenche, quinziesme dudict mois de juing, de matin.

Lesdicts Estatz, après avoir esté à l'église, ont vacqué
à faire la despèche de MM. d'Ispaniac et de Gibertés,
depputez vers Mgr le duc de Ventadour.

Dudict jour quinziesme de juing, de rellevée.

Le sieur de Chanoilliet, premier consul de Mende et
aultres députez de ladicte ville, ont esté appellés et priez
de venir à ladicte assmblée ; où estantz, mondict seigneur de Mende leur a représenté que lesdicts Estatz
ayant esté advertis qu'ils estoient sur le poinct de s'en
aller à Mende, ont bien voulleu, avant leur despart, les
prier et exorter encores une fois de demeurer et assister
à ladicte assamblée, leur remonstrant qu'ils n'ont occasion de s'en retirer de ceste sorte sur l'oppinion qu'ils
ont conceue que lesdicts Estatz procurent la réduction
de ladicte ville de Mende, plus par la voye de la force
que non pas de la doulceur ; car bien que ils ayent mis
en délibération de préparer les moïens de la guerre pour
ladicte réduction, toutesfoys l'intention desdicts Estatz
n'a pas esté de les y employer, sy ce n'est à l'extrémité
et après que toutes les voyes de la doulceur leur deffaul-
dront ou qu'aultrement leur feust ordonné par le Roy ou
Mgr de Ventadour. Mais au contraire mondict seigneur
de Mende les a asseurés qu'ils n'ont pas eulx mesmes
plus d'affection au bien de leur ville, ny plus de regret
de la ruyne d'icelle que lesdicts Estatz en ont ; et par-

tant les a encores priés instamment de ne se voulloir despartir de ladicte assemblée sans occasion. Sur quoy ledict sieur consul a humblement remercié lesdicts Estatz de leur bonne volunté et les a priés d'y continuer et de croyre qu'ils ne se retirent poinct pour aucune oppinion contraire qu'ils en ayent, mais que leur pouvoir estant limité comme il est et qu'ils l'ont desjà remonstré, ils sont contrainctz, affin de ne l'excéder, de se retirer en ladicte ville, avec espérance toutesfoys de n'y demeurer inutile pour l'advancement du traicté commencé par MM. Despondillian, Delègues et Gondin. Promectant aussy de revenir demain en ladicte assemblée s'il leur est possible, et incontinant après, se sont retirés.

Ayant esté cy devant conclud et arresté en la présente assamblée qu'il seroit pourveu aux préparatifz nécessaires pour la réduction de la ville de Mende par la voye de la force, affin que les moïens en feussent prestz au temps que seroit ordonné par mondict seigneur de Ventadour de les employer, en cas que ceulx de la doulceur ne pourroient profficter à l'endroict de M. de Fosseux, mesmes pour l'entretenement des garnisons qu'il fault establir aux environs de ladicte ville de Mende, suivant ce qui avoit esté cy devant ordonné par mondict seigneur s'il continue en ceste résolution, au retour de MM. d'Yspaniac et de Gibertés quy ont esté depputez vers luy par les Estatz, affin de blocquer ladicte ville de Mende et empescher qu'ils ne face la récolte, en attendant la venue de l'armée qui sera dressée par mondict seigneur, pour l'assiégement de ladicte ville, et ayant esté faict ung estat touchant lesdictes garnisons, il a esté leu en ladicte assemblée et trouver revenir à la somme de 7,900 escus, tant pour la levée de six compagnies pour la solde d'icelles pour ung mois, achaipt de deux cens cestiers bled, achapt de trois charges pouldre, une charge corde à mesche, deux quintaulx plomb, pour mectre en maguasin, construction et bastiment de trois bloqus pour mectre lesdictes garnisons et munitions et la levée et entretenement de soixante maîtres pour tenir la campaigne. Veu lequel estat et l'affaire mis en délibération, a esté conclud que lesdicts commissaires de l'assiette seront requis imposer sur tout ledict diocèse la somme de 20,000 escus. A laquelle la despence dudict estat a esté réduicte pour le temps de trois mois qu'elle pourra durer en attendant l'arrivée de mondict seigneur de Ventadour, avec ladicte armée, de laquelle somme de 20,000 escus, ensemble des 15,000 escus qu'il a esté advisé de faire imposer pour la conduicte des balles et canons, achaipt de pouldres et aultres fraiz de ladicte armée, suivant la commission de mondict seigneur, sera faict une assiette séparée des aultres deniers extraordinaires dudict diocèse et en cas que lesdictes deux sommes ne feussent nécessaires au faict de la guerre, qu'elles seront employées à ce qui sera advisé pour le bien des affaires dudict païs et seront lesdicts deniers distribuez sellon les mandemens et ordonnances de MM. les commis et depputez, assistez de ceulx de trois Estatz que la présente assamblée a cy devant nommé et arresté de faire convocquer sur l'occurrance des affaires plus importans dudict païs.

Et d'aultant qu'il avoit esté cy devant faict une imposition par forme d'emprumpt sur quelques paroisses dudict diocèse, en vertu d'une commission de mondict seigneur de Ventadour, montant environ 5,500 escus pour l'entretenement des garnisons, lors ordonnées estre establyes en certain lieu dudict diocèse, partie desquelles ont esté dressées et demeuré longtemps sus pied, sans entrer dans le diocèse affin de n'interrompre le traicté d'accord commencé par MM. Despondillian et Delègues avec ledict sieur de Fosseux et que, maintenant quelques-unes desdictes paroisses font dfficulté paier leur cottité dudict emprumpt, pour craincte de n'en estre rembourcées par le général dudict diocèse ; a esté conclud que toutes lesdictes paroisses emprumptées, en vertu de ladicte imposition, seront rembourcées de ce quelles auront paié de leur dicte cottité, ou bien leur sera tenu en compte par et tant moings de ladicte imposition de 20,000 escus ; et en cas que ladicte imposition n'auroit lieu, ledict remboursement se fera sur l'assiette extraordinaire des debtes dudict diocèse de la présente année.

Aussi a esté conclud que des deniers qui restent à lever dudict emprumpt, sera paié la somme de 800 escus aux quatre compaignies à pied qui avoient esté levées pour lesdictes garnisons, pour garder qu'elles ne se desbandent et les tenir encores sus pied durant quinze jours, attendant la résolution et commandement de mondict seigneur de Ventadour et sera la monstre et reveue desdictz gens de guerre, faicte par M. le bailly à l'assistance du scindic dudict païs.

A esté conclud aussy que ledict Borrel, qui faict la levée dudict emprumpt, remectra le compte de ce qu'il en a receu pour estre veu et arresté.

S'est présenté M° Estienne Motte, d'Anduze, lequel au moien de M. Hercules Espéronnat, receveur en tiltre d'office dudict diocèse, a requis l'assamblée de luy délivrer la recepte des deniers ordinaires et extraordinaires dudict diocèse qui seront impozés la présente année, aultrement à faulte de ce faire, a protesté de toutz despens, domaiges et interestz contre le diocèse.

S'est aussi présenté à ladicte assamblée M. Marcelin de Manifacier, lequel a remonstré qu'il a esté pourveu par le Roy de l'office de receveur alternatif des tailles de ce diocèse et a esté receu, tant en la Chambre des Comptes de Montpellier que pardevant MM. les trésoriers généraulx de France en Languedoc, comme appert par ses Lettres de provisions et actes de sa réception, en bonne et deue forme. Lesquelles il a présentées à ladicte assamblée ; requérant, suivant icelles, estre receu et installé à l'exercice dudict office, et qu'à ceste fin, sesdictes Lettres de provisions et actes de sadicte réception seront enregistrées ez registres des Estatz, et les assiettes et despartemens qui seront faictz en la présente assamblée, tant des deniers ordinaires que extraordinaires luy seront délivrez pour en faire la recepte, ainsi qu'il est pourté par sesdictes provisions ; aultrement a protesté du retardement des deniers du Roy et de toutz despens, domaiges et interestz qu'il pourroit encourir à faulte de luy délivrer lesdictz despartemens. Sur quoy ayant esté délibéré par lesdicts Estatz et attandu que ledict office a esté supprimé par Sa Majesté, au proffict dudict païs, moyenant le remboursement que ledict païs auroit faict de la finance dudict office ; occasion de quoy il ne peut ny ne doibt estre restably au préjudice de ladicte suppression et des priviléges dudict païs. Pour ces causes et aultres raisons et considérations a esté conclud que le scindic dudict diocèse formera opposition sur les provisions et réception dudict Manifacier, soict pardevant le Roy et son Conseil, nos seigneurs des Aydes ou ailleurs où besoing sera, et sur ce, fera toutes les poursuittes nécessaires au nom dudict diocèse. Et néantmoings a esté aussi conclud, en cas que ledict sieur de Manifacier vouldroit entendre à la recepte des deniers extraordinaires dudict diocèse, il y pourra estre receu comme personne privée, en faisant la condition du païs meilleure. Laquelle conclusion entendue par ledict sieur Manifacier, il a protesté comme dessus et veu le reffus faict par lesdicts Estatz, a requis MM. les commissaires de l'assiette de le recevoir en l'exercice dudict office et à ceste fin luy faire délivrer les despartemens, tant des deniers ordinaires que extraordinaires et ordonner que ses provisions demeureront enregistrées ez registres de l'assiette. Sur laquelle réquisition le sieur de Guilleminet, commissaire principal de ladicte assiette, et M. de Picheron, bailly, de Gévaudan, commissaire d'icelle assiette, ont respondu qu'ils consentent en tant qu'à eulx est à la réception dudict Manifacier en l'exercice dudict office de receveur des tailles dudict diocèse ; ordonnant à ceste fin que ses Lettres demeureront enregistrées, sauf les oppositions, sur lesquelles les parties se retireront au Roy ou à nos seigneurs de sa Cour des Aydes à Montpellier.

La recepte des deniers ordinaires et extraordinaires dudict diocèse qui seront imposés en la présente assamblée a esté de rechef publiée ez places et carrefours de ladicte ville de Chanac, ainsi qu'à esté rapporté par Crespin Gras, sergent ordinaire dudict Chanac.

Du lundy seizième jour du mois de juin, de matin.

Sur le différant d'entre M. Anthoine Chevalier, depputé du consul de Mende, et Mᵉ Michel Jordan, premier consul de Maruejolz, pour raison de leur séance en ladicte assamblée, a esté conclud que ledict Chevalier, comme représentant ledict consul de Mende, précèdera celluy de Maruejolz.

M. Vidal Borrel a remonstré qu'au moys de janvier dernier MM. les commis et depputez dudict diocèse, estantz assamblés en la ville de Chanac, pour pourvoir au payement de la garnison de Mende pour les mois de janvier et février affin d'esviter la foulle et ravaiges, qu'à faulte de ce, ledict païs en eust souffert, il auroit esté pressé par lesdictz sieurs commis et depputez, d'accommoder ledict païs, de la somme de 1,500 escus à luy deue et couchée en ung article de l'assiette de l'année dernière. A quoy il auroit finallement consenty pour le désir qu'il a tousjours heu de faire service au païs. Et d'aultant que par la délibération qui en fust lors prise par lesdictz sieurs depputez, luy auroit esté promis de faire imposer en la présente assiette, tant ladicte somme de 1,500 escus pour son remboursement avec les interestz d'icelle qu'aultre partie à luy deue par arrest et closture de ses comptes ainsi qu'est porté par ladicte délibération ; il a requis et supplié l'assamblée, voulloir satisfaire au contenu d'icelle, et à ceste fin, faire imposer lesdictes sommes. Sur quoy a esté conclud que la somme de 900 escus, mentionnée en ladicte délibération, comme faisant part de ladicte somme de 1,500 escus, sera imposée en la présente assiette. Et pour le regard de 600 escus restans pour parfaire ladicte somme de 1,500 escus, faisant apparoir par ledict Borrel de délibération ou mandement desdictz sieurs commis et depputez pour le prest de ladicte somme, luy sera semblablement pourveu par ladicte assamblée.

Depuys ayant esté remonstré par ledict sieur Borrel que ladicte somme entière de 1,500 escus avoit esté fournys à l'effect que dessus, comme a esté attesté à ladicte assamblée par ledict sieur Alméras et qu'il en a faict apparoir par les mandements de MM. les commis, ayant esté aussi véryffié que le dit sieur Alméras ou M. Jacques Saulze, receveur dudict diocèse l'année dernière, a paié par les mesmes considérations la somme de 1,100 escus à ladicte garnison de Mende, en tant moingz de 1,500 escus à quoy revenoit l'entrectenement d'icelles pour les mois de mars et d'avril derniers et que à ceste fin lesdictz sieurs commis et depputez se seroient aydés et servis d'aucunes parties couchées en l'assiette dudict Saulze, assavoir : de 500 escus d'ung article de M. Estienne Motte, d'Anduze ; 300 escus des hoirs de feu Claude Corrier, de Mende, et aultres 300 escus des hoirs de feu Jacques du Brueil, sieur de Costeregord, à la charge de les faire imposer en la présente assiette pour leur remboursement. A esté conclud que lesdictes parties seront mises dans l'estat qui sera dressé des debtes plus pressées dudict diocèse pour, icelluy veu en ladicte assamblée, estre pourveu à l'imposition d'icelle.

Et d'aultant que pour faire ladicte somme de 1,500 escus pour le payement de ladicte garnison desdicts mois de mars et d'avril, feust arresté par ladicte délibération desdictz sieurs commis et depputez, de prendre la somme de 400 escus qui revenoient bons audict païs, de l'article de 1800 tant d'escus couchés en l'assiette dudict sieur Saulze, soubz le nom de M. Olivier Sévérac, comme est porté par ladicte délibération et que néantmoingz ladicte somme de 400 escus a esté tenue en surcéance par nos seigneurs de la Cour des Aydes, a esté conclud que le scindic dudict diocèse présentera requeste à ladicte Cour, à ce qu'il luy plaise descharger ledict Saulze, de ladicte partie de 400 escus, comme appartenant audict païs et employée pour les affaires d'icelluy.

Sur ce que a esté remonstré ausdictz Estatz par ledict sieur Alméras, au nom dudict sieur Clauzel, trésorier de l'extraordinaire des guerres en Languedoc, comme oultre la somme de 800 tant d'escus, imposée l'année passée pour restes des deniers de la subvention de l'année 1583, luy est encores deub la somme de 1,500 escus des restes de la subvention de l'année 1594 ; requérant icelle somme estre imposée en la présente assiette pour la descharge et acquictement dudict diocèse ; aultrement a protesté, au nom dudict Clauzel, d'uzer de contrainctes qu'il a en main. A esté conclud que ladicte somme sera employée dans ledict estat des debtes pour en estre plus amplement délibéré par l'assamblée.

Sur ce que le sieur de La Croix a remonstré que pour l'entrectenement d'une compaignie estant en garnison pour le service du Roy en la ville de Mende, soubz sa charge, il auroict esté contrainct, pour subvenir au paiement d'icelle, emprumpter du sieur de Rousses, Gisquet et aultres habitans de ladicte ville, certaine quantité de bledz ; au payement de laquelle il auroit esté despuis condampné, bien que ce fust pour le service du Roy et les affaires dudict diocèse ; requérant, au moïen de ce, qu'il pleust à l'assamblée pourvoir à son remboursement ; a esté conclud, attandu que ce n'est le faict du païs, lequel a cy devant impozé et faict des fondz pour l'entrectenement de ladicte garnison et que le paiement d'icelle en a esté faict à M. de Fosseux, son général, ledict sieur de La Croix se retirera devers luy, si bon luy semble, pour s'en faire payer, n'ayant pour ce regard aucune action contre ledict diocèse.

Sur aultre réquisition faicte à ladicte assamblée par ledict sieur de La Croix de pourvoir au paiement de la somme de 880 tant d'escus à luy deue de restes de l'entrectenement de la garnison de Florac, suivant les délibérations prises en l'assamblée des Estatz tenus à Maruejolz en l'année dernière ; a esté conclud que ladicte somme sera mise dans l'estat des parties et des debtes plus pressées pour icelluy veu en ladicte assamblée en estre plus amplement délibéré.

La recepte des deniers qui seront impozés en la présente assiette ayant esté publiée, s'est présenté le sieur Chantuel qui a offert la faire des deniers extraordinaires à semblables gaiges qui furent accordés l'année passée au sieur Saulze, offrant faire advance, dans dix jours, au païs, de la somme de 4,000 escus, pour les affaires d'icelluy et oultre ce la somme de 500 escus pour le deffray des gens des Estatz de ladicte assamblée, et encores de fournir les munitions de l'armée qui sera dressée pour la réduction de la ville de Mende, lorsque Mgr de Ventadour viendra en ce païs ; pourveu que la préférance de la fourniture desdictz vivres luy soit baillée au mesme pris de ceulx qui feront la condition meillieure ; ayant aussy déclairé que les domaiges et interestz qu'il souffrira en faisant lesdictes avances il s'en remect à la discrétion et bonne volunté des Estatz pour y avoir tel esgard qu'ils adviseront.

Lesdictz Estatz ayant jugé nécessaire, pour le bien du service du Roy et advancement des affaires dudict diocèse, de faire fondz au receveur d'une somme de deniers pour subvenir à plusieurs affaires occurrans durant l'année, fraiz de voaiges et aultres despenses pressées et importantes et qui ne peuvent estre différées que au grand préjudice dudict diocèse et mesmes la présente année, pour le mauvais estat auquel les affaires sont réduict à cause de la dettention de la ville de Mende. A esté conclud que MM. les commissaires de l'assiette seront requis imposer, au despartement des debtes dudict diocèse, la somme de 1,000 escus, pour estre employée ausdictz affaires occurrans durant l'année ainsi qu'il est acoustumé de tout temps, et ce par les mandemens et ordonnances desdictz sieurs commis, scindic et depputez, sellon qu'il est porté par la délibération prinse, à Maruejolz, l'année passée en l'assamblée des Estatz sur la distribution des deniers.

Le sieur Manifacier ayant esté prié de venir à l'assamblée, luy a esté dict l'offre que ledict sieur Chantuel a faict de prendre la recepte des deniers extraordinaires dudict diocèse affin qu'il déclaire à l'assamblée s'il y veult entendre comme personne privée. Sur quoy il a demandé terme d'une heure pour leur rendre responce, et incontinant est sorty de ladicte assamblée.

Sur la requeste présentée par les sieurs Savaron et Martinon, comme ayantz charge et procuration expresse de MM. du Tiers et commung Estat du bas païs d'Auvergne, tendant à ce que par lesdicts Estatz dudict diocèse fust pourveu au payement, tant de la somme de 25,966 escus deux tiers que interestz d'icelle, despuis unze années en ça, deue par ledict diocèse ausdictz sieurs du bas païs d'Auvergne, à cause des obligations consenties par ceulx dudict diocèse envers ceulx dont ils auroient obtenus jugement pardevant le sénéchal de Clermont ; arrest du Conseil d'Estat et Lettres d'assiette pour l'imposition d'icelle en deux années. Protestant, à faulte de ce faire, de s'ayder de toutes les rigueurs et voyes de justice qui leur sont permises, oultre les despens, domaiges et interestz et mesmes les ravaiges qui s'en pourroient ensuivre contre ce diocèse. Offrantz que en arrestant le principal et interestz avecq eulx, d'accorder audict diocèse le temps de quatre années pour luy donner moyen d'en faire le paiement avec plus de facillité, en leur payant toutesfoys les apportz au denier douze. Et où ledict diocèse ne vouldroict accepter ledict offre, ils s'en despartent. Sur quoy, ouy le rapport de M. de Guilleminet, commissaire de l'assiette qui avoit esté prié de voir les obligations et aultres papiers desdictz sieurs Savaron et Martinon, a esté conclud que ledict sieur de Guilleminet est encores prié d'en conférer avec eulx, pour, s'il est possible, en demeurer d'accord à l'amyable, et à ceste fin leur faire offre, de la part desdicts Estatz de la somme de 10,000 escus pour toutes leurs préthentions, sans approuver toutesfoys ledict debte, mais seulement pour se rédimer de vexations et conserver l'amytié qui a tousjours esté entre lesdicts païs d'Auvergne et de Gévauldan. Ladicte somme paiable esgallement en quatre années à commencer l'année prochaine.

Et en cas que lesdictz Savaron et Martinon ne vouldroient accepter ledict offre, a esté conclud de faire appeller au Conseil du Roy, tant les depputez dudict païs d'Auvergne que ceulx des provinces de Rouergue, Velay et aultres qui doibvent contribuer au paiement desdictes sommes, en vertu de la commission dudict Conseil, pour ce obtenue, à la requeste du scindic dudict diocèse du 15e septembre dernier, et que ledict scindic ou aultre sera depputé pour aller faire ladicte poursuitte audict Conseil et faire descharger ledict diocèse du payement desdictes sommes, et pour cest effect, les papiers qui sont ez mains de M. Jacques de Chasalmartin, touchant cest afiaire, seront retirés par ledict syndic, pour s'en servir à ladicte poursuitte. Et d'aultant qu'il a esté rapporté à ladicte assamblée que ledict Chasalmartin faict difficulté de les rendre, que premièrement il ne soict paié de ce qu'il préthend luy estre deub, à cause du voiage par luy faict en Cour par ledict diocèse, en l'année 1588, a esté conclud que le compte dudict voiage sera veu et arresté par MM. les commis et depputez et ledict de Chasalmartin payé de ce qui se trouvera luy estre deub par le closture dudict compte et ce des mil escus qui seront imposés pour les affaires occurrans dudict diocèse la présente année.

Aussy a esté conclud que lesdicts sieurs Savaron et Martinon seront gratiffiés de quelque somme pour les frais des voiages qu'ils ont faict en ce diocèse, affin de les occasionner à se rendre plus faciles à l'accord dudict affaire et que le sieur président Gensanet et aultres qui ont heu administration des vivres et les ont vandus après le despart de l'armée seront poursuivis d'en rendre compte et prester le reliqua.

Après lesquelles conclusions, le sieur de La Croix a dict que les subjectz de M. le baron de Florac n'ont aucun interest en cest affaire, protestant pour eulx ne voulloir contribuer ausdictz deniers et n'y estre tenus comme estant lors du contraire party. M. le baron de Peyre, les consulz de Maruejolz et le consul de la viguerie de Portes, pour les habitans des Cevennes, ont faict mesmes protestations, et oultre ce ledict sieur de Peyre a dict que les Estatz doibvent faire déclarer nulle par la justice, la clauze des obligations passées à ceulx d'Auvergne pourtant submission de la personne des habitans dudict diocèse, attandu que ceulx qui ont passé lesdictes obligations ne pouvoient obliger la personne desdictz habitans.

Dudict jour, seizième de juin, en l'assamblée, de rellevée, escripvant en icelle M° Pierre Tondut pour le greffier du païs, à cause de son indisposition.

Mondict seigneur de Mende ayant interrogé le sieur Manifacier, pour veoir s'il estoit résoleu faire la charge de la recepte des deniers extraordinaires, soubz les condictions qui lui ont esté dictes et sur lesquelles il avoit demandé temps ; ledict sieur Manifacier a respondu que pour raison de l'imposition extraordinaire il n'y préthend rien, sinon le droict de ses leveures qui lui sont attribués par ses provisions et non de faire la charge pour l'impossibilité qu'il a de fournir tant de deniers par advance, comme celluy qui cest offert pour ledict extraordinaire, et quant à l'ordinaire, dict qu'il veult faire sa charge. Laquelle responce ayant esté acceptée par lesdicts Estatz en ce qui est de ladicte recepte extraordinaire et attandu qu'il est question du bail de recepte, sur laquelle le païs a besoing de grandes avances, joinct que la charge de ladicte recepte extraordinaire deppend de l'élection dudict païs qui a coustume de tout temps de la bailler à celluy qui faict la condition meilleure au proffict du païs, a esté conclud qu'elle sera délivrée pour lesdictz deniers extraordinaires audict M° Jacques Chantuel, veu que après plusieurs proclamations deuement faictes qui y vouldroient entendre à meillieure condition, personne aultre ne s'est offert, et ce aux conditions portées par le contract qui en sera dressé et passé avec luy et telles qui ont esté à la séance de ce matin par luy offertes et aux aultres charges et conditions du contract qui fut passé par les Estatz à M° Saulze l'année dernière. Oultre lesquelz pactes, il y sera mis que ledict Chantuel ne sera tenu audict Manifacier ny aultres pour raison des gaiges qu'il pourroit préthendre desdicts deniers extraordinaires ; de quoy ledict païs l'en déchargera et l'en rellevera et qu'il ne sera loysible audict Chantuel, faire taxer aucuns despens de ses exécutions que par les juges plus proches des lieux où lesdictes exécutions, saisies et conduictes seront faictes, appellées les parties intéressées.

Attandu la nécessité urgente du païs et qu'il pourroit avoir besoing de deniers oultre ce qui sera impozé en ladicte assiette extraordinaire, il a esté délibéré et conclud que, pour ne surcharger le pauvre peuple, il sera prins la moitié des deniers ordinaires donnés par le Roy aux habitans de Mende, sauf à leur pourvoir de remplacement une aultre année, veu que cella se faict pour la réduction de ladicte ville à l'obéissance de Sa Majesté, ce que ceulx qui seront depputez en Cour, supplieront le Roy, d'agréer treuver bon, et en feront, sur ce, toutes les instances et poursuittes nécessaires.

M. le baron de Peyre avec le consul de Maruejolz ont rapporté à l'assemblée que en oyant le compte du sieur Alméras ou Saulze, il a esté treuvé deux difficultés que les audictenrs n'ont volleu passer sans délibération ; c'est qu'ayant emprumpté, ledict sieur Alméras 6,800 escus pour le païs, qui luy en fist procuration, les intérestz ne luy ayant esté passez cy devant que pour six mois, il en demande raison pour une année, attandu qu'il n'a pu paier le debte et qu'à la reprise qu'il faict pour 10,500 escus des lieux interdictz et opposans il demande allocation de ladicte somme et les interestz de ce qu'il a payé sans recevoir. Sur quoy a esté conclud qu'il est accordé audict Alméras, pour l'intérest desdictz 6,800 escus, la somme de 600 escus, laquelle sera imposée au despartement et assiette qui se fera des deniers extraordinaires. Et quand à la reprise des opposans, qu'il continuera sa levée sur les débiteurs. Et pour faciliter icelle, que le scindic luy assistera à faire vuider le procès qui est en la Cour des Aydes pour raison des opposans. Et pour ses préthentions des interestz qu'il luy sera impozé en l'assiette de l'année prochaine la somme de 600 escus.

Ledict M° Tondut, procureur du païs, a représenté à l'assamblée que suivant ce qui feust ordonné ces jours passés, il a taché d'instruyre les sieurs qui furent depputez pour l'ouyr sur les procès qui sont pendantz en ladicte Cour des Aydes pour s'instruyre des deffences nécessaires ; mais à cause des grandz et importans affaires esquelz tous les Estatz ont été occupez, il n'a peu faire aultre chose que le récit de l'estat desdictz procès par la liste et rolle qu'il en a baillé, contenant ample brevet d'iceulx. Par quoy a requis qu'elle soit receue pour la faire veoir et luy ordonner ce qu'il a affaire pour n'en courir reproche. Sur quoy a esté conclud icelle estre veue en la prochaine assamblée, ainsi qu'il a esté faict en la présance dudict seigneur de Mende, et sur chascun article d'icelle ordonné audict Tondut de faire les poursuittes et deffences nécessaires en attandant plus amples mémoires et instructions, et que lesdictes requestes civiles seront poursuivyes et communiquées par ledict Tondut au Conseil du païs, à Montpellier, le sieur de Morillian et aussi lesdictz mémoires.

Se sont présentez à l'assemblée MM. Nicolas et Lagier, toutz deux commis du sieur Reich, trésorier de la bourse de Languedoc, lesquelz ont dict que pour leur paiement de 7,000 et tant d'escus, qui sont deubz audict sieur Reich, de restes des deniers de sa charge, depuys plusieurs années, ils sont longtemps en ce païs, à grandz fraiz et despens, requérant estre pourveu sur leur satisfaction, aultrement protestent des despens de leur séjour et du retardement desdicts deniers. Sur quoy a esté délibéré et conclud que, veu la nécessité des affaires du diocèse ceste année et pour la contenter aucunement dudict debte, considéré que le sieur Alméras ou M. Jacques Saulze est chargé d'en païer sur l'imposition dernière, la somme de 3,000 escus, il sera imposé au département des deniers extraordinaires la somme de 1,000 escus.

Du dix-septième jour dudict mois de juing, en ladicte assemblée, du matin, escripvant en icelle M. Jehan Bompar, commis dudict greffier.

Sur la réquisition faicte par M. Symon Alméras, receveur dudict diocèse, d'ouyr, clorre et arrester ses comptes et luy payer la somme de 3,000 escus qu'il a prestez au païs pour bailler à M. de Fosseux, affin d'empescher la foulle que ledict païs en eust peu souffrir, luy paier aussi aultres sommes à luy deues et coucher en l'assiette la présente année, ce que monte les gaiges de toutes les sommes entières, contenues en ses assiettes; attendu les advances qu'il a faictes suivant son contract et procuration sur ce prinse, ou en tout événement, des sommes par luy advancées, aultrement et à faulte de ce faire, a protesté de tous despens, domaiges et interestz. A esté conclud qu'il sera procédé à l'audition des comptes desdicts sieurs Alméras et Saulze par les auditeurs à ce nommés pour après iceulx cloz et arrestez luy estre pourveu sur l'imposition par luy requise ainsi qu'il sera advisé par lesdicts Estatz, le plus raisonnablement qu'il leur sera possible, et que les interestz des sommes par luy advancées, dont il en baillera estat, luy seront imposées à la prochaine assamblée et pour le temps qui sera advisé par lesdictz sieurs auditeurs. Lesquelz interestz il sera prié d'attendre jusques audict temps, ensemble ce que luy sera plus accordé, heu esgard aux urgens affaires et à la pauvreté du païs.

S'est présenté Mᵉ Jehan Du Roure, docteur ez droictz et advocat en la sénéchaussée de Nismes, qui a remonstré estre délégué par MM. du sénéchal pour venir prier et requérir l'assamblée d'enregistrer, au registre des délibérations des Estatz de ce païs, les arrestz par eulx obtenus du privé Conseil du Roy, portant confirmation de la suppression de la sénéchaussée de Mende et païs de Gévauldan, réunye par lesdicts arrestz à ladicte sénéchaussée de Nismes, si faict n'a esté suivant la présentation faicte desdicts arrestz par le sieur prévost de ladicte sénéchaussée dudict Nysmes. Et en cas que sur ceste suppression il y auroit des oppositions, a requis ladicte assamblée d'ordonner au scindic du présent païs se joindre en l'instance avec eulx et avec le scindic général de Languedoc pour les faire desmectre de leur opposition et en faire les poursuittes nécessaires, et à ceste fin impozer telle somme de deniers qu'il plaira auxdictz Estatz pour subvenir aux fraiz nécessaires et pour les rellever de la grande despence qu'ils ont esté contrainctz de supporter pour faire lesdictes poursuittes, attandu qu'il importe au bien public et solaigement du peuple, que ladicte sénéchaussée de Mende demeure supprimée suivant plusieurs conclusions quy ont esté souvent prinses en aultres asssamblées ainsi que ledict Du Roure a faict appparoir. A esté conclud que venant cas d'opposition sur lesdictz arrestz de suppression de ladicte sénéchaussée de Mende, desquelz a esté faicte lecture cy devant en ladicte assamblée et ordonné iceulx estre enregistrées par le greffier ez registres des Estatz, que le scindic audict païs se joindra avec le scindic général de Languedoc pour faire les poursuittes nécessaires pour l'entière exécution de ladicte suppression dudict sénéchal, sans que pour ce le païs puisse entrer en aucungz fraiz, attandu la pauvreté d'icelluy.

Sur ce qui a esté représenté par mondict seigneur de Mende, qu'il est nécessaire, attandu les urgens affaires du païs, que pour traicter d'iceulx, MM. les commis, syndic et depputez s'assamblent souvent en ceste ville de Chauac, causant l'occuppation de la ville de Mende et que M. de S. Auban, commis de la noblesse de ce diocèse en'est beaucoup esloigné, joinct que la plus grande partie du temps il demeure au bas Languedoc, luy estant par ce moyen impossible de se treuver auxdictes assamblées en personne comme il seroit bien requis; au moyen de quoy il est expédient de faire ellection d'ung gentilhomme du diocèse, proche de ce lieu, pour estre substitué dudict sieur de S. Auban, affin qu'il ayt moïen de se trouver esdictes assamblées à toutes occasions que le requéront, soubz le bon plaisir toutesfoys dudict sieur de S. Auban. Ayant esté sur ce recueillies les oppinions par mondict seigneur le président, suivant la pluralité d'icelles, a esté faicte nomination de noble Jehan de Retrum, sieur de La Roche, pour exercer la charge de substitué dudict sieur de S. Auban, comme commis des nobles, qui a faict promesse et serment, de bien et deuement exercer ladicte charge, et à l'instant receu en ladicte assamblée, à la charge que ledict sieur de Saint Auban sera prié, de la part d'icelle, d'agréer ledict sieur de La Roche.

De mesmes a esté faicte ellection pour substitué de M. Jehan Brugeiron, greffier du Bailliaige et des Estatz du présent diocèse, de M. Raimond de S. Bauzille, secrétaire de mondict seigneur de Mende, pour escripre les délibérations de MM. les commis dudict païs, en l'absence dudict Brugeyron, causant l'empêchement qui luy est donné pour ne pouvoir aller ny venir librement en ceste ville de Chanac, pour l'occuppation de la ville de Mende où il faict sa résidence ordinaire, et ce sans préjudice des gaiges et aultres droictz accoustumé dudict Brugeiron, greffier, et à la charge que ledict subztitué se fera agréer par ledict Brugeiron, greffier.

A esté aussi délibéré et conclud, attandu les grandz affaires et procès que ce païs a contre plusieurs personnes, à la poursuitte desquelz le scindic ne peult seul subvenir, estant besoing de le faire secourir de quelque personnaige de conseil, pour le bien et advancement desdictz affaires, que M° Déodé Dumas, docteur ez droictz et juge du Chappitre de Mende, sera prié d'assister ledict scindic en la consultation et direction desdictz procès et affaires, et qu'à ceste fin ses gaiges luy seront couchés pour une année en la présent assiette, comme il estoit acoustumé anciennement en pareille occasion.

Sur le besoing qu'il y avoit d'ung prévost des mareschaulx en ce païs, ayant esté Mgr de Vantadour, contrainct d'y employer celluy de Nysmes, à bien grandz fraiz, d'aultant que M. Jehan Vergile, qui avoit esté esleu et nommé aux derniers Estatz, n'avoict encores exercé ladicte charge, s'est présenté Martin Bazalgète, sieur de Barret, habitant de la ville de Lengoigne, qui a remonstré à l'assamblée, qu'il offroit, si le païs le trouve bon, d'exercer ladicte charge de prévost en ce pays, et par le moien d'icelle, empescher les courses et ravaiges que une infinité de volleurs font en icelluy, et iceulx faire punyr par la voye de la justice, et pour ce faire, d'y employer sa vie et ses moiens, s'il plaisoit à ladicte assamblée le recevoir, avec tel nombre d'archers qu'elle adviseroit bon estre et luy accorder. Et attandu que les termes de l'imposition prochaine pourront estre longs pour leur payement de leurs gaiges et entrèctenement, offre d'advancer et fornir l'argent nécessaire, tant desdictz archers que du greffier, pour les monter de bons chevaulx et entrectenir durant le premier quartier sur e^t tant moings de leurs gaiges et en luy donnant aussi honneste entrectenement, affin qu'il ayt d'aultant plus de moien de s'acquicter de son debvoir. Sur quoy par mondict seigneur de Mende, président desdicts Estatz, luy auroit esté remonstré que ledict Vergile avoit esté pourveu dudict office et charge de prévost sur la nomination et ellection qui fust faicte en la dernière assamblée des Estatz de Maruejolz et qu'il n'y avoit lieu de procéder à aucune aultre nomination sans la démission dudict Vergile, et pour cest effect, ledict Vergile a esté mandé venir en ladicte assamblée, qui a dict et déclairé ne pouvoir exercer ladicte charge non plus qu'il n'a heu moyen de faire durant l'année dernière, tant à faulte de

moiens pour son entrectenement que pour ses archers,
et aussi pour l'empeschement et opposition fournies par
M⁰ François Molines, préthendans avoir esté pourveu de
ladicte charge et office de prévost, contre lequel il en a
obtenu arrest de la Cour de parlement de Thoulouze,
portant confirmation de sa nomination. Sur quoy ladicte
assamblée, par ledict seigneur président, a déclaré ne
voulloir procéder à aucune nouvelle élection et nomination sy non en tant que ledict Vergile ne vouldroit exercer ladicte charge, pour l'asseurance qu'elle a heu qu'il
s'en acquicteroit en homme de bien, et pour cest effect
qu'il en viendroit la presdinée, pour faire entendre son
intention. A laquelle après disnée, s'est présenté François Fontanes, capitaine de Lengoigne, qui a prié lesdicts
sieurs le recevoir en ladicte charge et office de prévost,
offrant l'exercer aux mesmes conditions et de faire semblables advances que ledict sieur de Barret. Après avoir,
par ledict seigneur président, faict appeller les voix sur
les nominations des personnes desdictz sieurs de Barret
et Fontanes et que ledict Vergile a esté mandé venir à
ladicte assamblée et qu'il s'est desmis dudict estat entre
les mains d'icelle et déclairé ne le voulloir exercer, et a
requis de faire nomination en son lieu dudict sieur de
Barret, comme personnaige capable et pour le bon
moyen qu'il avoit de se bien monter et ses archiers
comme il est tout notoire et qu'il a appareu à ladicte
assamblée de bonne vye, meurs, cappacité, loyaulté,
preudhomye et dilligence dudict sieur de Barret; a esté
esleu et nommé par lesdicts Estats en ladicte charge et
office de prévost dudict diocèse pour icelluy exercer
avec le nombre de cinq archers et ledict greffier ordinaire du païs, aux gaiges acoustumés, scavoir pour ledict

sieur de Barret, prévost : 200 escus par an ; 66 escus deux tiers pour l'estat dudict greffier, et pour chascun desdictz cinq archiers semblable somme, que lesdicts Estatz luy ont accordée aux conditions suivantes et non aultrement. Premièrement qu'il sera tenu faire sa résidence ordinaire en la ville de Mende, cappitalle du païs, lorsqu'elle sera réduicte en l'obéyssance du Roy ou bien en la ville de Chanac et de Maruejolz, plus proche de ladicte ville de Mende, pendant l'occuppation d'icelle ville ; qu'il ne prendra aucuns archiers qui ne soient bien cogneuz, affidés et receuz par MM. les commis, scindic et depputez dudict diocèse ; ausquelz, à ceste fin, il sera tenu de les présenter en ladicte ville de Chanac, en laquelle lesdicts commis, scindic et depputez s'assemblent ordinairement pour les affaires dudict païs et ce toutz les quartiers, de trois mois en trois mois et toutes et quantesfoys qu'il en sera requis pour en estre faicte par eulx la reveue. Aussi sera tenu de faire ses chevauchées ordinaires par toutes les villes dudict diocèse de trois mois en trois mois, suivant les ordonnances du Roy. Aussi sera tenu de remectre les informations et procédures devers ledict greffier dudict païs, greffier ordinaire de ladicte prévosté pour y avoir recours et l'en faire ou faire faire les expéditions quand besoing sera comme est acoustumé de tout temps, sans qu'il soit loysible audict prévost d'y pouvoir employer aultre greffier, à peyne de nullité de ses actes et révocation des gaiges que le pays luy accorde. Lequel greffier sera tenu de l'assister et acompaigner, ou le commis qu'il luy baillera, lors et en ce qu'il sera besoing et nécessaire au faict de sa charge comme de tout temps est acoustumé d'estre faict. Représentera aussi, ledict prévost par chascun quartier, ausdictz sieurs commis et depputez, lesdicts archers en bon st satisfaizant équipaige à ladicte monstre et reveue pour faire le serement acoustumé ainsi que ledict sieur de Barret l'a faict et presté, en plaine assemblée ez mains dudict seigneur de Mende, président en icelle, de bien et fidellement exercer ladicte charge de prévost audict diocèse et administrer la justice sans acception de personne, aux conditions susdictes et sans aucune corruption, passion ny vindicte, suivant les ordonnances du Roy, comme il luy a esté remonstré par ledict seigneur président et qu'à chascune reveue desdicts Estatz il fera apparoir des procès verbaulx et du debvoir qu'il y aura faict, sans prendre ny demander aucune chose que sesdictz gaiges pour l'exercice de sadicte charge et sauf a avoir esgard aux assamblées desdicts Estatz et le recognoistre et gratiffier, si besoing est, et que de l'advance qu'il fera, tant pour son entrectenement que desdictz greffier ordinaire et archiers pour ledict premier quartier, ensemble des cazaques qu'il a promis faire faire ausdicts archiers, ausquelles il sera tenu de faire mectre la figure de l'espée de connestable en broderye, qu'il en sera rembourcé par le recepveur du païs, sur l'imposition qui sera faicte dudict entrectenement, de quartier à aultre et à la raison que dessus et de ce que lesdictes cazaques luy auront peu couster, jusques à dix ou douze escus chascune d'icelles, soict sur la longueur qui pourra estre de l'assiette, que sur aultre nature de deniers revenans bons au païs, et qu'il obtiendra du Roy ou de Mgr le duc de Ventadour, lieutenant général pour Sa Majesté en Languedoc ou de M. le prévost général la commission confirmative sur la présente nomination et élection, ainsi qu'il est acoustumé d'estre faict.

Sur la remonstrance faicte par ledict sieur Rodier, lieutenant de prévost de ce diocèse et pour le quartier de Cevennes, tendant à ce que si l'assamblée trouve agréable qu'il continue l'exercice de sa charge, qu'il luy plaise pourvoir à l'augmentation et payement de ses gaiges qui ne sont que de 100 escus et encores n'en a-t-il peu estre payé ny remboursé de ce qu'il a fourny pour l'entrectenement d'un archier qu'il luy feust accordé l'année passée ; ayant esté aussi contrainct d'entrer en plusieurs fraiz, tant pour la conduicte de plusieurs prisonniers prisonniers prévostables qu'il a faict exécuter tant en la ville de Mende qu'en la présente ville de Chanac, Saint-Estienne-du-Valdonnez et aultres lieux, comme appert par les roolles desdictz fraiz qu'il a en main. Requérant estre pourveu à son remboursement de ce qui se trouvera luy estre deub, ensemble aux fournitures faictes et vaccations extraordinaires du commis du greffier ordinaire du païs et de ladicte prévosté, ensemble les gaiges dudict archer de l'année dernière, qui luy feurent tenus en souffrance en l'assiette ordinaire par nos seigneurs de la Cour des Aydes à Montpellier et qu'il luy plaise aussi augmenter sesdictz gaiges et luy accorder deux archers pour l'advenir. A esté conclud que ledict sieur Rodier continuera l'exercice de sadicte charge et sera prié de se contenter des mesmes gaiges de 100 escus pour son entrectenement durant ung an, et de deux archiers, à raison de 66 escus deux tiers pour chascun ; à la charge qu'il sera tenu de faire ses chevauchées par le présent païs et de remectre les procédures et informations devers le greffe du Bailliaige et païs de Gévauldan, comme il est acoustumé et de n'en employer au faict de sadicte charge aultre greffier que celluy dudict Bailliaige et païs ou l'ung de ses commis, ainsi qu'il a cy devant promis à sa réception.

Et affin que les criminels ne demeurent impugnis, ny les jugemens des procès retardés à faulte de payement, rapportz et exécution des condampnés qui n'ont poinct de partie civile pour fournir ausdicts fraiz, a esté concludque pour y subvenir, il sera impozé en l'assiette des deniers ordinaires, la somme de 333 escus 20 solz, pour estre employée à l'effect que dessus, suivant les mandemens qu'en seront faictz par MM. les commis, scindic et depputez dudict païs, et sans que lesdictz deniers puissent estre convertis à aultres uzaiges, à peyne de répétition.

Sur la remonstrance faicte par le scindic dudict diocèse comme les sieurs Savaron et Martinon, depputez du Tiers et commung Estat du bas païs d'Auvergne, ne s'estans voullus contanter de la conclusion le jour d'hier, prinse en la présente assamblée pour le faict de leur négociation, luy auroit faict faire un acte de réquisition, receue par notaire, à laquelle il n'auroit voulleu respondre sans la communicquer à ladicte assamblée, d'aultant qu'ils ne sont voulleuz venir en accord avec les sieurs de Guilleminet et Chevalier, depputez pour traicter de cest affaire avec eulx, quelques remonstrances et considérations qu'ilz leur ayent sceu représenter et qu'il est besoing d'en prendre une bonne et meure délibération, à cause de l'importance de ce faict et causant que la despance de l'armée envoyée par le Roy en Gévaudan pour la réduction des villes et places en son obéyssance qui estoient lors occupées, doibt estre portée aux despens commungz des quatre provinces, asscavoir : du haut et bas Auvergne, le Rouergue, Velay et Gévauldan pour le reguard des vivres et munitions, tout ainsi qu'elles ont esté contrainctes de faire pour le reguard des deniers affectés et ordonnez par le Roy pour l'entrectenement de ladicte armée, revenant pour chascune à 23,000 escus, suivant ce qu'il feust arresté et conclud par le Roy en son Conseil des Finances, les depputez desdictz quatre provinces ouys, il est raisonnable que ledict païs d'Auvergne entre pour son quatriesme, en cas que la partie par eulx demandée fut légitimement deue. D'aillieurs que les munitions achaptées par ceulx de Clermont ont esté vandues en la présence et assistance du sieur président Gensanet, depputé de ladicte province du païs d'Auvergne, sans appeller le scindic de ce païs, comme il estoit requis, parce que lesdictes munitions ne pouvoient estre vandues à son préjudice, d'aultant que par arrest du Conseil, est dict que lesdictes munitions demeureroient au profict dudict diocèse, d'aillieurs que ladicte préthendue obligation a esté faicte par exprès commandement du Roy et pour les affaires importans le bien de son service, qu'ayant ladicte assamblée esté poursuivie par les scindicz desdictz quatre provinces ; au moyen des courses, ravaiges et entreprises que faisoient ordinairement les garnisons des places occupées sur la frontière desdictes provinces, qui constituoict toutes lesdictes provinces en grand fraiz, pour l'entrectenement des garnisons des villes et places d'icelles ; duquel entrectenement et aultres fraiz et despences qui les constituoit, ont esté par le moien de ladicte réduction, deschargées, et aultres raisons et importantes considérations représentées par ledict scindic et Mᵉ Anthoine Chevalier, qui avoit esté cy devant depputé en Cour pour la poursuitte dudict procès et jusques avoir obtenu arrest dudict Conseil, par lequel a esté ordonné que les commis, scindic et depputez desdictes provinces seroient appellés; et cependant inhibitions et deffenses auxdictz de Clermont de faire aucunes contrainctes. En vertu duquel arrest et au moien des troubles survenus, ledict scindic n'a peu faire appeller les depputez desdictes provinces. Au moyen de quoy a esté concludqu'il n'y a lieu de pouvoir satisffaire à la sommation desdictz Savaron et Martinon, jusques à ce que le Roy en ayt aultrement ordonné en son Conseil, auquel, sur la requeste présentée par le scindic, il a esté naguières ordonné que lesdictes parties seront appellées; toutesfois pour le désir que lesdictz Estatz ont de vivre en bonne paix et union avec MM. les eschevins de Clermont, ont commis et depputé MM. de Guilleminet, commissaire, et ledict Chevalier, pour traicter et compozer de cedict affaire par la voye gracieuse, s'il en est possible avec lesdictz Savaron et Martinon, et plustost se laisser aller jusques à la quatriesme partie de ladicte prétendue obligation, sans toutesfoys approbation d'icelle, comme ayant esté faicte par exprès commandement du Roy et pour son service et sans procuration especiale pour faire ladicte obligation. Et où lesdictz sieurs Savaron et Martinon ne vouldroient accepter ledict offre, que le païs envoyera et depputera devers lesdictz sieurs eschevins, ledict sieur de La Roche, assisté du dict scindic, pour leur faire entendre lesdictes raisons et considérations cy dessus desduictes et pour essayer s'il est possible d'en demeurer gracieusement d'accord. Ausquelz sieurs de La Roche et scindic donnent plain pouvoir pour traicter de cest affaire, avec promesse d'agréer ce que par eulx sera faict et négocié. Et où ils ne vouldroient entendre à une raison, que les depputez desdictes provinces seront appellés à la requeste dudict scindic audict Conseil, pour estre ledict diocèse deschargé de ladicte obligation.

Dudict jour dix-septiesme de juing, en ladicte assamblée, de rellevée, escripvant en icelle ledict Bompar.

MM. les depputés à l'audition des Comptes ont faict rapport à l'assamblée, par la bouche de M. le baron de Peyre, d'avoir ouy et arresté le compte du sieur Alméras, receveur des tailles dudict païs, en l'année 1595, des impositions à luy baillées à lever, et par la closture d'icelluy se trouve luy estre deub 10,800 escus 11 solz 10 deniers, procédant de ce qu'il n'a peu entièrement lever lesdictes impositions. Ayant à ceste fin baillé pour 17,014 escus 27 solz 11 deniers de reprises; lesquelles luy ont esté rayées pour faire plus amples dilligences et en faire le recouvrement s'il se peult.

Ledict sieur de Peyre a dict aussi avoir esté ouy, cloz et arresté par lesdictz depputez, aultre compte, baillé par ledict sieur Alméras, des sommes à luy deues par ledict païs et non impozées, se montant par la closture d'icelluy, la somme de 5,436 escus 43 solz 7 deniers. Ayant esté arresté qu'il en sera impozé en la présent assiette la somme de 4,856 escus 43 solz 7 deniers, et aux Estatz prochains les 600 escus restans pour son entier remboursement. Aussi a dict, ledict sieur de Peyre, avoir esté par eulx cloz et arresté le compte de M. Jacques Saulze, receveur dudict païs, en l'année dernière, des sommes par luy fournies pour ledict païs, non imposées; par la fin duquel compte se treuve luy estre deub la somme de 4,031 escus 10 solz. Ayant esté aussi arresté que sur et tant moingz luy sera imposé, en la présent assiette, la somme de 3,201 escus 30 solz et aux prochains Estatz, les 830 escus 10 solz restans.

Et incontinant après a esté faicte lecture des estatz finaulx des susdictes comptes, et ayant esté trouvés conformes au rapport qui en a esté faict par lesdicts sieurs depputez, ont esté approuvés et agréés par ladicte assamblée et conclud que lesdictes sommes deues audict Alméras et Saulze, seront imposées ainsi qu'il est porté par lesdictz estatz finaulx, soubz le bon plaisir du Roy et de nos seigneurs des Aydes. Et pour le regard du compte de l'imposition faicte aux Estatz tenus à Maruejolz l'année dernière dont ledict Saulze faict la recepte, a esté conclud qu'il sera surcis à l'audition dudict compte et que cependant ledict Saulze continuera sa recepte et acquictera les sommes qui luy ont esté baillées par estat, pour après en rendre compte au païs, à la première réquisition du scindic.

Sur la réquisition faicte par le sieur Motte, d'Anduze, de luy faire imposer la somme de 1,000 escus pour restes de la somme de 1,478 escus 52 solz et 6 deniers, à luy deue comme rémissionnaire de M. Anthoine Barthélemy, son beau-père, en laquelle ledict païs a esté condampné envers luy par arrest de la Cour des Aydes, pour le principal, et en 51 escus 21 solz 3 deniers pour les despens, a esté conclud qu'il est renvoyé à la prochaine assamblée pour luy estre faict droict sur ce qui se trouvera luy estre légitimement deu.

Sur la réquisition faicte par M. Jehan Sévérac, du lieu de Caux, de voulloir ouyr et arrester les comptes que feu M. Olivier Sévérac, jadis receveur du présent païs, son frère, debvoit rendre, tant à cause de l'imposition de 5,000 escus, faicte pour la construction de la citadelle de Mende que du voiaige par luy faict en Cour, pour l'authorisation de l'assiette de l'année 1595, et faire imposer ce qui se treuvera luy estre deub par la fin desdictz comptes ; a esté conclud qu'il est renvoyé à la prochaine assamblée pour luy estre pourveu.

Sur la requeste présentée par le sieur de S. André de Valbornye, tendant à ce que la somme de 600 escus à luy accordée aux Estatz tenus à Maruejolz l'année dernière en considération de ce qu'il estoit lors en l'année de son exercice comme receveur ancien, avec M. Hercules Espéronnat, des tailhes dudict diocèse, il auroit presté consentement au proffict dudict diocèse que la recepte desdictes tailhes, feust baillé à celluy que bon leur sembleroit, icelle somme luy feust payée ou en desny de ce le contract sur ce par luy passé avec MM. les depputez du païs rescendé et cancellé et luy remis en son premier estat ; a esté conclud qu'il est renvoyé à la prochaine assamblée des Estatz dudict diocèse pour luy estre pourveu.

Sur la répuisition faicte par les sieurs Savaron et Martinon, depputez du Tiers et commung Estat du bas païs d'Auvergne, de pourveoir à la taxe et payement de la despence qu'il leur à convenu faire en ce diocèse y estantz venus pour traicter des affaires qu'ils ont avec icelluy, mentionnez aux précédentes délibérations, leur a esté accordé pour toutz deux la somme de 100 escus qui leur sera paiée par le receveur, et à ceste fin leur sera impozée en ladicte assiette.

Sur le faict de plusieurs parties qui avoient esté impozées en l'assiette extraordinaire, tenue à Maruejolz, au mois d'avril 1596, dont la levée a esté tenue en souffrance par nos seigneurs de la Cour des Aydes, à Montpellier, a esté conclud, attandu que cella importe à la liquidation des debtes et affaires de cedict diocèse, que lesdictes parties seront réimpozées en la présente assiette et ladicte Cour suppliée de les autoriser et qu'à ceste fin seront remises à la dilligence du scindic les pièces nécessaires pour la vériffication et restablissement desdictes parties. Et pour le regard des aultres sommes et parties qu'il conviendra imposer en la présente assiette pour aultres debtes et affaires dudict païs, qu'il en sera faict et arresté ung estat sur lequel MM. les commissaires de l'assiette seront requis de procéder au despartement, soubz le bon plaisir du Roy et de ladicte Cour, et à la charge d'estre remis devers icelle pour en obtenir l'authorisation.

Pour traicter des affaires urgens du païs au retour des sieurs d'Ispaignac et de Gibertés, délégués par les Estatz devers Mgr le duc de Vantadour, et aussi pour assister au calcul, vériffication et cloisture des assiettes et pour veoir à ce qui restera à faire après la tenue des Estatz, pour le bien et solaigement dudict diocèse, ont esté depputez : M. le baron de Florac ou son envoyé, comme baron du tour, M. de Ste Enimye et MM. les consulz de Maruejolz, de La Canorgue, Saint-Chély, le Malzieu et Salgues. A esté aussi conclud et arresté que les deniers, tant de l'assiette ordinaire que l'extraordinaire des debtes de la présente année seront levés en deux termes, scavoir, les premiers jours de septembre et derniers d'octobre prochain, et que pour avoir surcéance du payement desdictz deniers ordinaires, jusques après lesdictz termes, sera présenté requeste à ladicte Cour des Aydes, au nom et à la dilligence du scindic dudict païs et les fins de ladicte requeste seront fondés, tant les causes du retardement de la tenue des Estatz dudict diocèse, que sur la misère et pauvretté d'icelluy, affin que, par le moyen de ladicte surcéance, il se puisse examter et garantir des fraiz et despens que M. le receveur général et trésorier de la bourse du païs de Languedoc pourroit faire audict diocèse, à cause du retardement de la levée desdictz deniers.

Sur les réquisitions faictes par les sieurs Alméras et Saulze, receveurs dudict diocèse ez deux années dernières, de leur laisser entre leurs mains les pièces justificatives de leurs derniers comptes par eulx rendus en la présente assamblée, pour poursuivre l'autorisation des sommes à eulx deues par lesdictz comptes qu'ils préthendent leur estre impozées la présente année, suivant les délibérations des Estatz, affin de pouvoir faire valider, en la Cour, les articles qui seront pour ce regard couchés esdictes assiettes, a esté conclud et arresté que lesdictes pièces mentionnées es apostilles de leurs dictz comptes, demeureront entre leurs mains, pour s'en servir à l'effect que dessus, et qu'ils s'en chargeront par récépissé au pied desdictz comptes, pour les remectre au pouvoir du greffier du païs, à la première réquisition qui leur en sera faicte, et jusques à les avoir remis, ne leur sera faict paiement par le receveur des sommes à eulx deues par lesdictz comptes.

Ledict sieur Alméras a remonstré avoir charge du sieur Clauzel, trésorier provincial de l'extraordinaire des guerres, en Languedoc, de requérir l'assamblée, comme il a cy devant faict, de luy impozer la somme de 1,500 escus à luy deue, des restes de la subvention de l'année 1594, et en deffault de ce, leur déclairer qu'il a délibéré de les y contraindre par la voye de la justice, affin qu'ils ayent à y pourvoir, pour empescher les despens, domaiges, interestz que le diocèse en pourra encourir. Sur quoy a esté conclud que ledict sieur Clauzel sera prié d'attendre ladicte somme jusques à la prochaine assiette en laquelle ladicte somme sera impozée.

Sur les comptes présentés de la part de M. d'Yspaniac et par le sieur de S. Bauzile, pour raison des voyaiges et fournitures par eulx faictes, tant en la Cour que devers mondict seigneur de Vantadour, pour les affaires dudict diocèse, a esté conclud que lesdictz comptes seront veuz et arrestez par MM. les depputez des Estatz qui demeureront en la présente ville de Chanac après la tenue de la présente assamblée, pour estre, la somme, qui se treuvera due par lesdictz comptes, imposée en la présent assiette et après païée ausdictz sieurs d'Ispaniac et de S. Bauzille.

Pour satisfaire à M. Moïse Malgoyres, lieutenant de prévost de MM. les mareschaulx de France, son greffier et deux archiers qui se sont acheminés en ce païs pour effectuer le commandement du Roy et de Mgr de Ventadour, son lieutenant général en Languedoc et pour informer sur les courses et ravaiges faictz par les gens de guerre, qui sont dans la ville de Mende et aultre chose contenue en ses commissions, leur a esté taxé, scavoir : audict sieur prévost, à raison d'ung escu par jour ; à son greffier, de 40 solz, et à chascung desdictz archiers, de 30 solz bouche-court pour le temps qu'ilz ont demeuré en ce païs, séjour et retour, et suivant le compte qu'il en a rendu aux depputez à l'audition de comptes, la somme de 102 escus 40 solz, pour laquelle somme luy sera expédié ung mandement sur le receveur qui sera tenu de les paier.

Sur la réquisition faicte par M. Jacques Chantuel, commis à faire la recepte des deniers extraordinaires de ce diocèse, la présente année, de pourveoir au paiement des apportz de la somme de 4,000 escus qu'il est tenu d'advancer pour les affaires dudict diocèse et ce, jusques au temps de son remboursement, suivant le contract de bail de recepte ce jourd'huy passé avec luy, receu par M° Jean Bompar, notaire de la ville de Mende, commis du greffier des Estatz ; a esté conclud qu'il luy sera faict droict sur lesdictz interestz à la rédition de son compte, en la prochaine assemblée des Estatz dudict diocèse.

Ledict sieur Alméras, lieutenant de viguier à Baniolz, a prié les Estatz pour et au nom du sieur Daugier, prévost général de Languedoc, de faire asseoir et imposer en la présente assiette la somme de 2,086 escus 50 solz, deue par ledict diocèse de Mende audict sieur Daugier, par ordonnance de M. le sénéchal de Nismes, du 4° juing 1594, et pour les causes y contenues. Pour laquelle somme il auroit obtenu, de Sa Majesté, lettres d'assiette avec l'attache de MM. les trésoriers généraulx et aultres Lettres patantes de sadicte Majesté, pour faire paier audict sieur Daugier ladicte somme par le receveur dudict diocèse. Protestant, tant ledict sieur d'Alméras, audict nom, de toutz despens, domaiges et interestz contre ledict diocèse en deffault de paiement de ladicte somme. Sur quoy lesdicts Estatz ont respondu que ledict diocèse n'y est tenu pour n'y avoir aucung interestz.

Ayant lesdictz Estatz jugé raisonnable de pourvoir au paiement de la despence faicte par le sieur Gondin, pour s'estre acheminé en ce diocèse, par commandement de Mgr de Ventadour et y avoir séjourné environ ung mois, pour essayer de passifier les affaires du diocèse et tenir la main à l'observation de ce qui avait esté accordé avec que M. de Fosseux par MM. Despondillian, Delégues et le sieur de Gondin, a esté arresté que le scindic du païs avec le consul de Maruejolz, sont députez pour sonder dudict sieur de Gondin ce que peuvent monter les fraiz de son voiaige depuis son partement de sa maison et adviser d'en demeurer d'accord avec luy. Et depuis en ayant esté conféré en ladicte assamblée, luy a esté accordé, pour lesdictz despens jusques à ce jourd'huy, la somme de 60 escus qui sera impozée la présente assiéte.

Le sieur de Guilleminet a représenté à ladicte assamblée que par commandement de Mgr de Ventadour, et à la réquisition de MM. les commis et depputez dudict diocèse, il a faict plusieurs voyaiges durant ceste année, tant en ce diocèse, La Voulte, que aultres lieux, pour l'advancement des affaires dudict diocèse, mesmes pour procurer la réduction de la ville de Mende. Ayant pour cest effect employé plusieurs jours, à ses fraiz et despens, oultre les fournitures par luy faictes pour les causes contenues en l'estat qu'il en a remis ; requérant qu'il soit veu et arresté et pourveu à son remboursement. A esté conclud que ledict estat est renvoyé pardevant MM. les auditeurs de comptes, pour icelluy clorre et arrester et taxer lesdictz voiaiges à la raison de deux escus par jour, tant pour la despence que vacation suivant le règlement de Languedoc.

Suivant laquelle conclusion ledict estat ayant esté veu et arresté par lesdictz auditeurs, il s'est trouvé estre deub audict sieur de Guilleminet la somme de 24 escus 50 solz, tant pour sesdictes journées et vaccations que pour certaines fournitures par luy faictes ; laquelle somme, ladicte assamblée a conclud d'estre impozée en la présente assiette pour estre paiée audict sieur de Guilleminet par le receveur de l'assiette extraordinaire la présente année.

Le sieur de Fumel, scindic, a remonstré que pour les urgens affaires dudict diocèse, il luy a conveneu faire plusieurs et divers voyaiges et fournitures de ses propres deniers, revenans à la somme de 119 escus 52 solz, comme appert par le compte qu'il en a présenté avec les pièces justificatives ; requérant icelluy estre ouy et arresté et pourveu par ladicte assamblée à son remboursement et avoir tel esgard à ses peynes et vaccations que ladicte assamblée jugera raisonnable. Sur quoy a esté conclud que ledict compte sera veu et arresté par MM. les depputez à l'audition de comptes et ce qui se trouvera luy estre deub, luy sera impozé avec les deniers extraordinaires de la présente année, et peu après lesdictz sieurs auditeurs ont rapporté, à ladicte assamblée, avoir veu et arresté ledict compte que par la cloisture d'icelluy ladicte somme de 119 escus 52 solz se trouve estre due audict scindic pour fournitures d'argent par luy déboursé. Laquelle somme sera imposée comme dict est pour son rembourcement.

Sur la taxe de despens, journées et vaccations requises par les commissaires envoyés par le sieur Reich, trésorier de la bource de Languedoc, pour contraindre ce diocèse au paiement de restes à luy deubz des deniers de sa charge ; desquelz despens, journées et vaccations lesdictz commissaires ont présenté le roolle, a esté conclud que ledict sieur de Guilleminet et les sieurs de Bouzolz et scindic du païs sont priez et depputez pour accorder avecque eulx, à l'amyable ou procéder à leur taxe ainsi qu'ils verront estre raisonnable pour estre, la somme qu'il leur sera deue, estre imposée en l'assiette.

En considération des voyaiges faictz en Cour par Mgr de Mende, compte de Gévaudan, à l'instante prière desdictz Estatz pour la poursuitte du règlement faict par le Roy, sur la révocation des gouverneurs particuliers et abattemens des citadelles du païs de Languedoc, fors celles de frontières et obtenir les provisions nécessaires pour l'exécution dudict règlement en l'endroict dudict sieur de Fosseux et empescher qu'il n'obtint la révocation d'icelles provisions par sa prière, comme il auroit auparavant faict celles que ledict seigneur de Mende avoit obtenues lorsque le Roy estoit à Lion et faire ordonner en cas de désobéissance et qu'il ne vouldroit entendre à rendre ce debvoir par la voye de doulceur, comme il n'a voulleu faire, qu'il y seroict contrainct par Mgr de Ventadour, avec la force et autorité du Roy, ainsi qu'il luy a esté expressement ordonné par Sa Majesté de faire, après avoir esté deuement informé de sadicte désobéissance, et pour les fraiz et despences des expéditions nécessaires qu'il en a obtenues et plusieurs aultres voiaiges qu'il a faict faire en Cour, durant l'année, et aux assamblées des commis, scindic et depputez dudict païs en la ville de Chanac et celles qu'il a faites durant la tenue des Estatz, comme il est tout notoire, et encores pour le desdomaiger et désintéresser, oultre lesdictz deux voyaiges, d'ung aultre qu'il avoit auparavant faict à Lion, le Roy y estant, suivant la délégation desdicts Estatz, pour lequel il luy auroit esté accordé la somme de 500 escus qui n'auroit esté levée, ny paiée, sellon la vériffication qu'en a esté faicte et desdicts fraiz et despences par les sieurs de Peyre et depputez pour les comptes ; ausquelz ladicte vériffication a esté renvoyée, et après iceulx avoir esté ouys en ladicte assamblée, faisant leur rapport de ladicte vériffication, et veu lesdictes délégations, fraiz et despences desdictes expéditions, lesdicts Estatz ont accordé, audict seigneur de Mende, la somme de 1,700 escus, pour toutes les choses cy dessus, comprins ladicte somme de 500 escus que lesdicts Estatz luy avoient en la dernière assamblée, tenue à Maruejolz, accordée pour ledict voiaige, faict en ladicte ville de Lion, lorsque Sa Majesté y estoit, tant pour lesdicts trois voiaiges, despences qu'il s'offre à toutes les assamblées desdictz commis, scindic et depputez et celles qu'il a souffertes pendant la tenue desdicts Estatz et qu'il pourra souffrir aux assamblées particulières qui ont esté ordonnées estre faictes en ceste importante occasion qui se présente, de l'assiégement de ladicte ville de Mende.

Lesdicts Estatz désirant aussy faire rembourser M. de La Volte, des fraiz et despens du voiaige qu'il feist en Court avec ledict seigneur de Mende, pour les affaires importantes dudict diocèse, suivant la délégation qu'il luy en feust faicte, luy ont accordé la somme de 400 escus, laquelle MM. les commissaires de l'assiette sont requis impozer et comprendre au despartement des deniers extraordinaires et debtes dudict diocèse de la présente année pour le remboursement dudict sieur de La Volte.

Sur l'entrectenement de la compaignie dressée par le cappitaine Gibrat pour la seurté des présentz Estatz et aultre compaignie du cappitaine Salles, a esté arresté que leur estat sera veu par MM. les auditeurs des comptes pour après leur estre pourveu par l'assamblée.

Pour rembourcer le sieur Dalboy, de la somme de 80 escus, pour fournitures par luy faictes pour les affaires dudict diocèse, suivant un rolle qui en a esté présenté à l'assemblée, et pour le recognoistre des peynes et vaccations qu'il a employées pour ledict diocèse, tant en voiaiges que aultrement, lesdicts Estatz luy ont accordé, pour tout, la somme de sept vingt-six escus quarante solz, qui luy sera impozée la présente année et payée par le receveur des deniers extraordinaires.

Au clerc dudict sieur Dalboy, a esté aussy accordé la somme de 15 escus pour plusieurs despèches qu'il a faictes durant ceste année pour les affaires du païs, n'en ayant heu aucune recognoissance.

Aussy a esté arresté qu'il sera impozé en ladicte assiette extraordinaire 12 escus, pour aucunement recognoistre M. Jacques Colomb, l'ung des secrétaires de mondict seigneur de Mende, de plusieurs despèches par luy faictes pour les affaires dudict diocèse et Herail Pouget, d'ung voiaige qu'il fist à la Cour au mois de février dernier, pour lesdictes affaires.

Le sieur de La Croix a réitéré la réquisition par luy cy devant faicte de luy impozer la somme de 800 tant d'escus à luy deue par ledict païs pour restes de l'entrectenement de la garnison de Florac. Sur quoy a esté délibéré que MM. les commissaires de l'assiette seront requis impozer, en l'assiette extraordinaire, la moictié de ladicte partie, et que pour le surplus luy sera pourveu aux prochains Estatz. De laquelle conclusion, ledict sieur de La Croix, ne s'estant contanté, a protesté de toutz despens, domaiges et interestz contre ledict diocèse.

Sur semblable réquisition faicte par le sieur de Séras de luy faire imposer la somme de 360 escus pour restes de l'entrectenement de la garnison de Maruejolz, protestant, à faulte de ce, d'en avoir recours à justice ; a esté conclud que la moictié de ladicte somme sera impozée la présente année, et le surplus aux prochains Estatz, attandu la pauvreté du païs. De quoy ledict sieur de Seras a protesté comme dessus.

Plusieurs requestes présentées à ladicte assemblée par aucuns particuliers ont esté renvoyées au scindic pour y pourveoir ainsi qu'il verra estre à faire pour raison.

Le sieur de La Croix, comme envoyé de M. le baron de Florac, a requis lecture estre faicte de Lettres clozes du Roy et de Mgr le Connestable, baron dudict Florac, pour luy estre pourveu sur les droictz acoustumés et à luy deubz, comme baron du tour des présentz Estatz pour deux années qu'il a esté en tour, pour lesquelles ne luy a esté rien baillé ; aultrement a protesté d'en avoir recours à Sa Majesté. Sur quoy M. le baron du Tornel s'est opppposé en cas qu'il ne luy soict faict mesme droict pour deux aultres années qu'il a esté en tour de baron. Et d'aultant que lesdictes Lettres clozes sont demeurées au pouvoir du greffier des présents Estatz qui s'est acheminé ce jourd'huy en la ville de Mende pour certaines affaires pressées, n'a peu estre faicte lecture desdictes Lettres, ny rien conclud sur cest affaire.

Veu l'estat ou compte de plusieurs voyaiges faictz par le sieur de Picheron, bailly de Gévaudan, tant devers le Roy et Mgr le Connestable, que devers Mgr de Ventadour, pour affaires importans le service de Sa Majesté et le repos et solaigement de ce diocèse, et mesmes pour l'exécution de l'ecdict, faict par le Roy, sur le razement des citadelles et licenciement des garnisons en ce qui regarde ce diocèse. En quoy ledict sieur de Picheron auroit longuement travaillé et faict plusieurs despences; icelluy compte a esté cloz et arresté et rabattu 200 escus qu'il avoit receuz de M. Jacques Saulze, receveur dudict diocèse, l'année dernière, et encores aultres 110 escus du sieur Fumel, scindic dudict diocèse, revenant le tout ensemble à 310 escus; a esté advisé luy accorder encores pour toutes ses préthentions la somme de 300 escus qui luy sera impozée avec les deniers extraordinaires, la présente année. De quoy ledict sieur bailly, ne s'estant contanté, luy a esté accordé 100 escus de plus, qui est en tout 400 escus.

Sur aultres demandes et réquisitions faictes par plusieurs particuliers de leur impozer plusieurs parties et sommes de deniers à eulx deues et pour lesquelz ils prétendoient mettre le païs en procès, pour pouvoir uzer de contraincte contre icelluy, a esté accordé qu'il sera dressé ung estat, tant desdictz menues parties que de toutes aultres plus notables et pressées qu'il convient impozer la présente année et paier aux créanciers, affin d'esviter les despens, domaiges et interestz que ledict diocèse en pourroit souffrir. Et après-ayant esté ledict estat dressé, leu et modéré en ladicte assemblée, a esté treuvé revenir à la somme de 27,643 escus 34 solz, en ce comprins 10,327 escus 10 solz de l'assiette de l'année passée qui avoit esté tenue en surséance, comprins aussy l'entière partie demandée par les sieurs de La Croix et de Seras, et a esté conclud que lesdictz sieurs commissaires seront requis impozer en leur assiette extraordinaire ladicte première somme pour l'acquictement desdictes debtes et liquidation des affaires dudict païs.

Et d'aultant que le premier consul de la ville de Mende, qui est l'ung des commis pour le Tiers-Estat, ne peult assister aux assamblées des commis, scindic et depputez du païs, pour la captivité et subjection en laquelle il est et les habitans de ladicte ville dettenue, ainsi qu'il est tout notoire et que pour son absence, l'on pourroit mectre en difficulté les conclusions et délibérations qui pourroient estre prinses par les trois aultres commis, qui seroit ung très grand préjudice au bien des affaires dudict païs; ce qu'ayant esté mis en délibération, a esté conclud et arresté que au lieu dudict premier consul de Mende, sire Vidal Borrel, merchant dudict Mende, son beau-frère, aprésent demeurant en la ville de Chanac, assistera auxdictes délibérations en l'absence dudict premier consul de Mende et les conclusions et délibérations qui seront par luy faictes avecq le consul de Maruejolz, tous deux depputez du Tiers-Estat, en l'assamblée desdictz sieurs commis, seront de tel effect que si ledict premier consul de Mende y assistoit; auquel Borrel, les gens des Estatz ont donné pouvoir de ce faire et de signer, avecq lesdictz sieurs commis, les ordonnances qui pourront estre par eulx faictes ensemblement et ce jusques à la somme de 100 livres, suivant les conclusions et délibérations des Estatz tenuz en la ville de Maruejolz l'année dernière.

Et lorsque les affaires plus importans se présenteront, le scindic ou son substitué, sur le premier advis et mandement qu'il recevra de Mgr de Mende, président desdictz Estatz, sera tenu de mander et convoquer oultre lesdictz commis et depputez, assavoir : deux de l'église, soit le Chapitre de Mende ou le premier des chanoynes qui se trouvera en la ville de Chanac, pour la captivité en laquelle il est aussi tout notoire que ledict Chapitre est dettenu et tel aultre d'église, du corps desdictz Estatz

que ledict seigneur président advisera des lieux plus
proches. Et pour le regard de la noblesse, oultre le commis des nobles ou son substitué en son absence, le baron
qui est en tour ceste année, ou son envoyé et encores
MM. les barons de Peyre et du Tournel et de Seras ou
deux d'iceulx, seront semondz et invitez par ledict scindic de se trouver ausdictes assamblées desdictz sieurs
commis. Et en cas que leur commodicté ne permist d'y
pouvoir assister, lesdicts sieurs commis, assamblez comme
dessus, ne laisseront de passer oultre aux affaires occurrantz. Et pour le regard du Tiers-Estat, oultre et par
dessus ledict consul de Mende ou ledict Borrel pour luy
et consul de Maruejolz, ledict scindic sera tenu de faire
convoquer les consulz de Sainte-Enimye, de La Canourgue, du Malzieu et de Saint-Chély, pour assister
ausdictz sieurs commis, sans que pour leurs voyaiges,
comparutions et séjour qu'ils pourront faire, ny aussi
lesdictz gens d'église, barons et noblesse, puissent apporter aucungz fraiz et despens au païs ains à leurs despens
ou des villes d'où ilz sont consulz. Et où ilz feront difficulté de se trouver ausdictes assamblées, lesdictz commis, scindic et depputez, assamblés comme dessus, passeront oultre à leur conclusions et délibérations comme
ilz ont de tout temps acoustumé de faire, pour ne retarder les affaires dudict païs. Lesquelz commis et depputez, assistés comme dessus, signeront les ordonnances
qui seront faictes au receveur, sur les deniers affectez
aux affaires du païs et non aultres, de quelque nature et
qualité que soient lesdictz affaires, en attendant que Mgr
le duc de Vantadour y ayt aultrement pourveu. Pour le
regard de ceulx de la guerre et les ordonnances ainsi
signées, tant pour lesdictz sieurs commis qu'assistans,

s'ilz se trouvent ausdictes assamblées, oultre et par dessus lesdictz 100 livres seront de tel effect et valleur que si elles avoyent esté signées par lesdictz Estatz, sans que les auditeurs des comptes du receveur en puissent faire difficulté en l'audition et rédition desdictz comptes.

Et pour obvier aux grandes despences qui ont esté naguières esté faictes pour les voiaiges faictz en Cour devers mondict seigneur de Ventadour et aultres lieux par ceulx quy ont esté envoyés, qui cause et apporte une grande foulle et charge au pauvre peuple, il a esté conclud et arresté que ledict scindic, estant depputtez ou aultre de sa qualité en son lieu, pour aller en Cour ou aultres lieux pour les affaires dudict païs, il ne pourra mener qu'un cheval, à raison d'ung escu pour sa despence par jour, et demy escu pour sa vaccation pendant et durant le temps qu'il sera employé ausdictz voiaiges. Que si le grand vicaire dudict seigneur de Mende estoit depputté par lesdictz Estatz ou par ladicte assamblée desdictz sieurs commis, scindic et depputez, assistez comme dessus, ne pourra aller qu'à deux chevaulx, à raison d'ung escu par jour, chesque cheval, comprins son lacquay, tant pour aller, séjourner que retourner. Que le gentilhomme estant depputé, ne pourra aller avec plus grand train que de deux chevaulx, à ladicte raison cy dessus. Et si quelqu'un desdictz barons est depputé, soict par lesdictes gens des Estatz ou en ladicte assamblée desdictz sieurs commis et depputez, assistez comme dessus, qu'il ne pourra aller aveq plus grand train que quatre chevaulx, qui sont 4 escus par jour, et sans aucune vaccation, soict pour leur regard du grand vicaire que gentilhomme qui pourra estre commis, bien leur sera faict rembourcement des fraiz qu'il pourroit avoir expozés pour la poursuitte des affaires et des expéditions à leur retour et saulf a avoir esgard à quelques gratiffication qui leur pourra estre faicte à la prochaine assamblée des Estatz s'il y eschet et sans que lesdictz sieurs commis et depputtez et assistans puissent ordonner audict receveur plus grande somme de denier pour lesdictz voiaiges que celles cy dessus portées par ce présent reiglement, ny que le scindic ou substitué puisse estre tenu de signer lesdictes ordonnances, mais d'en faire ung registre particulier pour servir de conterolle, comme il est acoustumé de tout temps.

Et pour ce que ledict scindic a faict plusieurs protestations qu'il ne se voulloit plus empescher de sadicte charge, lesdictz Estatz ont donné pouvoir ausdictz commis et depputtez, assistez comme dessus, de commectre ung substitud. Où il en feroit difficulté, soit ledict sieur Dumas Borrel ou tel aultre qu'ilz adviseront bon estre, en leur prochaine assamblée, affin que la poursuitte des affaires de ce païs ne demeure par ce deffault et ce jusques à la prochaine tenue des Estatz.

Et quand il sera question de traicter des affaires touchant les procès intantez ou à intanter, tant au Conseil du Roy, Cour de parlement, qu'en celle des Aydes, lesdictz sieurs commis et depputtez appelleront M° Déodé Dumas, docteur es droictz, juge du Chappitre et des terres de M. le baron du Tournel, advocat, pour servir de conseil esdictes poursuittes, comme il est acoustumé d'estre de tout temps faict et observé.

Après lequelles conclusions, estans lesdictz affaires des Estatz achevez, Mgr de Mende, sellon l'ancienne coustume en a rendu grâces à Dieu et a donné sa bénédiction aux assistans qui a esté la fin de ladicte assamblée.

Signé : Adam, évêque de Mende, président.

L'an mil cinq cens quatre vingtz dix-sept et le vingt-quatrième jour du susdict mois de juin, après midy, dans la salle du château de Chanac, pardevant mondict seigneur de Mende, comte de Gévauldan, conseiller du Roy en son Conseil d'Estat, et président desdictz Estatz dudict païs, assisté de MM. de Guilleminet, commissaire principal de l'assiette ; de Picheron, bailly de Gévaudan ; d'Ispaniac, vicaire général de mondict seigneur de Mende; de Gondin et de Gibertés ; se sont assamblez les sieurs de La Croix, envoyé de M. le baron de Florac, estant en tour de baron la présente année ; Dumas, juge du Chapitre de Mende; envoyé de M. le baron de Sainte-Enimye; Des Alpiez, envoyé de M. le baron de Cenerat ; Jourdan, 1er consul de Maruejolz ; Delacalm, consul de La Canorgue ; Albet, consul de Saint-Chély, et Bony, consul du Malzieu qui ont esté depputtez par lesdicts Estatz, pour après la tenue d'iceulx pourvoir aux affaires mentionnées en leurs délibérations.

Mondict seigneur de Mende a représenté ausdictz depputtez comme en la dernière assamblée desdicts Estatz les sieurs d'Ispaniac et de Gibertés furent délégués vers Mgr de Ventadour pour entendre sa dernière résolution sur l'exécution du commandement du Roy, touchant le razement de la citadelle de Mende et licenciement des garnisons et aultres gens de guerre dudict païs de Gévauldan, ayant esté trouvé bon par lesdictz Estatz suivant l'advis de MM. Despondilian, de Légues et de Gondin, depputez, par mondict seigneur de Vantadour, en ce diocèse, de différer l'exécution par les voyes et moïens de la guerre, jusques à ce qu'ilz eussent faict entendre à mondict seigneur quelque créance qu'ils avoient receue

sur ceste occasion, de M. de Fosseux, avec tesmoinaige
particulier qu'il n'avoit aultre intention que de demeurer
serviteur du Roy et de Mgr le Connestable, sur laquelle
occurrance lesdictz sieurs d'Yspaniac et de Gibertés s'estoient acheminés vers mondict seigneur de Vantadour,
et estant maintenant de retour, il est nécessaire d'apprendre par leur bouche la résolution de cest affaire.
Sur quoy ledict sieur d'Ispaniac a dict, qu'ayant trouvé
mondict seigneur à Monvozen, ils luy auroient faict entendre la cause de leur déléguation devers luy, et après
luy avoir baillé les Lettres des Estatz avec leurs instructions et représenté tout ce qui deppendoit de leur charge,
Sa Grandeur remist à les despècher jusques à ce qu'il
eust communiqué de cest affaire avec MM. le président
Darnoye et trésorier Marion, qu'il auroit mandé venir
vers luy à ceste fin. Et après avoir heu leur advis, ilz
auroient jugé estre bon de disposer ledict sieur de Fosseux de le venir voir pour luy monstrer en ses mains les
propres originaulx de plusieurs Lettres patentes du Roy
et un grand nombre de Lettres clozes de Sa Majesté et
de Mgr le Connestable, touchant le razement de ladicte
citadelle de Mende, licenciement desdictz gens de guerre
et la révocation du pouvoir dudict sieur de Fosseux, affin
qu'il n'eust plus aucune occasion ou prétexte d'en douter, comme il a tousjours faict, ains prendre sur icelles
une ferme résolution de satisfaire en cella à l'intention
de Sa Majesté, mondict seigneur le Connestable, sans
aultre retardement; mais parce que mondict seigneur de
Vantadour, en cas que ledict sieur de Fosseux soict résoleu de l'aller trouver, désire que cella soict dans dix
jours au plus tard et que pour ceste cause il juge nécessaire, durant les dix jours et aultre temps qui pourra

aller pendant que ledict sieur de Fosseux demeurera prèz de luy et que ceste négociation se fera, d'accorder, audict sieur de Fosseux, l'entretenement de 200 hommes de pied, pour faire cesser toutes levées, impositions, courses, fortifications et aultres despences qu'il pourroit faire sur ledict diocèse, pendant ung mois ; ledict seigneur de Ventadour auroit à ceste fin despéché son ordonnance, pour prendre la somme de 800 escus sur les 20,000 escus que les Estatz ont délibéré d'impozer pour les garnisons dudict diocèse, comme aussy, affin que ledict sieur de Fosseux ne puisse prendre advantaige de l'occasion de ceste négociation, et que le païs en cas de la rupture d'icelle, ne se trouve desnué des gens de guerre, pour s'opposer à ceulx dudict sieur de Fosseux et leur empescher la récolte. Ledict seigneur a faict expédier semblable ordonnance de pareille somme de 800 escus, pour le paiement des soldatz qui se treuveront sur pied des 400 hommes qu'on leur a faict entendre avoir esté desjà levez par ses commissions pour les garnisons dudict diocèse. Mais ledict seigneur désire que cella se fasse avec tel espargne et si bon mesnaige que l'imposition de 20,000 escus, puisse servir à achever cest affaire, soit par la doulceur ou par la force ; en quoy ledict seigneur a offert auxdictz depputez tout ce qui deppend de luy, et mesmes sa propre personne, leur ayant déclairé, qu'en cas que ledict sieur de Fosseux n'allast devers luy dans les dix jours, qu'il luy mande, il trouve bon, en ce cas, que le païs continue en la première résolution que les Estatz avoient prise de s'opposer audict sieur de Fosseux, offrant pour cest effect, au païs, 50 maistres de sa compaignie, paiés pour ung quartier de leur solde ordinaire. Lequel rapport faict par ledict sieur d'Ispaniac avec la lecture des Lettres que mondict seigneur a escript tant aux Estatz que à mondict seigneur de Mende et à M. Gondin, sur ce subject, ledict sieur de Picheron, bailly, a dict qu'il avoit assez amplement représenté aux Estatz le commandement qu'il avoit pleu au Roy luy donner, de procurer, tant envers mondict seigneur de Vantadour que envers lesdicts Estatz, l'exécution des Lettres patantes et commission du Roy sur la révocation du pouvoir dudict de Fosseux. En quoy il se seroit fidellement employé et y auroit faict tout ce qui deppendoit de luy ; mais voyant maintenant que l'on prend une aultre voye, il désire, pour faire apparoir de la dilligence et bon debvoir qu'il y a rendu, qu'il plaise à ladicte assamblée luy donner quelque acte, par lequel Sa Majesté puisse recevoir tesmoinaige et satisfaction de son dict debvoir ; ce que ladicte assamblée luy a volontiers accordé. Et après avoir délibéré sur le faict de la délégation desdicts sieurs depputtez, a esté conclud, pour oster toute occasion de prétexte audict sieur de Fosseux, de ne retarder le voiaige qu'il a promis faire devers mondict seigneur de Vantadour; que ledict de Gondin, d'Ispaniac et de Gibertés sont priez de s'acheminer à Mende pour luy faire entendre la voulonté de mondict seigneur et faciliter tant qu'ilz pourront son partiment, et à ceste fin l'asseurer, de la part du païs, du paiement desdictz 800 escus, ordonnés par mondict seigneur, à sadicte garnison pour ung mois, du jour qu'il partira pour l'aller trouver, et que pendant ledict temps, semblable somme de 800 escus sera paiée suivant l'intention et ordonnance de mondict seigneur, aux compaignies levées par ledict diocèse. Et parce que l'événement dudict traité qui se faict avec ledict sieur de Fosseux est incertain et que soubz ombre d'icelluy, il se pourroit prévalloir du temps qui [s'écoulera] en ceste négociation, pour avoir moien et commodicté de faire la récolte et munir de vivres ladicte ville de Mende sans empeschement ; a esté conclud de pourvoir en tout cas aux moiens de la guerre, ainsi qu'il a esté advisé par lesdictz Estatz et qu'il a esté trouvé bon par mondict seigneur de Vantadour et pour cest effect que dès maintenant l'imposition de la somme de 20,000 escus sera faicte pour estre levée sur ledict diocèse, en deux termes es quinziesme jour de julliet et d'aoust prochains et les deniers d'icelle employés au faict de la réduction de ladicte ville de Mende et non allieurs par les mandemens et ordonnances de Mgr de Ventadour, à peyne de répétition sur le receveur en son propre nom, et en cas qu'il n'y eust lieu de continuer la levée de ladicte imposition de 20,000 escus, pour ladicte réduction, en ce cas ladicte levée cessera et les paroisses qui auront paié leur cottité ou partie d'icelle, en seront rembourcées, ou bien leur tiendra lieu sur leur portion de l'assiette extraordinaire des debtes de la présente année.

Et sur ce que ledict sieur de Guillieminet, commissaire principal de l'assiette, a proposé d'arrester les termes de payemens, tant des deniers de l'assiette ordinaire que de ceux de l'extraordinaire desdictes debtes, a esté conclud, suivant aultre délibération des Estatz, que lesdicts sieurs commissaires, sont requis mectre lesdictz termes des deniers des susdictes deux assiettes aux premiers jours de septembre et dernier d'octobre prochains, par égalles portions. Et affin que ledict diocèse ne soict molesté à cause du retardement du terme desdictz deniers ordinaires, attandu qu'ils en sont desjà escheu deux quartiers et que le troisiesme est fort proche, a esté conclud que le scindic dudict diocèse poursuivra devers MM. les trésoriers généraulx, surcéance du payement desdictz deniers ordinaires jusques après lesdictz termes, heu esgard à la pauvreté du païs et au retardement de la tenue des Estats ; au moyen de quoy lesdictz deniers deniers n'ont peu estre cottizés plustôt.

Du vingt-cinquième jour dudict mois de juing de matin, en l'assamblée desdictz sieurs depputez tenue au lieu que dessus.

Sur la réquisition faicte à ladicte assamblée par le sieur Portalès, trésorier provincial de l'extraordinaire des guerres en Languedoc, de luy paier la somme de 10,563 escus 26 solz 3 deniers, qu'il prétend luy estre deue par ce diocèse, en vertu d'ung arrest qu'il a obtenu de la Cour des Aydes à Montpellier à cause des restes des deniers de la subvention impozée en Languedoc, l'année 1592 ; après avoir esté veu en ladicte assamblée la descharge obtenue par le scindic de cedict diocèse, le 14 auril, en ladicte année, signée par M. Marion, trésorier de France, par laquelle appert, que cedict diocèse demeure deschargé de la somme de 11,603 escus 41 solz 6 deniers, en tant moings de 23,207 escus 23 solz 2 deniers, à quoy revenoit la portion dudict diocèse, de ladicte subvention ; ayant esté ladicte descharge accordée, à cause des lieux occupez et impuissans dudict diocèse et que en considération de ladicte descharge, MM. les depputez des diocèses de Languedoc en leur assamblée, tenue à Montpellier le 14ᵉ jour d'avril, audict an 1592, auroient arresté d'imposer ung supplément de ladicte subvention, dont la portion dudict diocèse revenoit à la somme de 2,587 escus 2 solz 2 deniers. Lesdictz depputtez dudict diocèse ayant mis en considération ce que dessus et aultres raisons desduictes en ladicte assamblée, mesmes que M. Pierre Portalès, receveur particulier dudict diocèse, en ladicte année 1592, a rendu compte par lequel appert qu'il a aquicté ledict diocèse des deniers de ladicte subvention pour 15,000 tant d'escous ; a esté advisé et conclud que ledict diocèse ne doibt paier la somme demandée par ledict sieur Portalès, trésorier de l'extraordinaire, et que pour avoir esté ledict arrest obtenu par surprise, les Estatz particuliers dudict diocèse, dernièrement tenus en ceste ville de Chanac, auroient conclud que la requeste civille que le scindic a obtenue contre icelluy arrest, seroit poursuivy par le procureur dudict païs, sellon les mémoires qui lui en en seront délivrez par le scindic.

Sur aultre réquisition faicte à ladicte assamblée par le sieur de La Cassaigne, pour et au moien de M. Delhom, cy devant trésorier provincial de l'extraordinaire des guerres en Languedoc, et maintenant trésorier de France, de paier audict sieur Delom, la somme de 503 escus, qu'il préthend luy estre deue par ledict diocèse, en vertu d'ung arrest qu'il a obtenu de la Cour des Aydes, et ce pour la portion de 8,000 tant d'escus, à quoy les diocèses de Languedoc, obéissans au Roy, auroient esté condampnez par ledict arrest ; après que ledict arrest a esté leu en ladicte assamblée et veu que par icelluy est expressement dict que en cas qu'il se trouveroit que ladicte partie auroit esté cy devant impozée par lesdictz diocèses, en vertu de la commission de MM. les trésoriers généraulx de France, en ce cas ledict sieur Delom, s'adresseroit aux receveurs particuliers desdictz diocèses et que par ce moien, ce faict consiste en vérification. A esté enjoinct au scindic dudict diocèse de procéder à ladicte vériffication, et en faire rapport à la prochaine assamblée des Estatz dudict diocèse, à laquelle ledict sieur Dellon se pourra lors adresser pour y estre pourveu, sellon qu'il sera advisé bon estre ; attandu aussi que la présente assamblée a son pouvoir limité, ne luy estant permis de faire aucune imposition de deniers sur ledict diocèse.

Du vingt-sixiesme jour du mois de juing, en ladicte assamblée, de rellevée.

Estans venus en ladicte assamblée les sieurs de Gondin, d'Ispaniac et de Gibertés, qui avoient esté priez le jour d'hier par ladicte assamblée d'aller parler à M. de Fosseux à Mende, ont dict qu'ils ont faict entendre audict sieur de Fosseux, ce qui avoit esté arresté en icelle, et luy ayant offert de la part du païs de luy faire fournir la somme de 800 escus, le jour qu'il sera prest de partir pour aller trouver mondict seigneur de Vantadour. à la charge de faire cesser, durant son voyaige, toutes courses, levée de deniers, contributions et fortifications sur le païs ; toutesfoys il n'y auroit voulleu entendre, quelques raisons qu'ilz luy ayent proposées, sinon en luy faisant fournir, dans le jour, la somme de 1,200 escus, pour l'entretenemet de sa garnison, durant ung mois et sans s'obliger, a promis d'aller trouver mondict seigneur, ce que M. le premier consul de Mende, qui est venu en ladicte assamblée, a aussi tesmoigné. Sur quoy, après que M. de Picheron, bailly de Gévauldan, a dict qu'il ne pouvoit assister à ladicte assamblée pour ne consentir qu'il soict baillé de l'argent ni aultres moiens audict sieur de Fosseux, attandu que le Roy a révoqué son pouvoir ; a esté conclud que, pour faciliter le voiaige dudict sieur de Fosseux, devers mondict seigneur de Ventadour et acheminer par ceste voye la redduction de la ville de Mende, que oultre la somme de 800 escus, cy devant accordée, luy sera encores offert 200 escus qui est en tout, la somme de 1,000 escus ; de quoy ledict sieur de Gondin et premier consul de Mende ont esté priés porter la parolle audict sieur de Fosseux et luy donner asseurance du payement de ladicte somme au jour qui sera advisé, mesme de luy faire fournir dans deux jours la somme de 400 escus, en déduction desdictz 100 escus, et le surplus dans un brief délay.

Du vingt-septiesme jour dudict mois de juing, en l'asssamblée desdictz sieurs depputez, de rellevée.

Mgr de Mende a représenté à ladicte assamblée qu'il avoit receu Lettres dudict sieur de Gondin, par laquelle il luy donne advis que, quelques raisons qu'il ayt représentées à M. de Fosseux, il n'a voulleu accepter l'offre qu'il luy a faict de la part de l'assamblée, de la somme de 1,000 escus, et qu'il demeure résoleu de ne rien faire à moins de 1,200 escus, qu'il veult avoir dans demain, comptant, avec aultres conditions qui tesmoignent le peu de volunté qu'il a d'aller trouver ledict seigneur de Ventadour, ny de satisfaire au commandement du Roy. A cause de quoy il est besoing d'adviser à ce qui est nécessaire de faire sur ceste occurrance. Et ayant esté l'affaire mis en délibération, a esté conclud d'envoyer promptement ung homme à cheval, exprès, devers mondict seigneur de Vantadour pour le tenir adverty de ce que dessus, affin qu'il luy plaise pourveoir à la seureté et conservation du païs et empescher les courses que pourra ledict sieur de Fosseux faire, et adviser aux aultres moiens nécessaires pour l'exécution des commandemens du Roy. Qu'il sera envoyé porteur exprès à la Cour, pour faire entendre à Sa Majesté et à Mgr le Connestable, l'estat des affaires dudict diocèse. Aussi sera escript à MM. d'Apchier, de Peyre, du Tournel, cappitaine Salles et aultres que besoing sera, pour les prier de tenir leurs gens de guerre prêtz pour s'opposer audict sieur de Fosseux.

Sur le contenu de la Lettre qu'il a pleu à Mgr de Ventadour, lieutenant général pour le Roy en Languedoc, escripre aux gens des Estatz du présent diocèse le 26° de ce mois, par laquelle il mande de faire trouver ung depputé de la part desdicts Estatz, à l'assamblée qu'il a convoquée à Pézénas au 6° de julhet prochain, pour pourvoir aux affaires mentionnées en la Lettre cloze que le Roy escript aux habitants de la ville et diocèse de Mende du 21° may dernier, suivant deux commissions de Sa Majesté dont ledict seigneur duc a envoyé la coppie, et ce touchant le secours que Sa Majesté demande aux habitans du païs de Languedoc, pour avoir moien de s'opposer aux ennemys de ce royaume, et pour faire imposer sur le général de ladicte province, l'entière somme de 22,333 escus 29 solz pour la redduction de la ville de Mende. Après avoir esté faicte lecture desdictes Lettres et commission, a esté délibéré et conclud que M. Jehan Michel, est nommé et depputé, ensemble M. Rémond de S. Bauzille, comme son acesseur pour, en l'absence du scindic dudict diocèse et au nom d'icelluy, se présenter et assister à ladicte assamblée et en icelle oppiner, remonster, requérir, accorder, consentir et discentir tout ce qu'il verra bon estre, tant pour le faict desdictes commissions que aultres choses importans le bien et service du Roy et dès affaires de ladicte province et particulièrement dudict diocèse, et généralement faire, dire et procurer en ce que dessus, tout ce que ledict scindic et depputez dudict diocèse feroient ou faire pourroient s'ilz y estoient en personne; promectant le rellever indempne du faict de ladicte charge et pourvoir au payement des fraiz de son voiaige et vaccations, ou bien au remboursement de ce qu'il fournira et advancera pour cest effect.

Aussi ont donné charge et le pouvoir audict sieur Michel, de poursuyvre en la Cour des Aydes à Montpellier, l'authorisation des affaires des deniers extraordinaires impozés sur ce diocèse en ceste dernière assamblée des gens des trois Estatz d'icelluy.

Et d'aultant que pour les protestations faictes par le sieur Fumel en la dernière assamblée desdicts Estatz, de ne se voulloir plus empescher de la charge de scindic dudict diocèse, lesdicts Estatz auroient donné pouvoir aux depputtez de la présente assamblée, d'eslire et nommer ung substitut, soit le sieur Déodé Dumas, docteur et juge du Chappitre de Mende, le sieur Borrel ou tel aultre que par ladicte assamblée seroit advisé, en cas que ledict sieur Fumel ne vouldroit plus continuer sadicte charge, affin que la poursuite des affaires du diocèse ne demeure en arrière jusques à la prochaine assamblée des Estatz. A ceste cause et en conséquence de ladicte délibération, les depputez de ladicte assamblée ont esleu et nommé pour substitut dudict scindic lesdictz Michel, S. Bauzile et le premier d'eulx pour, en l'absence d'icelluy et jusques à la tenue desdicts Estatz prochains, faire, gérer, procurer et négocier les affaires dudict diocèse, pour le bien, repos et solaigement d'icelluy, tout ainsi que ledict scindic feroict et qu'il appartient, à la charge de son substitut en son absence.

Signé : ADAM, évêque de Mende, président.

1598.

Rôle de MM. des Etats. — On procède au département des deniers, vérification des dettes, en attendant le retour des délégués à la Cour. — Le bailli du Gévaudan demande lecture des commissions relatives : 1° au serment à prêter à Sa Majesté par ses sujets ; 2° accordant la survivance du gouvernement de Languedoc à Henri de Montmorency. — Admission des procureurs de Saint-Alban et de La Garde-Guérin. — Propositions de M. de Reich, trésorier de la bourse de Languedoc, au sujet des dépenses pour la réduction de la ville de Mende. — Les deniers de l'assiette doivent être levés par le receveur particulier, et en deux termes. — M. de Bouzol est adjoint aux commissaires chargés de la vérification des dettes et de l'audition des comptes. — Etat des deniers ordinaires à dresser. — Caution du pays en faveur de M. de S. Alban. — Comptes de feu Pons Destrictis, sieur de Garrejac, à vérifier. — Imposition en faveur de divers créanciers. — Admission de M. de Chambrun en qualité d'assesseur du consul de Marvejols. — Refus de M. Du Verger, nommé receveur des tailles du diocèse. — Fonds alloués pour la vérification des debtes du pays et avis de M. de Seguin, envoyé du baron de

Peyre, sur l'emploi de ces fonds. — Remontrances et protestation de divers députés qui refusent d'approuver la précédeute délibération des Etats, n'y ayant pas été appelés. — Avis du consul de Mende. — Protestation du consul de Marvejols, au sujet de l'assassinat commis sur la personne du chanoine Pouget. — Avances à faire par le receveur des frais de vérification des dettes. — Admission du consul de Sainte-Enimie. — Disculpation et offres de service de Jacques Chantuel, commis à la recette des deniers du diocèse. — Troubles à Altier, à l'occasion du refus fait par les habitants de payer leurs impositions. — Fixation des heures des travaux de l'assamblée. — Gratification accordée à M. de Rignac, conseiller à la Cour des Aydes. — Sommes à payer à divers créanciers. — Exhortation adressée aux procureurs des Cévennes de cesser leur poursuite contre le pays au sujet des impositions. — Refus du sieur Vergier de faire la recette des tailles, prétendant que c'est le sieur Manifacier qui doit la faire. — Sommes dues au sieur Portalés, qui demande la vérification de ses comptes. — Examen de celui du sieur Alméras. — Admission de M. de Seras, sieur de Barre. — M. Saulze présente son compte et en demande la vérificatiou. — Empiétement des consuls de Montpellier sur la propriété et la destination des colléges fondés dans leur ville par le pape Urbain V en faveur des Gévaudanais. — Destitution du prévôt de la maréchaussée. — M. Motte, d'Anduze, créancier du diocèse. — Etat des dommages et intérêts demandés par le sieur Alméras. — Impositions des frais de la Province. — Protestations des députés des Cévennes et réponse des Etats. — Examen du compte du sieur Alméras. — Le pays contribue aux frais du procès contre les assassins du sieur de La Roche. — Somme due au sieur Bonnefoy. — Vérification des dettes, vérification des comptes et et répartition des deniers. — Créanciers du pays. — Contestation avec les Cévennes. — Compte du sieur Portalés. — Plainte des habitans du Chambon, paroisse de Saint-Symphorien, contre Pierre Gourde et Mme de Rochebaron. — Compte des Vacans. — Procés entre le sieur Chantuel, receveur des tailles, et les habitans d'Altier. — M. Vachery, de Marvejols, demande le remboursement des sommes par lui payées en 1568 pour l'acquisition d'un pré, rendu à son ancien propriétaire. — Sommes à imposer en faveur de divers créanciers. — Don de 500 écus en faveur des Lépreux de Mende dont la maison avait été démolie lors du siége de Mende. — Demande d'une gratification par le sieur Marcon, apothicaire. — Clôture du compte du sieur Portalés. — Protection des Etats accordée aux sieurs Reversat. — Compte présenté par divers comptables. — Emprunt sur la ville de Mende par M. de Fosseuse. — Compte du sieur Chazalmartin. — Refus de recevoir le sieur Colomby pour lieutenant de prévôt. — Révision des comptes de divers receveurs. — Présents offerts à Mgr le Connestable et à Mgr de Ventadour. — Demandes de M. Dujardin. — Compte de M. Vidal Borrel. — Clôture de divers comptes. — Etat des dépenses faites par MM. Despondilion et Delégues. — Arrêt obtenu par M. Manifacier. — Dette en faveur du pays d'Auvergne. — Affaires du diocèse. — Instructions aux délégués des Etats. — Vérification et liquidation des dettes. — Plaintes du sieur Bosse, marchand, de Saint-Chély. — Prière à M. de Fumel, syndic du diocèse, de continuer ses services au pays. — Affaires diverses, etc.

L'an mil cinq cens quatre vingt dix huict et le premier jour du mois de juillet, environ sept heures du matin, en la ville de Mende et dans une des chambres haultes des maisons épiscopalles, pardevant très révérend père en Dieu, M⁺ᵉ Adam, évesque et seigneur de Mende, comte de Gévaudan, conseiller du Roy en son Conseil d'Estat et président des Estatz dudict païs de Gévaudan, estans assemblez, suivant les délibérations d'aultre assemblée, tenue en ladicte ville de Mende le septiesme jour du mois de may dernier, assavoir pour l'estat ecclésiastique : MM. M⁺⁺ Pierre Malos, chanoine et baille du Chapitre de l'église cathédralle de Mende, et André de Chanoillet, aussi chanoine de ladicte église et députés dudict Chapitre, avec pouvoir d'icelluy. Pour la noblesse : M⁺ᵉ Aymar de Calvisson, sieur de S. Auban, chevalier de l'ordre du Roy et commis des nobles dudict païs, en personne ; noble Estienne de Seguin, sieur de Peyrefiche, envoyé de M. le baron de Peyre, avec procuration ; noble Anthoine Du Bourbier, sieur de La Croix, bailly et envoié de M. le baron de Florac, en vertu du pouvoir qu'il a remys ez précédentes assamblées ; Claude Pollalion, sieur de Bouzolz, envoyé de M. le baron de Canilliac ; Mᵉ Philippes de Gibilin, docteur ez droictz, envoyé de M. de Sévérac, avec procuration ; Mᵉ Gilles Barthélemy, aussi docteur ez droictz, envoié de M. d'Arpajon, avec procuration ; André Vivian, sieur de Fréluquet, envoyé de M. d'Hallenc, avec procuration. Et pour le Tiers-Estat : MM⁺⁺ Jehan Dumas, docteur ez droictz, conseiller du Roy, juge au Bailliaige de Gévaudan et premier consul de ladicte ville de Mende ; Jacques Gibilin, second consul de la ville de Maruejolz ; Jehan Hugonnet, consul de la ville de Chirac ; Estienne Portalier, consul de la ville de La Canorgue ; Jeban Duron, procureur de la ville de Saint-Chély-d'Apcher ; Jean Bouc, consul de la ville de Salgues, et Pierre Vigier, consul de la ville du Malzieu. Tous lesdictz assistans représentans le corps et communaulté dudict païs de Gévaudan et diocèse de Mende. Est venu en ladicte assemblée M. de Picheron, conseiller du Roy, gentilhomme ordinaire suivant de Sa Majesté, bailly de Gévaudan, commissaire ordinaire de l'assiette du diocèse de Mende ; lequel a remonstré et proposé que les commissaires de MM. les commissaires présidents pour le Roy aux Estatz généraulx de Languedoc, touchant l'assiéte dudict païs de Gévaudan, luy ayant esté naguières remises ; il s'est acheminé en la présente assemblée pour procéder au despartement des sommes à quoy ledict païs et diocèse de Mende a esté cottizé, suivant lesdictes commissions, ainsi qu'il luy est mandé par icelles. Mais d'aultant que la présente assamblée n'est composée que d'une partie des députés des trois Estatz dudict païs qui ont acoustumé d'assister auxdictes assiétes, joinct qu'il a esté adverty que l'on veult remectre l'assamblée ordinaire desdicts Estatz après le retour des députés dudict païs qui sont allez à la Cour, ce qui ne se peult faire sans les commissions desdictz sieurs commissaires, présidents auxdicts Estatz généraulx ou sans interrompre et changer l'ordre acoustumé audict païs. A ceste cause a ordonné qu'auparavant procéder à aultres actes, suivant les priviléges et ancienne coustume dudict païs, tous les aultres députés desdicts Estatz seront deuement appellez si mieulx les assistans n'ayment, pour ne retarder l'imposition des deniers de Sa Majesté, faire déclaration que la présente assamblée et non celle qui a esté remise après le retour desdictz députez de la

Cour, portera le nom et tiendra lieu des Estatz dudict diocèse pour la présente année, ordonnant acte luy estre expédié de la présente proposition.

Sur quoy, par Mgr de Mende, au nom de ladicte assemblée a esté remonstré audict sieur Bailly, que pour plusieurs bonnes considérations importans le bien du service du Roy et le repos et soulaigement de ce diocèse auroit esté cy devant arresté que l'assemblée desdicts Estatz seroit différée jusques au retour desdicts députez de la Cour, et néantmoings, pour ne porter aulcun préjudice ny retardement au service du Roy et levée de ses deniers que la présente assemblée seroit convocquée pour procéder au despartement desdicts deniers et par mesme moyen vacquer à la vérification des debtes deubz par ledict diocèse et à la révision des comptes des receveurs et aultre qui ont administré les deniers dudict diocèse, depuis vingt-cinq ans, tellement que pour le présent il n'y va d'aulcun interest aux affaires de Sa Majesté ny du public de ce diocèse que ceste assamblée tienne lieu et porte nom d'Estatz ou d'assamblée d'aulcuns députez des Estatz, mais au contraire, ce seroit d'aultant reculer le despartement desdictz deniers, s'il fallait maintenant faire une aultre convocation de tous les aultres députez, parce qu'il y escheroit dix ou douze jours de temps davantage.

Après laquelle remonstrance a esté ordonné par ledict sieur bailly, commissaire susdict, que sa proposition demeurant escripte et sans conséquence à l'advenir sera faicte lecture des commissions desdicts Estatz généraulx et suivant icelles procédé au despartement des sommes de denier à quoy ce diocèse a été taxé; requérant, lesdicts députez, de l'assister à l'exécution desdictes commissions.

A esté en oultre ordonné par ledict sieur bailly, commissaire, suivant la teneur des instructions joinctes à sa commission, que lecture sera faicte d'une commission de Mgr le duc de Vantadour, lieutenant général pour le Roy, en Languedoc, touchant le serment que les subjectz de Sa Majesté en ladicte province, doibvent faire pour se maintenir en paix, soubz l'obéissance de sadicte Majesté, comme aussi la commission de la survivance qu'il a pleu au Roy accorder du gouvernement de la province en faveur de M. Henry de Montmorency, affin que personne n'en prétende cause d'ignorance et que le tout sera enregistré au greffe dudict diocèe. Et incontinant après, lesdictes commissions, tant pour le faict desdictz deniers avec les instructions y attachées que pour ledict serment d'union et survivance dudict gouverneur ont esté leues en ladicte asssamblée par le greffier des Estatz dudict diocèse, et suivant l'ancienne coustume, mondict seigneur de Mende, président, a réquis ledict sieur Bailly, au nom desdicts députez, promectre la continuation de ceste assamblée pour délibérer sur le faict desdictz deniers et aultres affaires importans le repos et soulagement dudict diocèse ; ce que ledict sieur bailly, commissaire, a octroyé, à la charge de ne traitter en ladicte assamblée aulcune chose contre le service du Roy et le repos de son peuple. Et ce faict ledict sieur est sorty.

Les procurations des envoyez à ladicte assamblée ont esté leues en icelle, bien que quelques-unes n'ayent esté trouvées suffizantes, toutesfois, pour ne retarder les affaires, ont esté receues sans conséquence à l'advenir.

Lesdictz députés délibérans sur la proposition faicte par ledict sieur bailly, touchant le département des deniers portés par lesdictes commissions des Estatz généraulx, bien que ledict diocèse soict réduict à une grande misère, à cause des ruynes qu'il a souffertes, tant par les gens de guerre du sieur de Fosseux que à l'occasion du passaige, séjour et entretenement de l'armée de Sa Majesté, conduicte par Mgr le duc de Vantadour, pour la réduction en son obéissance de la ville de Mende, oultre le passaige et séjour des trouppes de M. le duc de Bouillon ; toutesfois pour l'honneur et obéissance qui est deue à Sa Majesté, à esté conclud qu'il sera procédé au despartement de toutes et chascune les sommes contenues esdictes commissions pour les cottitez dudict diocèse.

Et pour le regard dudict serment de l'union entre les subjectz de Sa Majesté, d'aultant qu'en l'assamblée du païs tenue en ceste ville le 8ᵉ jour de may dernier ; ledict serment y fut faict et presté suivant la commission de mondict seigneur de Vantadour et la délibération des Estatz généraulx que dès lors y furent représentées ; a esté dict n'estre besoing de faire nouveau serment pour ce regard en ceste assamblée ; seullement sera enjoinct à chascune des villes dudict. diocèse faire le semblable et enregistrées ez registres des maisons communes ladicte commission si jà n'a esté faict.

Et quant à la commission concernant M. Henry de Montmorency pour la survivance qu'il a pleu au Roy luy accorder du gouvernement de Languedoc, lesdicts députés s'en jouissant infiniment de ceste occurance pour la continuation qu'ils espèrent par ce moyen du bon ordre et soulaigement auquel il a pleu à Mgr le Connestable laisser le pauvre peuple de ceste province de Languedoc ; ont conclud et arresté que ladicte commission sera enregistrée ez registres des Estatz dudict diocèse, affin que nul n'en puisse prétendre cause d'ignorance.

Les délibérations prinses par les commis et députez dudict diocèse, touchant les affaires d'icelluy, mesmes depuis le premier jour de mars dernier, ont este leues en plaine assamblée ; laquelle les ayant pour agréables, comme faictes pour le bien, soulaigement et repos dudict diocèse, les a approuvées et confirmées selon leur forme et teneur.

Dudict jour, premier de juillet, de relevée.

Se sont présentez M. Pierre Metge, pour le scindic de S. Auban, et François de Fontanes, pour les consulz nobles de La Garde-Guérin, avec leurs procurations, desquelles faicte lecture en ladicte assamblée, a esté dict qu'ils seront receuz en icelle, à la charge de faire réformer lesdictes procurations, avec clauze d'assister et consentir au despartement des deniers.

Sur ce que le sieur Nicolas, pour et au nom du sieur Reich, trésorier de la bourse de Languedoc, a remonstré, comme en l'assamblée des Estatz généraulx derniers, tenuz à Pézénas, auroit esté entre aultre prinse délibération par laquelle ledict païs, pour aulcunement relever le diocèse de Mende des extrêmes despences qu'il a faictes pour l'assiégement et réduction de la ville de Mende en l'obéissance de Sa Majesté, luy auroit remys la somme de 1,249 escus 57 solz 6 deniers d'une part, à quoy revient la cottité dudict diocèse, de l'imposition faicte au mois de may dernier, et oultre ce 4,000 escus, sur ce qu'il peult devoir audict receveur de la bourse, et s'il ne doibt ladicte somme, qu'il sera paié des plus clairs deniers desdictz restes. Et d'aultant que par la mesme délibération est porté que où ledict diocèse n'accepteroit ledict offre, qu'il sera descheu de ladicte gratification, enjoignant audict receveur de la bourse, en ce cas, de contraindre ledict diocèse, au payement desdictes sommes ; à ceste cause, ledict sieur Nicolas a requis l'assamblée luy déclarer s'ils acceptent ladicte délibération pour luy servir en ce que de raison. Sur quoy par mondict sieur le président a esté dict audict sieur Nicolas que ladicte assamblée ne luy peult faire response certaine, d'aultant que la résolution de cest affaire deppend de l'assamblée des Estatz dudict diocèse et que ceste compaignie a son pouvoir limitté et n'a aulcune charge de toucher à cest affaire.

Lesdictz députés traittans du faict de la recepte et levée des deniers du Roy et aultres de l'assiette ordinaire, après avoir mis en considération la pauvreté du peuple dudict diocèse, les grandes sommes de deniers qu'il a esté contrainct paier l'année passée pour l'entretenement de l'armée de Sa Majesté, employée soubz la charge de Mgr le duc de Vantadour pour la réduction de la ville de Mende, en l'obéissance de sadicte Majesté, oultre la foulle du passaige et séjour de ladicte armée ; considéré aussi qu'auparavant que l'assiette puisse estre cloze ny les mandz faictz et envoyez et les cottizations particulières faictes en chascune paroisse, le temps de la récolte sera arrivé, qui est la saison de l'année la plus incommode à lever les tailhes, pour estre lors le pauvre peuple contrainct d'employer non seullement son labeur, mais le peu de moyens qu'il peult avoir pour subvenir aux fraiz nécessaires de la récolte, et que d'assigner les termes de payement des deniers de ladicte assiette en ce temps-là, ce seroit empescher la cueillète et ruyner entièrement le pauvre peuple, et par ce moyen reculer la levée desdictz deniers au lieu de l'advancer ; ont advisé et conclud de requérir MM. les commissaires de l'assiette d'ordonner que lesdictz deniers seront levez par le receveur particulier dudict diocèse, en deux termes et payements esgaulx, aux premiers jours de septembre et de novembre prochains, ou du moings aux quinzième d'aoust et quinzième d'octobre, à la charge que ledict receveur ne pourra uzer d'exécution contre les cottizez jusques aux premiers jours de septembre et d'octobre, affin qu'ilz ayent temps et moyen de cottizer et recouvrer les deniers pour satisfaire à leurs taxes. Et cependant affin que le diocèse ne soit molesté par les receveurs généraulx de Languedoc, par faulte de paiement desdictz deniers, pour les termes escheuz, aux receptes généralles, qu'il sera présenté requeste à nos seigneurs les trésoriers généraulx de France, à ce que pour les susdictes raisons, aussi que le retardement de l'assiette et despartement desdictz deniers procède de ce que les commissions des Estatz généraulx n'ont esté envoyées audict diocèse que depuis trois jours, après plusieurs plainctes que ledict diocèse a faictes à mondict seigneur de Vantadour contre ceulx qui usoient de ceste rétention, il plaise à nosdictz seigneurs les trésoriers, donner surcéance, au receveur particulier dudict diocèse, du payement des sommes de ladicte assiette, jusques ausdictz premiers jours de septembre et de novembre prochains, avec deffense ausdictz receveurs généraulx, d'uzer auparavant ledict temps d'aulcune exécution ny contraincte contre ledict receveur particulier ny les habitans dudict diocèse.

Que par mesme moyen sera escript, au nom de l'assamblée, à MM. les receveurs généraulx, tant pour les deniers du Roy que de la bourse du pays, à ce que pour les mesmes raisons il leur plaize soulager ce diocèse, sans le constituer en fraiz ny despens pour ce regard.

Le sieur de Bouzolz, envoyé de M. le baron de Canilliac, a esté nommé pour estre joinct au nombre des députez, à la vérification des debtes et audiction des comptes des receveurs dudict diocèse.

A esté aussi conclud que l'estat des deniers de l'assiette ordinaire sera dressé par MM. les commissaires ordinaires, à l'assistance de deux députez de l'église, deux de la noblesse et quatre du Tiers-Estat, pour estre par après rapporté et veu en l'assemblée.

Sur ce que M. de S. Auban a remonstré que le sieur Donnat auroit dernièrement contrainct son agent, estant au bas Languedoc, de s'obliger envers ledict sieur Donnat, en la somme de 440 escus pour les apportz de 4,000 escus que ledict sieur de S. Auban, à la réquisition dudict diocèse emprunta dudict sieur Donnat, pour payer partie de la somme accordée au sieur de Fosseux, pour la reddition de la ville de Mende ; à cause de quoy ledict sieur de S. Auban a requis l'assamblée le relever tant de ladicte somme principalle que des apportz, n'estant raisonnable qu'il en soit en peine, pour avoir faict plaisir et service au païs ; a esté conclud que ledict diocèse relèvera ledict sieur de S. Auban, tant de ladicte somme principalle que de celle de ses apports.

M⁰ Jehan Vergile, notaire royal de la ville de Mende, comme mary de Sandre Destréche et tuteur de Firmin Pelagal, cohéritiers, par bénéfice d'inventaire de feu Destrectz, sieur de Garrejac, a requis l'assemblée ouyr et arrester le compte, qu'il a cy devant par plusieurs fois présenté, de la recepte et despence faicte par ledict feu sieur de Garejac, des deniers imposés audict diocèse en septembre 1586, en vertu des commissions de feu M. l'admiral de Joyeuse, lieutenant général pour le Roy, en l'armée de Sa Majesté, estant devant la ville de Maruejolz. Sur quoy esté dict que ledict compte sera ouy en la présente assamblée comme les aultres comptes des receveurs dudict diocèse.

Sur la réquisition et sommation que le sieur Bernard de Vic, comme ayant charge de demoiselle Françoise de Cezelly, vefve de feu sieur de Barry, en son vivant gouverneur de Laucate, a faicte à MM. de S. Auban, commis des nobles dudict païs de Gévaudan, et Dumas, premier consul de Mende, l'ung des commis du Tiers-Estat dudict païs ; et parlant à eulx aux aultres sieurs commis, scindic et députez, de luy payer la somme de 1,566 escus deue à ladicte demoiselle par M. de Fosseux, en laquelle, par mandement signé de sa main, du 24e jour d'avril dernier, enregistré au greffe dudict païs, il auroit assigné à ladicte demoizelle le paiement de ladicte somme, sur le transport de 10,497 escus faict par ledict sieur de Fosseux à sieur Philip Marimond, marchand de Pézénas, sur la partie de 26,000 tant d'escuz accordée audict sieur de Fosseux à la reddition de ladjcte ville de Mende ; a esté conclud que lorsque l'imposition se fera audict diocèse de ce qui sera deub audict sieur de Fosseux, ladicte partie de 1,566 escus, sera employée en ladicte imposition comme les autres parties deues par ledict sieur de Fosseux, selon qu'il sera trouvé raisonnable jusques à concurrence ou à proposition de ce qui sera deub audict sieur de Fosseux par ledict diocèse.

Sur aultre requeste présentée par le sieur Hannibal Montaigne, Philip Marimond et Dimenche Destrige, marchans de Pézénas, tendant à ce qu'il soit dict et ordonné que des premiers deniers qui seront imposés sur ledict diocèse pour l'acquittement de la partie deue à M. de Fosseux, ils seront payez de la somme de 6,800 escuz à eulx deue par ledict sieur de Fosseux, suivant les transportz qu'il en a faictz sur et tant moings de ce qui lui est deub par ledict païs de Gévaudan, lesdicts transportz aiant esté enregistrez au greffe dudict païs. A esté conclud que lorsque l'imposition se fera audict diocèse de ce qui sera deub audict sieur de Fosseux, ladicte partie de 6,800 escus contenue auxdicts transportz sera employée en ladicte imposition, comme les autres parties deues par ledict sieur de Fosseux, selon qu'il se trouvera raisonnable, jusques à concurrence ou à proportion de ce qui sera deub audict sieur de Fosseux par ledict diocèse.

Du second jour dudict mois de juillet, du matin.

Est arrivé M. Pierre de Chambrun, docteur en médecine, qui s'est présenté et a esté receu en ladicte assamblée comme assesseur du consul de Maruejolz, suivant la procuration qu'il a remise.

M° Jehan du Verger, curateur de M. Hercules Spéronnat, receveur en titre d'office des tailles du diocèse de Mende, estant venu en ladicte assamblée, a esté ordonné, en sa présence, par M. le bailly, que l'assiette des deniers ordinaires et extraordinaires la présente année sera baillée audict du Verger, curateur dudict Spéronnat, comme estant l'année de son exercice, pour en estre par luy faicte la recepte en deux termes et payemens esgaulx, assavoir : aux quinziesmes jour d'aoust et d'octobre prochains, sans toutesfois uzer d'exécution contre les cottizez, jusques aux premiers jours de septembre et novembre après suivans, ainsi qu'il a esté advisé par ladicte assemblée et aux charges et conditions portées par les instructions de MM. les commissaires présidens pour le Roy aux Estatz généraulx de Languedoc ; le tout néantmoings sans préjudice du privillége que ledict diocèse de Mende et païs de Cévaudan a eu de tous temps de commettre telle personne capable que bon luy sembleroit, faisant la condition meilleure ; ce qu'il n'a moyen de faire ceste année, pour ne s'estre encores prépprésenté aulcung qui veuille entendre à ladicte recepte, joinct que pour la modicité desdictz deniers extraordinaires, il a esté advisé que pour ceste dicte année, sans conséquence, ils seront incorporez en une seulle assiette avec les deniers ordinaires. Sur quoy ledict Verger a respondu qu'il n'estoit tenu faire ladicte recepte et que ce n'estoit l'année de l'exercice dudict Spéronnat ains du sieur Manifacier. Et ledict sieur Manifacier, y présent, a déclaré qu'ayant faict la charge l'année passée, comme estant en exercice, il ne préthend aulcune chose au faict de ladicte recepte la présente année.

Sur la remonstrance faicte par M. Dumas, premier consul de la ville de Mende et l'ung des commis du pays, de ce que en la dernière assemblée des députez des Estatz tenue en ladicte ville le 7ᵉ may dernier, fut entre aultres choses résoleu et arresté que en la présente assemblée seroit procédé au despartement des deniers du Roy et aultres, portez par les commissions des Estatz généraulx par MM. les commissaires ordinaires de l'assiette et que par mesme moyen les députez de ladicte assemblée vacqueront à la vérification des debtes et audition des comptes des receveurs dudict diocèse, pour adviser les moyens de couper chemin aux despens, dommaiges et interestz que lesdictes debtes apportent audict diocèse, et qu'à cest effect lesdictz sieurs commissaires ordinaires seront requis imposer la somme de 2,000 escus, tant pour fournir aux fraiz, despens et vacations de ceulx qui travailleront à ladicte vérification qui seront vingt ou vingt-trois en nombre, que pour subvenir aux aultres affaires occurens et plus pressez dudict diocèse. Ce qui auroit esté cause que ledict sieur consul, en l'absence et deffault d'ung scindic se seroit tellement employé, que plusieurs créanciers auroient surceu la poursuite des procès qu'ilz avoient intentez contre ledict diocèse en ladicte Cour des Aydes à Montpellier, pour plusieurs notables sommes de deniers, dont ilz prétendent de grands despens, dommages et interestz, par le moyen des taxatz qu'ilz espèrent d'en obtenir ; ayant lesdictz créanciers promis audict sieur consul de différer ladicte poursuite, attandant que par quelque bon expédient fust pourveu à leurs affaires en ladicte assamblée. Requérant à ceste cause ledict sieur consul, estre advisé et délibéré par l'assamblée ce qui sera plus utile et convenable en ceste occcasion, pour le bien des affaires dudict diocèse et païs. A esté conclud et arresté conformément aux précédentes délibérations et affin de rédimer le païs des vexations, fraiz, despens, dommages et interestz qu'il souffre à l'occasion desdictes debtes et prendre à l'advenir un bon ordre et réglement pour l'acquitement d'iceulx, au plus grand soulaigement du peuple, que faire se pourra ; que par les députez de ladicte assamblée sera procédé à la vérification desdictz debtes et audition desdictz comptes, a l'effect que dessus ; et que pour donner moyen ausdictz députez pour leurs affaires particuliers, comme ilz pourroient faire, à cause du grand nombre de comptes et de debtes qu'il y a à vérifier, en quoy il conviendra employer ung fort long temps, que lesdictz sieurs commissaires ordinaires seront requis comprendre audict despartement desdictz deniers ordinaires, la présente année, la somme de 2,000 escus pour fournir à la despense, vacations et aultres fraiz de ladicte vérification, comme aussi pour subvenir aux affaires occurrens dudict païs, par les mandemens et ordonnances de MM. les commis, scindic et députez d'icelluy

Sur laquelle conclusion, le sieur de Seguin, envoyé pour M. le baron de Peyre, a dict qu'il conformoit son opinion à la plus grande et saine partie des aultres députez, et ce faisant, qu'il estoit d'advis d'impozer ladicte somme de 2,000 escus, sinon en cas, que l'on vouldroit employer ladicte somme ou partie d'icelle pour le voiaige des députez, qui sont allez à la Cour, pour les affaires dudict païs ; auquel cas il n'entend aulcunement y consentir, mais au contraire s'y oppose, attandu que au lieu et place de quelques ungs des députez qui avoient esté nommez en l'assemblée où ledict sieur de Peyre assistoit, en ont esté depuis subrogez d'aultres, sans son advis.

Et sur la mesme conclusion, le sieur Gibilin, consul de la ville de Maruejolz, assisté de M. Pierre Chambrun, docteur en médecine, son assesseur, a remonstré que à la dernière assamblée tenue en ceste ville de Mende, se prindrent des délibérations qui tendent à ruyne et subversion de la ville de Maruejolz. Car si les dons et exemptions qui ont esté accordez à ladicte ville par Sa Majesté estoient révocquez, comme on a requis par le cahyer qu'on a envoyé au Roy, ladicte ville ne se pourroit jamais relever du milieu de ses cendres, au grand préjudice de Sa Majesté, par la perte qu'elle y fait de ses tailles, loz et ventes et aultres droits seigneuriaulx, que du païs qui reçoit un notable interest en sa ruyne. Laquelle au lieu qu'on debvoit tascher de remectre, affin que le second membre de ce corps puisse faire ung jour ses fonctions et porter les charges qu'il ne peult supporter maintenant, à cause de son impuissance, on tasche d'exténuer davantage ce pauvre paralitique, pour le rendre du tout inutille et le priver de la libéralité de sadicte Majesté, en luy ostant les moyens qu'elle a trouvez raisonnables et convenables pour restaurer sadicte ville, pour le bien de ses affaires et du présent païs. Que ce n'est pas unir le corps dudict païs, suivant le commandement d Sa Majesté et serement d'amytié que Mgr le duc de Vantadour a faict jurer aux habitants des villes de Mende et Maruejolz, que prendre telles délibérations qui tendent plustost à division que à union, comme faict la délégation en Cour de quatre faicte par certains particuliers en la prétendue assamblée, peccante en la matière et en la forme, comme ilz desduiront en temps et lieu ; d'aultant que pour oster tous ombrages et maintenir l'union que font une bonne partie du corps du présent pays, on debvoit nommer ung député de ladicte religion suivant leurs précédentes réquisitions, n'estant, en oultre les terres du Roy, dont Maruejolz est le chef, de si petite conséquence audict païs, qu'elles ne soient en pariaige avec le comte, et que ladicte ville de Maruejolz ne jouisse de mesmes privilléges que ladicte ville de Mende, comme est porté par ledict pariaige. Partant on remonstre ladicte ville de Maruejolz et aultres terres propres au Roy, debvoir avoir ung député en Cour, et ladicte ville de Mende ung aultre seullement. Et que c'est trop fouler le païs d'en avoir envoyé quatre, estant assez de deux, prins des deux villes capitales. Et sur ce ont requis ladicte assamblée de révocquer les susdictes délibérations cy devant prinses contre ladicte ville de Maruejolz, tant pour la révocation desdictz dons et exemptions que aultrement, comme contraire au bien du païs et à la restauration de ladicte ville du Roy; et qu'on nomme ung député de la Religion pour aller en Cour, représenter à sadicte Majesté leurs doléances avec délibération expresse, que ceulx qui seront desjà partiz, ne poursuivront rien qui altère le repos du païs et particullièrement le restablissement de ladicte ville de Maruejolz. Et à faulte de ce faire, protestent comme ont protesté cy devant et s'opposent, tant aux délibérations prinses la dernière assamblée que à la présente, sauf en ce qui touche le serement, les commissions du Roy et des Estatz génératulx. Requérant que leur présente réquisition et opposition soit insérée dans le verbal des présentz Estatz et exraict d'icelluy leur en estre dépesché.

Et M. Gibilin, docteur ez droictz, envoyé du sieur de Sévérac, a semblablement dict sur ladicte conclusion, que n'ayant point assisté à la précédente assamblée, tenue en ceste ville de Mende, au mois de may dernier, pour n'y avoir esté ledict sieur de Sévérac aulcunement appellé, quoyque de toute ancienneté et par ses priviléges il ayt séance et voix délibérative en toutes les assamblées qui se font audict païs. Il ne peut aussi consentir à la délibération qui a esté prise et dont lecture en a esté faicte par le greffier des Estatz, mesmes en ce qui touche à l'imposition de deux mil escuz, à laquelle comme du tout contraire à ce qui est porté par les commissions du Roy, il s'oppose, ensemble, à la délégation qui a esté faicte de ceux qui sont allez à la Cour, pour regarder plustost le bien particulier de ceste dicte ville que celluy du païs duquel toutesfois on l'a couverte. Requérant M. de Picheron, bailly et commissaire de l'assiéte, son opposition et dire, estre escriptz et acte d'icelle luy estre expédié.

Par mesme moyen Me Gilles Barthélemy, docteur ez droictz, envoyé du sieur d'Arpajon, a dict, qu'estant averty de certaine députation faicte en Cour, d'aulcuns de ceste ville de Mende, par une assamblée dernièrement tenue en ceste dicte ville, à laquelle ledict sieur debvoit avoir esté appellé, suivant la coustume ancienne, et comme y ayant séance et voix délibérative, il ne peut consentir à ladicte députation ny à rien qui deppende d'icelle, en tant que pour raison d'icelle, le païs seroit constitué en fraiz et despens inutilles, et s'y oppoze. Et au cas aussi on vouldroit imposer aultres deniers que les deniers du Roy et fraiz portez par les commissions des Estatz généraulx levés en la présente assamblée contre les édictz et ordonnances de Sa Majesté et arrestz des Cours souveraines. Requérant son dire estre escript au verbal pour luy servir en ce que de raison.

Après lesquelles remonstrations et protestations, le sieur Dumas, premier consul de ladicte ville de Mende, a dict que, d'aultant qu'en l'absence ou deffault de syndic du païs, il est contrainct comme l'un des commis dudict païs de deffendre à tous les procès intentez contre ledict païs par plusieurs et divers créanciers, au moyen de quoy il recougnoist par expérience estre plus utille, après une bonne et bien exacte vérification des debtes vrayment deubz par ledict païs, de s'accommoder avec les créanciers que non pas de se laisser consommer sans occasion. en procès, pour les excessifz despens, dommages et interest que lesdictz créanciers en pourraient obtenir contre ledict diocèse, comme il se veoit journellement arriver, ce qui tourne à une grande foule au pauvre peuple, sans diminution des sommes principales prétendues par lesdictz créanciers ; tellement qu'au lieu d'acquitter le diocèse et liquider les affaires d'icelluy, on le plonge plus avant en la confusion et désordre où la guerre l'avait mis. A ceste cause, il persiste en la première délibération prinse touchant la vérification desdictz debtes. Et en cas qu'il y auroit quelqu'un qui vouldroit s'y opposer, il proteste au nom du païs contre luy et mesmes contre ledict consul de Maruejolz et envoyez des sieurs de Sévérac et d'Arpajon, de tous despens, dommages et interestz que ledict païs en pourroit souffrir. A laquelle protestation toute l'assemblée unanimement a déclaré voulloir adhérer, tant contre lesdictz consul de Maruejolz et envoyez des sieurs de Sévérac et d'Arpajon, que contre tous aultres qui vouldroient s'oppozer à l'effect de ladicte délibération.

Sur ce que par ledict sieur consul de Maruejolz a esté remonstré comme à l'occasion du meurtre qui fut commis dernièrement dans ladicte ville de Maruejolz en la personne de M. Héral Pouget, chanoine en l'église dudict lieu, MM. les députez des Estatz du païs, estant lors assemblez en ceste ville ou quelques jours après, auroient prinse une délibération qui semble charger l'honneur des consulz et habitans de la Religion dudict Maruejolz, mesmes en ce qu'il est porté par icelle qu'ils ont uzé de connivence en ce faict. Et d'aultant que lesdicts sieurs députés n'avoient esté lors de ladicte délibération bien informez de la vérité de cest inconvénient, ny debvoir auquel lesdicts consulz s'estoient mis pour poursuivre la punition de ce crime, et que pour rien du monde ils ne vouldroient encourir ceste tache d'y avoir uzé de connivence, l'ayant bien faict cougnoistre par la vifve poursuite qu'ilz ont faicte contre ceulx qui en sont prévenuz, pour avoir faict saisir l'ung d'iceulx et poursuivy en la Chambre de l'édict jusques à une sentence, tant ledict prisonnier que les aultres qui n'ont peu estre apréhendez, par deffault et contumaces, en sorte qu'ils espèrent leur faire servir d'exemple. A cause de quoy, et que ladicte délibération leur pourroit estre préjudiciable; icelluy consul a requis l'assamblée voulloir révocquer ladicte délibération. A esté dict, attandu la diligence faicte par lesdicts consulz et habitans de Maricujolz contre lesdicts prévenuz, ayant faict prendre prisonnier l'ung d'iceulx et faict faire son procès à Castres, et qu'ilz sont en diligence de faire saisir les aultres et cependant de les faire condampner par deffaulx et contumaces, que l'assamblée loue grandement en eulx ce bon debvoir et les exhorte et prie de continuer jusques à la fin, pour faire que la punition exemplaire s'en ensuyve bientost.

Estant venu à l'assamblée M. Jehan Verger, curateur de M. Hercules Spéronnat, receveur du diocèse de Mende, la présente année, luy a esté dict par Mgr de Mende, au nom d'icelle assamblée, qu'il avoit esté arresté de faire comprendre en l'assiéte des deniers ordinaires, la somme de deux mil escus, pour estre employez aux fraiz et despenses qu'il conviendra faire, pour procéder à la vérification des debtes deubz par ledict diocèse et à l'audition et révision des comptes des receveurs d'icelluy depuis vingt-cinq ans; et pour ceste cause il est nécessaire que ledict sieur Verger fasse l'advance d'une partie, du moins jusques à 7 ou 800 escus, aultrement ladicte vérification serait retardée au grand préjudice des affaires dudict païs. Sur quoy ledict sieur Verger a respondu qu'il n'avait moyen de faire aulcune advance.

François de Fumel, consul de Sainte-Enymie, s'est présenté en ladicte assamblée, en laquelle il a esté receu et exhorté par M. de Mende, président, de venir une aultre foys plustôt.

M° Jacques Chantuel, commis à faire la recepte des deniers extraordinaires du diocèse de Mende, l'année dernière, a remonstré qu'il a esté adverty comme sur le subjet de l'arrest obtenu contre luy en la Cour des Aydes, par le sieur Manifacier, receveur des tailles audict diocèse, pour raison des gaiges et leveures desdictz deniers extraordinaires, quelques-uns auroient dict en ladicte assamblée qu'en la poursuite dudict arrest, il y avait eu de l'intelligence entre eulx deulx pour faire tomber sur ledict païs ce que ledict sieur de Manifacier prétend luy estre adjugé par ledict arrest. Et parce que c'est chose qui touche son honneur et qu'il seroit marry d'y avoir seullement pensé et que le bon debvoir qu'il a faict en ceste poursuite n'ayant obmis aucune chose de ce qui estoit requis à la deffense de ceste cause, rend suffizant tesmoignaige du contraire. Il a supplié l'assamblée n'adjouster foy aux calumnies de ses ennemis, mais au contraire, prendre asseurance de son affection et fidélité au service du païs, néantmoings, d'aultant que par ledict arrest il est condampné de rendre compte compte audict sieur Manifacier, comme de clerc à maître, et ledict païs à le relever et luy faire bons ses gaiges, il supplie l'assamblée se servir de luy soit pour entrer en accord avec ledict Manifacier ou en uzer aultrement selon qu'il plaira à ladicte assamblée adviser pour le bien dudict païs ; lequel il ne désire pas moings que sa décharge envers ledict sieur de Manifacier.

A remonstré aussi ledict Chantuel que la paroisse d'Altier estant comprinse ez assiétes, dont la recepte luy a esté commise, il auroit souvent faict sommer les habitans de ladicte paroisse de luy paier la somme de huit cens tant d'escus à quoy reviennent leurs cottitez desdictes assiétes ; mais ils n'y auroient jamais voulu satisfaire, ains au contraire uzé de rebellion contre les sergens. Ce qui luy auroit donné juste occasion de s'acheminer luy mesme sur le lieu avec ung sergent et deux tesmoings, assistez de vingt-cinq arquebusiers, pour main forte à la justice, affin de pouvoir faire exécution sur les biens desdicts habitans comme auroit esté faict, ayant ledict sergent saisy un troupeau de moutons ; mais il seroit advenu que conduisant icelluy pour le faire vendre à l'inquant au plus prochain lieu, lesdictz habitans s'estans armez de bastons à feu et aultres armes offensives, les auroient tellement poursuiviz en chemin et chargez d'une telle fureur et violence, qu'ilz les auroient contrainctz de quiter ledict troupeau, que lesdictz habitans en auroient ramené. Et parce que à l'occasion de la deffense en laquelle lesdictz soldatz se seroient mys pour se garantir et sauver leurs vies, l'ung des agrésseurs y auroit esté tué, il a requis l'assamblée, attandu que la chose est advenue en faisant service au païs et pour ung affaire de conséquence, le voulloir assister en la deffense de sa cause contre lesdictz habitans qui prétendent le poursuivre dudict meurtre.

Davantage a remonstré qu'il travaille à dresser son compte pour le présenter au premier jour à la compaignie ; mais parce que cependant MM. les commissaires de l'assiéte et département des deniers qui doibvent estre imposez en ce diocèse et que ladicte assamblée ne peult entrer en doubte ores qu'elle n'ayt veu son compte qu'il ne luy soit deub par le païs une bonne somme de deniers, à cause des grandes advances qu'il a faictes pour l'entretenement de l'armée de Sa Majesté, estant devant la ville de Mende et les empeschements et difficultés qu'il a trouvez en sa recepte, tant pour les oppositions des habitans des Cevennes que aultres ; pour ceste cause a requis et suplié l'assamblée, prenant pitié de luy et ayant esgard au service qu'il a faict au païs en ceste dernière et importante occasion de l'entretenement de ladicte armée, ayant emprunté tous ses amys pour y subvenir, dont il paye de gros interestz, il luy plaise imposer présentement quelque partie en déduction de ce qui luy pourra estre deub, au moings pour satisfaire aux dommaiges et interestz qu'il souffre à cause desdictes advances, attandu mesmes qu'il a esté cause que le païs n'a supporté aulcuns despens et n'a receu aulcunes plaintes de luy à cause de sa dicte recepte. Sur quoy a esté conclud, qu'après que le compte dudict Chantuel aura esté ouy et examiné, il luy sera pourveu tant sur là première que sur la dernière réquisition qu'il a faicte, tant sur le faict de l'arrest obtenu contre luy par le sieur Manifacier, que sur le paiement de ce qu'il prétend luy estre deub à cause desdictes advances, selon qu'il sera trouvé raisonnable. Et pour le regard de la rebellion faicte par les habitans de la paroisse d'Altier, attandu l'importance et conséquence du faict ; que le scindic du pays se joindra audict Chantuel en la poursuite civile et criminelle contre lesdictz habitans et tous aultres qui les ont assistez et favorisez en ceste rebellion ; et cependant qu'il sera escript au sieur Du Champ, duquel lesdictz habitans sont subjectz, une lettre au nom de l'assamblée, pour luy représenter combien l'assamblée trouve estrange ladicte rebellion et la résolution qu'elle prend d'en avertir le Roy et ne souffre plus telles désobéissance.

A esté arresté que désormais l'assamblée entrera le matin à dix heures pour travailler, jusques à dix, et après disner à une heure jusques à cinq et que l'on commencera par le compte de M. Alméras, receveur dudict diocèse en l'année 1595.

Dudict jour second de juillet, de relevée.

Sur la requeste de M. de Rignac, conseiller du roy général en sa Cour des Aydes à Montpellier, tendant à ce que en considération qu'ayant accompaigné Mgr le duc de Vantadour, lieutenant général pour Sa Majesté au païs de Languedoc, en l'armée par luy conduicte au diocèse de Mende et païs de Gévaudan pour la réduction de la ville de Mende en l'obéissance de Sa Majesté, oultre la charge qu'il estoit tenu faire prez ledict seigneur d'intendant sur le faict de la justice, il auroit vacqué tant à la vérification des estatz de ceulx qui avoient esté commis par ledict païs de Gévaudan à faire la recepte et despense des impositions mises sus pour le siége de la ville de Mende que des commissaires et garde de magasin des vivres ; ayant par plusieurs et divers jours procédé à faire l'essay du bled qui estoit dans ledict magazin en la ville de Chanac, comme aussi de la pouldre qui estoit dans le magazin des munitions de guerre. Et d'abondant auroit esté envoyé pendant le siége de ladicte ville de Mende par mondict seigneur, à la requête des députez dudict puïs de Gévaudan qui estoient prez de luy, ez villes et lieux du païs des Cévennes, dict bas Gévaudan, pour leur faire entendre l'intention de mondict seigneur, sur le payement de leurs cottes desdictes impositions faictes pour ledict siége, lesquelles n'estoient encores cottizées par ceulx desdictes Cévennes. Ayant aussi le sieur de Rignac assisté mondict seigneur de Mende, après la réduction de ladicte ville, à faire les mémoires pour la dépesche qui fut faicte devers Sa Majesté pour le bien et soulaigement dudict païs. Pour ces considérations et eu esgard que durant le camp il s'est toujours librement employé aux affaires dudict païs de Gévaudan, il pleust aux députez de ladicte assemblée luy ordonner telle somme qu'ils trouveroient bon ; s'en remettant quant à ce à leur discrétion. A esté conclud qu'en procédant à l'audition des comptes de M. Jacques Chantuel, qu'il doibt présenter au premier jour, il sera pourveu audict sieur de Rignac sur le fondz que ledict Chantuel pourra avoir des deniers de ses assiétes, destinez au faict de la réduction dudict Mende, dont ceste affaire deppend.

Sur la remonstrance faicte à ladicte assemblée de la part de damoiselle Tufème de Rozel, vefve de feu noble Jehan de Valernod, quand vivait sieur de Chanfagot, administraresse de ses enfants, tendant à ce qu'il pleust à ladicte assemblée luy payer et imposer la somme de 1,278 escus 40 solz à elle deue par le sieur de Fosseux et de laquelle il luy auroit passé transport sur les 27,444 escus à luy accordez par ledict diocèse de Mende et pays de Gévaudan ; ledict transport aiant esté enregistré au greffe dudict païs et ordonné par la Cour des Aydes que les obligez audict sieur de Fosseux seroient contrainctz au payement de ladicte partie de 1,278 escus 40 sols. A esté conclud, veu ledict transport, ensemble l'ordonnance de ladicte Cour des Aydes sur ce intervenue, portant contraincte enregistrée au greffe dudict païs, que ladicte somme sera paiée à ladicte damoizelle des premiers deniers qui seront imposez pour l'acquittement de la somme accordée par ledict diocèse audict sieur de Fosseux par le traitté de la reddition de la ville de Mende.

Sur la réquisition faicte à ladicte assamblée par M. de S. Auban, chevalier de l'ordre du Roi et commis des nobles dudict païs, pour avoir payement de la somme de 3,500 escus à luy deue par M. de Fosseux, par obligation et transport que ledict sieur de Fosseux luy en auroit faictz et passez sur la somme de 27,444 escus à luy accordée par ledict païs de Gévaudan, ledict transport enregistré aux registres dudict païs. A esté conclud et arresté, veu ledict transport, que des premiers deniers qui se lèveront de l'imposition qui sera faicte, de ladicte somme de 27,444 escus, ladicte partie de 3,500 escus sera payée au sieur de S. Auban par le receveur qui à ce sera commis.

A esté aussi conclud, à la réquisition des sieurs de Chanoillet et de Rousses, Gibrat et Borrel, que les sommes à eux deues par ledict sieur de Fosseux, par ses promesses, rescriptions ou mandatz, enregistrez au greffe dudict païs, leur seront aussi payées des premiers deniers de ladicte imposition qui sera faicte de ladicte somme de 27,444 escus accordée par le diocèse audict sieur de Fosseux.

Aussi a esté conclud que la somme de 4,000 escus que le sieur de S. Auban, à la prière et réquisition dudict diocèse de Mende et païs de Gévaudan, a cy devant empruntée pour ledict diocèse et payée audict sieur de Fosseux en déduction de la somme de 33,333 escus 20 sols, qui luy fut accordée pour la reddition de la ville de Mende, sera imposée sur ledict diocèse, au mois d'octobre prochain, ensemble la somme de de 440 escus, à quoy l'agent dudict sieur de S. Auban a esté contrainct s'obliger envers le sieur Donat, pour les interests desdictz 4,000 escus, pour estre lesdictes deux sommes payées audict sieur de S. Auban pour l'acquittement dudict païs de pareille somme.

Sont arrivez à l'assemblée M. Pierre des Fons, notaire royal, procureur pour le sieur de Gabriac; David Michel, sieur de Colas, procureur des consulz de la ville de Florac; François Dunoguier, docteur ez droictz, procureur des consulz du bailliaige de Saint-Estienne-de-Valfrancisque et viguerie de Portes-Bertrand; sire Jehan Rodier, procureur des consulz de Barre, qui ont présenté leurs procurations, lesquelles ont esté veues et leues en ladicte assamblée, et délibération prinse sur icelles, d'aultant qu'elles ont esté jugées par trop limitées au préjudice des privilléges des Estatz dudict païs, a esté conclud, pour la conservation desdictz priviléges, qu'ilz ne seront receuz en ladicte assamblée en vertu desdictes procurations, lesquelles ils seront tenuz de faire réformer avec les clauses qui seront requises et acoustumées en tel cas, et néantmoings seront lesdictz procureurs exhortez, au nom de ladicte assamblée, par mondict seigneur de Mende, président en icelle, de la résouldre à une bonne correspondance et union avec le corps dudict diocèse de Mende et païs de Gévaudan, pour le bien, repos et soulaigement d'icelluy et à ceste fin se désister de la poursuite des procès qu'ilz ont introduictz en la Cour de nos seigneurs des Aydes contre ledict diocèse, pour raison de leurs cottitez des sommes de deniers qui furent imposés l'année dernière sur tout ledict diocèse, en vertu des commissions du Roy et de Mgr le duc de Vantadour, lieutenant général pour Sa Majesté au païs de Languedoc, pour employer à la nourriture et entretenement de l'armée de Sa Majesté, estant devant la ville de Mende, pour la réduction d'icelle en son obéissance ; et ce faisant, se mectre en debvoir de payer leurs dictes cottités desdictes impositions, comme faictes pour le bien du service du Roy et repos commun dudict diocèse. Et pour le regard des deniers des aultres impositions auxquelz lesdictz des Cévennes prétendent n'estre contribuables, que lesdictz procureurs seront exhortez et requis de cotter les articles des assiettes qu'ils prétendent estre de ladicte qualité, affin que s'il est trouvé raisonnable de les en descharger, les Estatz où ladicte assamblée advisent d'y pourveoir à leur contentement, sans aultre forme de procès, pour rédimer ledict diocèse des vexations, despens, dommaiges et interestz qu'il a souffertz et souffre encores journellement à cause de la confusion et désordre où il est plongé par cette division. Ce qu'ayant esté après représenté par mondict seigneur de Mende ausdictz procureurs des Cévennes, ils ont dict n'avoir aulcune charge pour ce regard, ains seullement de consentir à l'imposition et levée ordinaire des deniers du Roy et non aultres, et de s'opposer à l'imposition et levée de tous aultres deniers.

S'est présenté à l'assamblée M. Jehan Vergier, comme

curateur de Mᵉ Herculès Spéronnat, receveur des tailles du diocèse de Mende, assisté de David Michel, sieur de Colas, comme procureur de noble Anthoine de Saurin, sieur de S. André, associé audict office ; lequel a remonstré que ce jourd'huy matin M: le bailly, commissaire de l'assiette, avoit ordonné qu'il feroit la recepte de cedict diocèse la présente année. Et d'aultant que l'année passée estoit celle de son exercice et non la présente, à ceste cause il ne peult ny ne doibt prendre la charge, moins bien le sieur Manifacier qui a insisté et soutenu, en présence dudict Vergier, que ledict Spéronnat avec ledict Vergier auroient opté et estoient demeurez d'accord que ledict de Manifacier exerceroit ladicte année, ledict Vergier affirmant le contraire et disant y avoir instance pendent en la Cour des Aydes pour ce regard. A esté concluà, affin de ne retarder la levée des deniers du Roy, que ledict Spéronnat exercera sa charge et fera la recepte la présente année, suivant ce qui luy a esté cy devant ordonné par ledict sieur commissaire de l'assiéte, sans préjudice de ses droitz ny de l'instance pendante en ladicte Cour contre ledict de Manifacier, auquel lesdictz Vergier et de Colas ont faict offre de rendre les gaiges des deniers extraordinaires ou à tout aultre à qui ilz appartiendront.

Après, l'assamblée a semond ledict Vergier d'advancer quelque somme de deniers sur et tant moings des 2,000 escuz qui seront couchez en l'assiéte ordinaire pour subvenir à la despense de l'assamblée pendant qu'elle vacquera aux comptes et à la vérification des debtes dudict diocèse. Sur quoy ledict Vergier a respondu n'avoir moyen de faire aulcune advance.

Du troisième jour dudict mois de juillet, du matin.

Sur la requeste présentée par M. Pierre Portalès, commis à la recepte d'une imposition faicte sur ledict diocèse au mois de juillet de l'année 1594, disant que M. de Fosseux, lors gouverneur pour le Roy audict diocèse, auroit baillé à MM. les consulz et habitans de la ville de Mende, ung mandement par lequel ledict sieur de Fosseux luy ordonne de payer, auxdictz sieurs consulz et habitans, la somme de 600 escuz et icelle luy rabattre sur leur portion de ladicte imposition, lequel mandement lesdicts sieurs consulz auroient gardé entre leurs mains jusques au mois de mars dernier qu'ilz le luy auroient rendu, encores qu'il ne l'ayt accepté en aulcune façon et luy auroient retenu ladicte somme sur leur dicte portion de ladicte imposition, requérant, au moyen de ce, luy faire payer ladicte somme de 600 escus contenue audict mandement conceu au nom desdictz sieurs consulz de Mende par le receveur dudict diocèse et icelle rabattre sur la somme dont le païs est débiteur envers le sieur de Fosseux, attandu que cela regarde le profit de ladicte ville de Mende, qui a droict de rétention de ladicte somme; a esté conclud que lorsque l'imposition se fera de ce qui est deub audict sieur de Fosseux, ladicte somme de 600 escuz y sera employée comme les aultres parties deues par ledict sieur de Fosseux jusques à concurrence ou à proportion de ce qui se trouvera deub audict sieur de Fosseux par ledict diocèse.

Sur la réquisition faicte par ledict sieur Portalès, de voulloir procéder à l'audition de son compte du tiers denier des vacans dudict diocèse qui luy fut ordonné de lever, a esté conclud que ledict compte sera veu après celluy des sieurs Alméras et Saulze et celui de M° Jehan Virgile après.

Ledict sieur Alméras, commis à faire la recepte dudict diocèse tant des denierz ordinaires que extraordinaires l'année 1595, a présenté son compte général à ladicte assemblée, laquelle a procédé et vacqué à l'examen d'icelluy durant cette séance.

Dudict jour troisième de juillet, de relevée.

Le sieur de Seras, sieur de Barre, s'est présenté et a esté receu à ladicte assemblée, laquelle a continué de vacquer à l'audition et examen du compte dudict sieur Alméras.

M° Jacques Saulze, commis à faire la recepte des deniers ordinaires et extraordinaires du diocèse, l'année 1596, a présenté son compte général, requérant qu'il pleust à l'assemblée de procéder à l'audition d'icelluy, ce qu'elle a promis faire après celluy dudict sieur Alméras.

Du quatrième dudict mois de juillet, du matin.

Sur la remonstrance faicte par mondict seigneur de Mende, président de ladicte assemblée, de ce que MM. les consulz et habitans de la ville de Montpellier, soubz prétexte de certaine délibération par eulx prize, de voulloir dresser en ladicte ville ung collége pour faire instruire la jeunesse aux lettres humaines, se sont licenciez jusques-là de prendre, de leur authorité privée, et uzurper la maison du collége appelé le collége du pape, fondé en ladicte ville en la faculté de médecine, en faveur et au profit des escolliers originaires du païs de Gévaudan, et de faict lesdictz consulz ont chassé de la maison les escolliers, ensemble le sieur Nurit, recteur et procureur dudict collége, qui est venu exprez en ceste ville pour s'en plaindre. Et d'aultant que c'est ung affaire très-important audict païs de Gévaudan, pour le préjudice qui est faict aux habitans d'icelluy, en les privant de la commodicté dudict collége ; cela auroit occasionné les commis et députez dudict païs, de prendre délibération de faire toutes les poursuites nécessaires contre lesdictz consulz et habitans dudict Montpellier, tant en la Cour de parlement de Thoulouze que par tout aillieurs où besoing seroit pour faire réparer ceste entreprise et remectre ledict collége en son premier estat, en ayant esté lesdictes poursuites commencées en ladicte Cour de parlement, au moyen desquelles, lesdictz sieurs commis et députez espéroient que lesdictz consulz, à tout le moins, se désisteroient de leur entreprise ; mais tant s'en fault qu'ils le facent, qu'au contraire ils y continuent plus obstinément que jamais avec plusieurs menaces et indignités qu'ilz font audict Nurit ; lequel à ceste occasion n'oze plus rentrer audict collége, ayant pour ces justes considérations, mondict seigneur, exhorté l'assemblée de prendre sur ce une bonne délibération, ensemble pour ung aultre collége fondé pareillement audict Montpellier en faveur et au profit des escolliers originaires dudict païs de Gévaudan, estudians aux loix, qui a esté aussi uzurpé par les chanoines et chapitre dudict Montpellier. Après que ledict sieur Nurit a esté ouy sur ce que dessus en ladicte assemblée et qu'il a tesmoigné estre venu exprez dudict Montpellier pour l'advertyr et luy faire plaincte de tout ce que dessus, affin qu'il luy pleust d'y pourvoir ; a esté conclud que la poursuite commencera suivant la délibération desdictz sieurs commis et députez contre lesdictz consulz et habitans dudict Montpellier pour raison de l'usurpation de ladicte maison et collége du pape, fondé en ladicte ville en ladicte faculté de médecine, y sera continuée jusques à ung arrest définitif, voire si besoing est, pour l'importance du faict, en sera faicte instance au Roy et à nos seigneurs de son Conseil d'Estat, comme aussi pour l'aultre collége des Loix ; le tout au nom et aux fraiz communs dudict païs de Gévaudan, et qu'a cest effect seront expédiez les mandements nécessaires par lesdictz sieurs commis et députés, des sommes qu'il conviendra fournir ausdictes poursuites, à prendre sur les plus clairs deniers affectez aux affaires communs dudict païs ; qu'il sera aussi expédié mandement, au sieur Nurit, de la somme de 50 escus sur les 2,000 escus, couchez en l'assiéte ordinaire de la présente année pour l'audition des comptes et vérification des debtes et aultres affaires dudict diocèse et ce pour rembourser ledict sieur Nurit des fraiz qu'il a fourniz et advancez aux poursuites qu'il a commencées sur lesdictes affaires, ensemble pour le voyaige qu'il en a faict exprez en ceste ville.

Sur la lettre que Mgr le duc de Vantadour, lieutenant général pour le Roy en Languedoc, a escript aux commis, scindic et députés du païs de Gévaudan, du 19e du mois passé, présentées à ladicte assemblée par le sieur de La Croix, envoyé de M. le baron de Florac, par laquelle et pour les plainctes que Mgr a receues des mauvais déportemens de Martin Bazalgète, exerçant sa charge de prévost audict diocèse et le mauvais debvoir qu'il rend en icelle, n'ayant faict faire aulcune exécution des volleries et aultres maléfices qui se commettent journellement dans ledict diocèse, il ordonne ausdictz commis, scindic et députez d'y prendre garde et que si le sieur Bazalgète, se trouvast convaincu des crimes qu'on luy met sus, qu'il en soit chastié, et cependant déposé de sa charge pour l'interest que tout le païs y a. Veu par ladicte assamblée ladicte lettre, et attandu les plainctes ordinaires que lesdictz commis, scindic et députez ont' receues, oultre celles quy sont journellement faictes à ladicte assamblée, des abuz, malversations et aultres crimes dudict Bazalgète ; veu aussi la délibération cy devant prise par lesdicts commis, scindic et députés sur lesdictes plainctes ; a esté conclud et arresté que la poursuite desdictz abus, crimes et malversations sera faicte et continuée au nom dudict scindic et aux frais et despens communs dudict païs de Gévaudan, tant en la Cour de parlement de Thoulouse que partout ailleurs où besoing sera. Et cependant, affin que les volleries et aultres maléfices qui se commettent dans ledict diocèse et païs ne demeurent sans justice et punition, qu'il sera présenté requeste à ladicte Cour de parlement de Toulouse, qui est desjà saisie de la matière et procès dudict Bazalgète, à ce qu'il luy plaise permectre aux députés desdicts Estatz, suivant les priviléges et l'ancienne coustume de tout temps observée audict païs, de procéder à nouvelle élection et nomination d'un prévost, avec commandement audict Martin Bazalgète et à Vidal Bazalgète, son cousin, et tous aultres dont ledict Martin s'est indifféremment servy pour greffier à sa discrétion et volunté, contre les ordonnances du Roy et lesdictz priviléges et coustume dudict païs, de remettre dans quinze jours, après l'intimation, par devers le greffier du bailliaige de Gévaudan, qui est greffier ordinaire en ladicte prévosté, tous et chascuns les actes, informations et procédures du faict de ladicte prévosté, qu'ilz ont en leur pouvoir, à peine de mil escus, pour demeurer, lesdictz actes et procédures, devers ledict greffier du bailliaige, et en estre par luy faictes les expéditions requises, ainsi qu'il est acoustumé pour le bien de la justice et punition des crimes dans ledict païs.

Aussi a esté conclud et arresté qu'il sera notifié au receveur dudict diocèse de ne payer aulcuns gaiges audict Bazalgète, ny ses archers et prétenduz greffiers, et néantmoings, en attendant la permission de procéder à ladicte nouvelle élection, que M. Anthoine Rodier, prévost dudict diocèse, au quartier des Cévennes, exercera sa charge en toute l'étendue dudict païs, jusques à ce que en la place dudict Bazalgète y en ayt ung aultre ou que par les Estatz, ou leurs dictz commis, scindic et députés soit aultrement advisé.

Procédant à l'audition des comptes de M. Jacques Saulze, a esté conclud qu'il sera escript aux députés du pays qui sont à la Cour et leur sera envoyé une coppie de l'arrest obtenu en la Cour des Aydes par M° Estienne Motte, d'Anduze, rémissionnaire de M. Anthoine Barthélemy, contre ledict diocèse, pour la somme de 1,478 escus 52 sols, affin d'obtenir commission pour faire appeller ledict Motte au Conseil, pour veoir casser ledict arrest et ordonner que ledict diocèse sera deschargé du payement de ladicte somme, despens, dommaiges et interestz par ledict Motte prétenduz pour raison d'icelle, attandu qu'elle procède des restes des impositions faites durant les troubles, par ceulx de la religion; au payement desquelz ledict diocèse de Mende a esté condampné par ladicte Cour des Aydes, ores qu'il n'y soit tenu et que ceulx de ladicte religion ayent esté deschargez des deniers imposez audict diocèse par les catholiques, durant les mesmes années des troubles, suivant aultre arrest de la mesme Cour des Aydes. Et seront advertiz lesdictz sieurs députés, de faire mettre, en ladicte commission, la clauze inhibitoire audict Motte, de contraindre, vexer ny molester ledict diocèse, pour raison de ladicte partie, qu'aultrement n'en soit ordonné par le Roy en son Conseil.

Dudict jour quatrième juillet, de relevée.

A esté veu par ladicte assamblée l'estat des dommages et interestz demandés par le sieur Alméras, pour raison de la recepte par luy faicte des deniers ordinaires et extraordinaires imposez audict diocèse l'année 1595, suivant les contractz passez avec luy.

Suivant les précédentes délibérations l'estat des parties qui doibvent estre couchées en l'assiette ordinaire, ayant esté dressé et rapporté par ceulx qui à ce avoient esté députés en icelluy, veu, arresté et signé en ladicte assamblée, a esté conclud que la somme de 14,398 escus 27 solz 9 deniers à quoy les parties dudict estat ont esté trouvées monter et revenir, tant pour les deniers d'ayde, octroy, creue, taillon, réparations, fraiz de Languedoc, que pour les fraiz et affaires communs dudict diocèse, sera imposée sur le général d'icelluy, et qu'à ceste fin, MM. les commissaires ordinaires seront requis procéder au despartement de ladicte somme et comprendre le tout en une seule assiette.

Après laquelle conclusion, les députés des Cévennes ont remys certaines réquisitions et protestation par escript, requérant estre insérées au présent verbal, estans de telle teneur : M. Pierre Desfons, procureur pour le seigneur de Gabriac ; David Michel, sieur de Colas, procureur des consulz de la ville de Florac ; François Dunoguier, docteur ez droictz, procureur des consulz du bailliaige de Saint-Estienne-de-Valfrancisque et viguerie de Portes-Bertrand ; sieur Jean Rodier, procureur des consulz de la ville de Barre, pour se présenter en l'assamblée des Estatz du diocèse de Mende, convocqués en ceste ville de Mende, au mois de juing et présentement disent, suivant leurs procurations, qu'ils veullent entrer aux deniers du Roy et aultres impositions mandées par les commissions des Estatz généraulx de Languedoc, dernièrement tenuz en la ville de Pézénas ; mais au cas que on vouldroit imposer d'aultres que ceulx desdictes commissions, ils s'y opposent et requièrent à vous M. de Picheron, commissaire desdictz Estatz, de vouloir leur opposition les renvoyer en la Cour de nos seigneurs des Aydes pour leur y estre faict droict, aussi sur la contravention aux arrestz de ladicte Cour, par lesquelz il est expressement deffendu d'imposer aultre chose que ce qui est desdictes commissions et mesmes de faire aulcun deffray à MM. du Clergé et de la noblesse, d'y assister, lorsqu'il sera question d'imposer. Et d'aultant que vous mondict sieur le commissaire le pourriez ignorer, vous requièrent d'en faire lecture publique, ayant desjà esté enregistrez par le greffier des Estatz, ez registres d'iceulx, auxquelz arrestz il a esté notoirement contrevenu, mesmes en ce que en vostre présence, Mgr l'évesque de Mende, encores qu'ilz ayent séance et voix délibérative ausdictz Estatz en vertu de leurs procurations, remises devers le greffier, leur a interdit l'assistance en iceulx et dict de se retirer, non à aultres fins que pour ce qu'ilz avoient à demander, comme ilz le demandent, l'observation desdictz arrestz et empescher que la délégation faicte en Cour, par certains particuliers dudict diocèse, préjudiciable au corps du pays, quoy qu'en aulcuns articles en apparence elle semble procurer le bien d'icelluy et des personnes dudict Mende qui leur sont suspectz et ausquelz ont esté baillées quelques particulières créances ainsi que le cahier de leurs doléances en est chargé, que personne de ceulx que y ont principal interest ne scavent mesmes qu'elle a esté échangée et rechangée comme leur a esté rapporté, et on a prins ceulx que on a trouvé plus propres pour servir à la ville de Mende contre le reste dudict païs; protestant, en cas que vous mondict sieur le commissaire vouldriez coucher et imposer aulcuns deniers, aultres que les susdictz, soit pour ledict voiaige et délégation faicte en une assamblée et sans commission et laquelle ilz désavouent tant que besoing seroit que aultrement en vostre propre et privé de ladicte contravention d'arrest, et d'en avoir recours en ladicte Cour de nos seigneurs des Aydes, et mesmes en cas que vous vouldriez faire convocation d'autre assamblée d'Estatz, comme quelques-ungs se jactent le voulloir faire, pour tousjours avoir moyen faire imposition sur imposition, fraiz et despens au païs, que est du tout ruyné; requérant ceste réquisition estre escripte en vostre procès-verbal, coppie d'icelluy et de nos procurations, autrement en desny de ce, appellent. Desfons, procureur dudict sieur, et sans préjudice du droict particulier d'icelluy, De Colas, Dunoguier, J. Rodier.

Lequel escript ayant esté veu et leu publiquement en ladicte assamblée, et par la teneur d'icelluy aiant esté recogneu que l'intention de ceulx des Cévennes n'est aultre que de tenir ledict diocèse en ung perpétuel labirinte de procès, comme ilz ont de tout temps faict, afin d'esviter par tel moyen le paiement de leur cottitez des impositions qu'il a convenu et convient nécessairement faire audict diocèse pour aquitter les debtes et satisfaire aux despenses communes des affaires d'icelluy, selon les occurences, attandu aussi que l'imposition extraordinaire de 2,000 escus, sur laquelle ilz fondent leur opposition, a esté par la dernière assamblée des députez des Estatz jugée utile et nécessaire pour subvenir à la despense que pourroient faire les députez commis par ladicte assamblée en nombre de vingt, assavoir : quatre de l'église ; quatre de la noblesse ; huit du Tiers Estat et les commis et députez ordinaires du païs, compris le sieur de Séras et de Barre pour la noblesse des Cévennes et le consul de Florac, pour le Tiers-Estat desdictes Cévennes, aussi députez et commis, tant pour procéder à la vérification et liquidation des debtes légitimement deubz par ledict diocèse et adviser de le rédimer d'une infinité de procès où les créanciers l'ont plongé qui le consomment journellement en fraiz, despens, dommaiges et interestz, affin de couper chemin à ce mal, soit en accordant gracieusement avec lesdictz créanciers pour leur oster tout subject et prétexte de plaider, comme a esté faict en Vellay, Viverez et aultres diocèses, en prenant aultres remèdes selon qu'il sera trouvé plus expédient et utile pour le bien et soulaigement dudict diocèse, que pour vacquer par mesme moyen à la révision des comptes des receveurs pour voir l'administration des deniers du païs depuis vingt-cinq ans, et s'il y auroit fondz pour aquiter quelque portion desdictz debtes, pour à quoy vacquer exactement, estant bien requis d'emploier beaucoup de temps, du moings jusques à deux ou trois mois, à cause du grand nombre de debtes et de comptes qu'il y a et ne se pouvant telz affaires si importans et utiles au païs et d'une si longue durée, s'advancer et parfaire sans les moyens du païs, ladicte dernière assamblée auroit arresté d'imposer ladicte somme de 2,000 escus, tant pour fournir auxdictz fraiz et despens que pour subvenir à plusieurs aultres affaires communs dudict païs, mesmes pour la poursuite de plusieurs procès, pendans en la Cour des Aydes, comme aussi des procès naguières intentez au Conseil du Roy contre le païs d'Auvergne et le scindic général de Languedoc qui importent de 150,000 escus, encores pour la poursuite des procès criminelz des prévostables qui n'ont partie civile, dont le païs a acoustumé faire les fraiz. Pour toutes ces justes raisons et considérations, a esté conclud, suivant lesdictes délibérations de la précédente assamblée que, ladicte somme de 2,000 escuz, sera comprise et demeurera audict département de la présente année pour estre employée aux effectz que dessus et non aillieurs. Et pareillement demeureront audict despartement les aultres parties contenues en l'estat arresté en la présent assamblée touchant le remboursement d'aulcuns fraiz faictz pour le païs, voiaiges, gaiges et taxations des officiers d'icelluy, des prévostz des mareschaulx, greffier et archers, comme choses ordinaires et acoustumées chascune année ; le tout néantmoings soubz le bon plaisir du Roy et de nos seigneurs de la Cour des Aydes de Montpellier.

Pour le regard de ceulx qui sont allez en Cour, tant pour lesdictz procès contre le païs d'Auvergne et scindic général de Languedoc que pour représenter à Sa Majesté l'estat de ce païs et poursuivre le don et remise des tailles au pauvre peuple et aultres affaires concernans le soulaigement dudict païs, d'aultant que par la précédente assemblée, représentant l'estat de ce païs bien et deuement convocquée et congrégée, en ceste ville de Mende, suivant la commission de Mgr le duc de Ventadour, lieutenant général pour le Roi en Languedoc et en présence des officiers de Sa Majesté, lesdictz députés ont esté esleuz, choisiz et nommez, comme personnes d'honneur et capables de telle charge, et qu'il n'a tenu que ausdictz des Cévennes qu'ilz ne se soient trouvez en ladicte asamblée pour en avoir esté priez, semondz, requis et interpellez par plusieurs fois, non seullement par lettres, mais aussi par le sieur Jourdan, assesseur du consul de Maruéjolz, qui fut envoyé exprès devers eulx par les commis et députez du païs ; joinct que de quatre personnages qui ont esté députez, il n'y en a que deux qui sont de la ville de Mende, capitalle du païs, et que le cahier qui leur a esté baillé a esté résoleu et arresté en plaine assamblée et ne contient chose aulcune qui ne tende au bien, repos et soulaigement du pauvre peuple dudict diocèse ; aussi que le cahier a esté communiqué par le greffier des Estatz ausdictz députés des Cévennes pour voir s'il y avoit esté rien oublié touchant le bien et soulaigement dudict diocèse, avec offre qui leur a esté faicte d'en escrire ausdictz déléguez pour l'adjouster audict cahier et en faire les poursuites nécessaires, comme des aultres poinctz et articles d'icelluy ; et attandu que lesdictz déléguez sont desjà en Cour, à la poursuite desdictz affaires, a esté conclud qu'il n'y a lieu de les révocquer ny changer, et encores moings d'y en envoyer d'aultres, d'aultant que le nombre en a esté jugé assez grand par ladicte assamblée et que ce ne seroit que chose inutille et surcharge au païs ; toutesfois si lesdictz opposans veullent y envoyer quelqu'un de la part desdictes Cévennes pour faire les mesmes poursuites desdictz affaires, avec lesdictz déléguez, faire le pourront, s'ilz jugent et cougnoissent y avoir quelque interestz particulier.

Quant à ce qu'ilz disent l'assistance leur avoir esté interdicte en ladicte assamblée par Mgr de Mende, président, bien que lesdictz députés des Cévennes n'ayent aulcune raison de se plaindre sur ce subject, parce qu'ilz sçavent la vérité estre telle, qu'encores que pour l'entretenement et observation de l'ancienne coustume et privilléges des assamblées du païs, il eust esté conclud, veu que leurs procurations estoient limitées et que quelques-uns d'entre eulx n'estoient de la qualité requise et mesmes Me Pierre Desfons, notaire, envoyé de M. de Gabriac, qu'ilz ne pouvoient estre receuz en ladicte assamblée, en vertu desdictes procurations, lesquelles ilz seroient tenuz de faire réformer avec les clauses requises et acoustumées en tel cas ; toutesfoys ilz n'ont laissé d'y assister, sans aulcune contradiction ny empeschement, comme n'ayant ladicte assamblée aultre intention que de veoir lesdictes Cévennes en bonne union et correspondance avec le corps dudict diocèse, pour le bien et soulaigement d'icelluy. Et pour la mesme raison et affin d'oster tout ombrage et prétexte auxdictz députez des Cévennes de persister en leur division et partialité, a esté conclud, sans conséquence ny préjudice de l'ancienne coustume et privilége des assamblées dudict païs, qu'ilz seront invitez et semondz de continuer d'assister en la présente assamblée pour y entendre l'estat

des affaires dudict diocèse, voir les grandz debtes qu'il
a, les despens, dommaiges et interestz qu'il souffre journellement et les désordres et confusions, avec beaucoup
de ruyne et surcharges dont leur partialité a esté cause,
affin que de leur part, au lieu d'oppositions, empeschemens et protestations, ilz y rapportent le bon conseil,
l'ayde, le secours et les vraiz remèdes que chacun doibt
rendre à son païs misérable et affligé comme cestuy cy,
et néantmoingz pour leur oster subject de playder
d'avantage contre ledict diocèse, comme ilz font à tout
propos en la Cour des Aydes, et affin de vuyder et terminer leurs différendz, a esté conclud que, pour le regard
des impositions dont lesdictz des Cévennes sont opposans
et prétendent estre deschargez, celles qui ont esté faictes
par commission du Roy et de Mgr le duc de Vantadour,
pour le faict de la guerre, lesquelles ne peuvent estre révocquées en doubte, et moins entrer en dispute ny contradiction, ladicte assamblée s'en soubmettra à la sentence et jugement de huict arbitres, scavoir : quatre quy
seront nommez par ladicte assamblée et quatre par lesdictz des Cévennes, qui s'assambleront dans huict jours,
en ceste ville, pour essayer de vuyder lesdictz différendz,
par la voye amyable. Et au cas qu'ils ne se pourroient
accorder, qu'il sera nommé deux cinquiesmes, ung de la
part de ladicte assamblée, et ung aultre de la leur, ou
bien ladicte assamblée en remettra le jugement au Conseil du Roy, si ainsi est advisé, sauf et réserve, attandu
que lesdictz différendz sont sur le poinct d'este jugez par
la Cour des Aydes où le procès en est pendant, que si
auparavant la sentence desdictz arbitres, en estoit intervenu arrest, en ce cas ce que sera jugé et déterminé par
ledict arrest demeurera jugé, sans que lesdictz arbitres

puissent cougnoistre ny décider que de ce qui pourra rester desdictz différendz, sauf aussi aux parties à se pourveoir par les voyes de droict contre ce qui pourroit estre jugé, si bon leur semble. Laquelle conclusion ayant esté représentée ausdictz députez des Cévennes par mondict seigneur le président, de la part de ladicte assemblée, et eulx interpellez de s'y voulloir conformer, et pareillement assister à la présente assemblée pour ladicte vérification des debtes et audition des comptes, tout ainsi que faict ledict sieur de Séras, pour ladicte noblesse des Cévennes, attandu qu'ilz avoient esté députez à cest effect, lesdictz députez ont refuzé de ce faire, disant n'en avoir aulcun pouvoir, mais qu'ilz feroient assambler lesdictz Cévennes pour leur en communiquer.

Et d'aultant que ladicte opposition faicte par ledict M⁰ Pierre Desfons, notaire, pour ledict sieur de Gabriac, qui a voix aux Estatz, est directement contre les privilléges dudict païs, ladicte assamblée a sommé et interpellé ledict Desfons, audict nom, déclarer s'il entend persister pour ledict sieur de Gabriac à sadicte opposition et sommation pour y estre après pourveu par icelle ; sur quoy ledict Desfons a déclaré n'entendre préjudicier aux privilléges de la noblesse.

Et après a esté arresté par ladicte assemblée que la susdicte délibération et conclusion sera transcripte à la fin de l'opposition desdictz députez des Cévennes et que M. le bailly et commissaire de l'assiette seront requis l'insérer dedans leur verbal.

L'audition et examen du compte du sieur Alméras, receveur dudict diocèse en l'année 1595, estant achevez, ledict compte a esté cloz et arresté et par la fin d'icelluy, la despense montant 58,060 escus 3 sols 6 deniers, et la recpte 59,549 escus 45 sols 4 deniers ; ledict sieur Alméras se trouve débiteur de 1,489 escus 41 sols 9 deniers. Laquelle somme a esté dict qu'il payeroit des deniers de sa reprise qui luy a esté rayée et ordonné d'en continuer la levée, pour aquiter ledict debte et se rembourser de ce qu'il peult avoir plus payé que receu, à la charge de compter de la reprise, après avoir faict plus amples diligences et qui de ses gaiges et leveures sera desdict et rabatu à proportion des sommes qui luy pourront estre passées en reprise, d'aultant que lesdictz gaiges luy ont esté allouez par entier.

Par mesme moyen, l'estat des dommages et interestz demandés par ledict sieur Alméras au diocèse, a esté cloz et arresté. Et d'aultant que par icelluy s'est trouvé luy estre deub par ledict diocèse 3,297 escus 39 sols 9 deniers, a esté conclud que ladicte somme luy sera imposée en l'assiéte qui se tiendra audict diocèse en vertu des commissions des prochains Estatz généraulz de Languedoc, pour luy estre estre payée aux mesmes termes que les deniers desdictes commissions ; et moyenant ce, ledict sieur Alméras ne pourra prétendre aulcuns interestz, tant de ceste année que de la prochaine, sans préjudice toutesfois ny retardement de la levée des deniers de sa reprise du susdict compte ; à la charge aussi que ledict sieur Alméras révocquera tous ses commis et fera cesser la levée de ses restes sur ledict diocèse, jusques après la saison de la récolte. Ce que ledict sieur Alméras a librement promis de faire.

Le dimanche cinquième jour dudict mois de juillet.

Lesdictz sieurs députez ne se sont assemblez pour traitter d'aulcuns affaires ayant esté ce jour employé en prières et au service de Dieu.

Du sixième juillet du matin, en ladicte assamblée.

M⁰ Michel Jourdan, de la ville de Maruejolz, a remonstré au nom de Mlle de La Roche, vefve de feu sieur de La Roche de S. Germain, comme ledict sieur faisant ung voiaige devers M. le marquis de Canilliac, l'année dernière, suivant le commandement et prière de MM. des Estatz dudict païs, tenuz à Chenac, seroit advenu qu'à son retour il auroit esté assassiné en chemin par quelques gentilzhommes d'Auvergne. De quoy, MM. les commis et députez dudict diocèse, advertiz en une assamblée tenue audict Chenac, auroient conclud et arresté que la poursuite dudict assassinat serait faicte contre les coulpables au nom du scindic et aux despens communs dudict diocèse. Et d'aultant que ladicte vefve qui est chargée de plusieurs enfants dudict sieur de La Roche, n'a moyen faire ceste poursuite, il a supplié et requis l'assamblée, suivant ladicte délibération, voulloir ordonner et enjoindre audict scindic de poursuivre, au nom dudict diocèse et aux despens d'icelluy, la punition de ce crime auparavant que la mémoire s'en perde, et à ceste fin destiner certaine somme de deniers. Sur quoy, après avoir esté faicte lecture de la précédente délibération, ensemble d'une lettre que M. le marquis de Canilliac en a escripte à ladicte assamblée, la priant ne permettre que cest acte demeure impuny ; a esté conclud que lorsqu'il aparoistra que ladicte vefve aura commencé de faire quelques diligences à ladicte poursuite, le sindic du païs s'y joindra incontinant et contribuera aux fraiz nécessaires, et ce des deniers qui sont affectez aux affaires occurrens dudict p   par les mandemens et ordonnances qui luy en seront expédiez par MM. les commis et députez d'icelluy.

Sur la requeste présentée par Jacques Bonnefoy, maistre-pasticier de la ville de Mende, tendant à ce qu'il pleust à l'assamblée ordonner que sur l'imposition quy sera faicte audict païs de Gévaudan de la somme de 27,444 escus, accordée à M. de Fosseux, luy soit payé par celuy qui sera commis à la recepte d'icelle, la somme de 150 escus qu'il auroit esté contrainct fournir audict sieur de Fosseux, lequel finallement luy en auroit faict sa promesse ; laquelle a esté enregistrée aux registres du pays ; a esté conclud que lorsque l'imposition se fera de la partie dudict sieur de Fosseux, ladicte somme de 150 escus, contenue en ladicte promesse, sera employée ladicte imposition comme les autres parties deues par le sieur de Fossenx, selon qu'il sera trouvé raisonnable, jusques à concurrence ou à proportion de ce qui sera deub audict sieur de Fosseux par ledict païs.

A esté arresté que les soubz nommez vacqueront à la vérification des debtes et audition et révision des comptes, assavoir : deux envoyez de MM. du Chapitre de Mende et M. de S. Jehan pour l'église ; pour la noblesse : MM. les barons de Peyre, du Tournel et de Florac, et pour l'absence dudict sieur du Tournel, M. le baron de Canilhac, M. de Montrodat ou en son absence, M. d'Allenc, M. de Barre ; et pour le Tiers-Estat : MM. les consulz de Chirac, La Canourgue, Saint-Chély, Salgues, Le Malzieu, Sainte-Enymie et ung des consulz des Cévennes, avec MM. les quatre commis et députés ordinaires du païs. Et a été taxé ung escu par jour à chascun des députés du Tiers-Estat et à chascun des greffiers ou commis. Et pour le regard de MM. les envoyez de l'église et de la noblesse, ont esté priez par ceulx du Tiers-Estat se contenter de semblable taxe, à la charge que chascun desdictz députés sera tenu assister ordinairement à toutes les séances quy se feront le matin, depuis six heures jusques à dix et de relevée depuis une heure jusques à cinq, et que les défaillans à l'entrée desdictes séances seront mulctez de l'amende d'ung teston pour chascun deffault applicable aux pauvres.

A esté aussi arresté que MM. le bailly Dumas, consul de Mende ; Gibilin, consul de Maruejolz, commissaires de l'assiette, avec deux ou trois consulz des villes et le greffier ou l'ung de ses commis, pourront travailler à part au despartement des deniers, suivant l'estat qui en a esté cy devant dressé et arresté en l'assemblée.

Le surplus de ceste séance a esté employé à l'audition et examen du compte de M. Jacques Saulze, receveur de ladicte année 1596.

Dudict jour sixiesme de juillet, de relevée.

L'audition dudict compte a esté continuée et finallement l'arrest et closture d'icelluy en a esté faicte, par laquelle l'entière despense, y compris la partie de 1,157 escus 43 sols 2 deniers, tenue en souffrance, soubz le nom de M. Bertrand Reich, revient à la somme de 46,747 escus 26 sols 2 deniers, et la recepte à 47,067 escus 7 sols 2 deniers ; au moyen de quoy ledict Saulze est débiteur de 319 escus 41 sols 1 denier. Lesquelz il payera des deniers de sa reprise qui luy a esté rayée et ordonne d'en continuer la levée pour acquitter ledict debet, ensemble ladicte partie de 1,157 escus 43 sols 2 deniers, tenue en souffrance au dernier chapitre de la despense dudict compte, soubz le nom dudict Reich, pour avoir esté, ladicte partie comprise en la somme totale de la despense dudict compte, aussi pour se rembourser de ce qu'il peult avoir plus payé que receu actuellement de la somme de 33 escus 20 solz qu'il a payée comptant à MM. les auditeurs, à la charge qu'il comptera de ladicte reprise, après avoir faict plus amples diligences, et que de ses gaiges et leveures, sera desduict et rabatu à proportion des sommes qui luy pourront estre passées en ladicte reprise, d'aultant que lesdictz gaiges ont esté allouez par entier au susdict compte.

L'estat des demandes dudict Saulze a esté aussi arresté, et par icelluy s'est trouvé luy estre deub, par le diocèse, la somme de 1,735 escus, laquelle sera imposée à la prochaine assiette qui se tiendra en vertu des commissions des prochains Estatz généraulx de Languedoc, pour luy estre payée aux mesmes termes que les deniers desdictes commissions, et moyenant ce, ledict Saulze ne pourra prétendre aulcuns interestz, tant de ceste année courante que de la prochaine, sans préjudice ny retardement toutesfoys de la levée des deniers de la reprise du compte par luy rendu ce jourd'huy à l'assamblée.

Du septiesme jour dudict mois de juillet, du matin.

M⁰ Pierre Portalès a présenté son compte de l'imposition faicte sur ledict diocèse par forme d'emprumpt au mois de novembre 1592, de la somme de 3,047 escus 57 solz, pour l'entretenement des garnisons et a esté procédé incontinant à l'audition et examen dudict compte durant ceste séance.

Dudict jour septième juillet, de relevée.

Sur le différend qui est entre le corps dudict diocèse de Mende et les habitans des Cévennes qui sont membres dudict corps, pour raison des impositions des deniers extraordinaires qui se lèvent audict diocèse, après avoir conféré et traitté avec les quatre députés des consulz desdictes Cévennes et de leur consentement, a esté arresté de tous lesdictz différendz, excepté les impositions faictes par commission du Roy et de Mgr le duc de Vantadour que l'on ne veult ny ne doibt révocquer en doubte, sera jugé et décidé par huict personnages qui seront nommez, assavoir : quatre par ladicte assamblée, pour le corps dudict diocèse, et les aultres quatre par lesdictz des Cévennes, et ce dans huict jours précizément. Et où il ne se pourroient accorder, que de chascun costé sera prins ung cinquiesme pour faciliter la résolution de cest accord, et que lesdictz députés des Cévennes donneront ordre de faire nommer leurs arbitres dans ledict terme.

Le sieur de Chambrun, docteur en médecine et assesseur du consul de Maruejolz, a requis l'assamblée de voulloir accorder à ceux dudict Maruejolz et des Cévennes, ung député de la religion, qu'ilz nommeront pour aller en Cour, aux despens dudict diocèse ; aultrement à desny de ce, protestent comme ilz ont faict cy devant de s'ayder de leurs oppositions pour faire révocquer la délégation, cy devant faicte, des députés qui sont de présent en Cour, pour les affaires dudict diocèse. Sur quoy a esté dict qu'ayant esté cy devant prise délibération sur cest affaire, il n'y a lieu de le remectre aux opinions.

Le surplus de ceste sérnce a esté employé à l'examen du compte cy devant présenté par ledict Mᵉ Pierre Portalès.

Du huictième jour dudict mois de juillet, de matin.

A esté continuée l'audition dudict compte dudict sieur Portalès, durant ceste séance, avec la closture qui a esté faicte d'icelluy, par laquelle la recepte totale monte 3,147 escus 57 solz, et la despense 4,118 escus 55 sols 4 deniers, et les reprises rayées qui demeurent au profit dudict Portalès 2,180 escus 46 sols 7 deniers, et par ainsi se trouve estre deub audict Portalès 970 livres 58 sols 4 deniers, en ce comprins 240 escus couchez audict compte, soubz le nom du capitaine Comte ; de laquelle il doibt rendre dans ung mois le mandement et quitance, à peine de radiation ; au payement de laquelle somme de 970 livres 53 sols 4 daniers, lui sera pourveu à la prochaine assemblée qui se tiendra en ce diocèse, après la tenue des Estatz généraulx de Languedoc, sans que pour ladicte somme ledict comptable puisse prétendre, sur ledict païs, aulcuns despens, dommaiges ny interest.

Dudict jour, huictiesme de juillet, de relevée.

Sur la remonstrance faicte par M° Jacques Brun, docteur en médecine, commis en l'année 1594, lui estant premier consul de la ville du Malzieu, il fut, à cause de sa charge et sur quelque intimation à luy faicte à la requeste de M° Olivier Sévérac, receveur de ce diocèse, en ladicte année, condampné en l'amende de 10 escus par la Cour des Aydes, pour le recouvrement de laquelle est arrivé en ceste ville ung huissier qui le veult contraindre ; requérant, a ceste cause, ledict sieur Brun, attandu qu'il a esté condampné en exerçant ladicte charge de consul, qu'il plaise à l'assemblée de l'en relever ; a esté conclud qu'il luy sera expédié mandement, sur le receveur du diocèse, la présente année, de la somme de dix escus pour le relever de ladicte amande, attandu sa qualité et sans conséquence.

S'est présenté M° Jehan Vergier, au nom et comme curateur de M° Hercules Spéronnat, receveur dudict diocèse, qui a remonstré que le sieur Nicolas, commis de de M° Bertrand Reich, trésorier de la bourse de Languedoc, luy auroit faict faire commandement de luy paier la somme de 2,500 tant d'escus qui luy sont deubz par le diocèse des deniers de sa charge, la présente année ; et d'aultant qu'il n'est encores en exercice et que l'assiéte et despartement des deniers qui doibvent estre imposez ceste année ne luy a esté encores baillée, il a requis l'assamblée le relever des despens, dommages et interestz qu'il pourroit souffrir à ceste occasion.

M. Dumas, juge au bailliaige de Gévaudan et 1ᵉʳ consul de la ville de Mende, l'ung des commis du païs, a remonstré aussi à ladicte assamblée, comme ledict Nicolas luy avoit faict donner assignation en la Cour des Aydes, à faulte de payement de ladicte somme deue audict sieur Reich, ou pour les despens par ledict Nicolas prétendus contre ledict païs à cause des voiaiges qu'il a faictz en ce diocèse, pour raison de ladicte partie ; au moyen de quoy ledict sieur Dumas a pareillement requis d'estre relevé du tout par ledict diocèse, n'estant raisonnable qu'en son particulier il entre en fraiz pour le général. Sur quoy n'a esté rien conclud.

M. Pol Arnauld, sieur de La Cassaigne, pour et au nom du sieur Portalès, trésorier principal de l'extraordinaire des guerres en Languedoc, a requis l'assamblée d'imposer, en la présente assiéte, la somme de 3,750 escus, deue audict sieur Portalès, suivant l'obligation sur ce passée entre luy, au nom dudict sieur Portalès et MM. les commis et députez du païs, et l'arrest de condempnation qu'il en a obtenu, en la Cour des Aydes, contre ledict diocèse ; aultrement, à faulte de ce faire, a protesté d'en avoir de rechef recours à ladicte Cour. Et néantmoings, en cas que ladicte assamblée n'auroit agréable le contenu audict contract, a offert, comme procureur susdict, consentir dès maintenant à la récizion et cancellation d'icelluy en le remboursant de ses fraiz et despens. Sur quoy, après avoir ouys quelques ungs des députez de l'assamblée qui ont remonstré qu'il seroit bon, avant que passer oultre en cest affaire, d'adviser pour la dernière fois s'il y auroit moyen de trouver la délibération qu'on dict avoir esté prinse en l'assamblée des députez des Estatz généraulx du Languedoc, **tenue** à Montpellier l'an..... par laquelle délibération on prétend que ce diocèse fut deschargé de 11,000 et tant d'escus pour la moitié de sa portion de la subvention, montant 23,000 et d'escuz ; estimant que ladicte délibération se trouvera au pouvoir du sieur de Guilleminet si l'on luy en escript de bon encre par ung homme capable, comme l'affaire le requiert, pour estre de telle importance au païs que ladicte délibération se trouvant, il seroit non seullement deschargé de ladicte obligation envers ledict sieur Portalés, mais encore se trouveroit qu'il l'auroit de beaucoup surpayé. A esté conclud que l'on envoyera promptement ung homme capable devers ledict sieur de Guilleminet, greffier pour le Roy ausdictz Estatz généraulx, qui avoit escript en ladicte assamblée de Montpellier les délibérations du pays, en l'absence du greffier d'icelluy, pour essayer de recouvrer ung extraict de ladicte délibération, et que jusques en avoir receu des nouvelles certaines, l'on ne peult prendre résolution sur la cancellation dudict contract ny sur l'imposition requize par ledict La Cassaigne.

Du neufviesme jour dudict mois de juillet, de matin.

Sur la réquisition faicte par M⁰ Jehan Blancard, docteur en médecine, de luy imposer et faire payer la somme de 432 escus et les apportz, despuis le jour que le délay escherra, jusques à l'éfectuel payement d'icelle, attandu l'arrest de restablissement par luy obtenu de nos seigneurs de la Cour des Aydes de ladicte partie qui avoit esté cy devant rayée par ladicte Cour, sur l'assiéte de l'année 1596; ledict arrest portant condampnation contre ledict diocèse. Protestant icelluy sieur Blancard, à faulte de ce faire, d'avoir recours à ladicte Cour, pour avoir plus forte contraincte avec liquidation des despens, dommages et interestz contre ledict diocèse; a esté conclud, veu ledict arrest de restablissement, que ladicte somme de 432 escus sera imposée à la prochaine assiette pour estre paiée audict sieur Blancard, sauf audict diocèse, son recours pour ladicte somme contre M⁰ Jacques Chantuel et aultres qu'il appartiendra, suivant les délibérations sur ce prinses par les Estatz ez années précédentes.

Le sieur de Lacroix a remonstré aussi, qu'aiant assisté aux Estatz dudict diocèse l'année dernière, pour M. le Connestable, comme baron de Florac, baron de tour, ladicte année, il luy auroit esté accordé pour ledict tour, ainsi qu'il est acoustumé, la somme de 100 escus. qui fut imposée en l'assiéte dernière et depuis rayée par nos seigneurs de la Cour des Aydes; au moyen de quoy il auroit poursuivy et obtenu arrest de ladicte Cour, portant restablissement de ladicte partie, avec condempnation contre ledict diocèse ; requérant l'assamblée de faire imposer ladicte somme pour luy estre payée la présente année. A esté conclud, veu ledict arrest, que ladicte somme de 100 escus sera imposée en la prochaine assiette pour estre par après payée audict sieur de Lacroix, en l'acquict dudict diocèse.

Sur la requeste présentée par les habitans du lieu et mandement de Chambon, en la paroisse de Saint-Symphorien, tendant à ce que pour les foulles et ravaiges que le sieur de Pierre Gourde et la dame de La Roue leur font souffrir, mentionnées en ladicte requeste, il pleut a l'assamblée, attandu que la misère et pauvreté des supplians ne leur permet de se tirer de l'oppression dudict sieur de Pierre Gourde et dame de Rochebaron et leurs adhérans ny de les poursuivre en justice pour raison desdictz excès, voulloir ordonner que la poursuite en sera faicte par devant tous juges qu'il apartiendra, par le scindic au nom et despens dudict païs et enjoindre au prévost, de tenir main forte audict scindic toutes les fois que besoing sera pour ledict affaire ; a esté conclud qu'il sera escript au nom de ladicte assamblée audict sieur de Pierre Gourde et dame de La Roue, pour les prier de faire cesser telz désordres, affin d'oster le subject aux supplians de continuer leurs plainctes, aultrement que, pour l'importance et conséquence du faict, s'agissant du repos public de ce diocèse, que l'assamblée ne peult moings faire, adhérant à leurs plainctes, que de prier et requérir M. le procureur général du Roy, de leur assister pour y rapporter l'authorité de la justice, et que le scindic dudict païs se joindra ausdictz plaignans pour les poursuites nécessaires. Et où ils n'auroient moyen d'y subvenir, que le païs leur accorde la somme de 20 escus, pour estre employez à cest effect et non aultrement.

M° Pierre Portalés, commis à faire la recepte du diocèse de Mende, l'année 1592, a présenté le compte du tiers des vacans des deniers ordinaires de ladicte année, qu'il luy fut ordonné de lever; requérant ladicte assamblée voulloir ouyr, clore et arrester ledict compte. Sur quoy a esté conclud que ledict compte sera ouy au premier jour.

D'aultant que ledict Portalés n'a acquicté, des deniers de sa recepte de ladicte année, la somme de 50 escus accordée au feu sieur de La Brousse, par les Estatz du diocèse, suivant ung article d'assiette de ladicte année, et que le collecteur de la paroisse de Dolan-Blanquefort, l'ayant paiée audict sieur de La Brousse, auroit esté contrainct de repayer audict Portalés, luy a esté ordonné icelle rembourser au collecteur de ladicte paroisse de Dolan, à la charge de luy estre passée en la despense de son compte et payée par ledict païs, en cas que ledict Portalés ne se trouveroit débiteur envers icelluy par la fin de son dict compte.

Dudict jour neufviesme de juillet, de relevée.

S'est présenté M° Jacques Chantuel, receveur des deniers extraordinaires de ce diocèse, l'année dernière, qui a remonstré que faisant faire exécution le 24° de juing dernier sur la paroisse d'Altier, à faulte de paiement des deniers sur eulx imposez, les habitans de ladicte paroisse luy auroient osté le bestail saisy et auroient blessé le sergent et ses recordz, et luy estant au lieu du Blaymar faict prisonnier par le sieur de Serres, fils du sieur

Du Champ, qui l'eust tué sans qu'il fut contrainct lui promêtre la somme de 100 escus et luy bailler pour caution Mᵉ Morel, dudict Blaymar. Et oultre ce luy en admena son cheval. De quoy aiant faict informer, tant de l'authorité du bailliaige de Gévaudan que de nos seigneurs de la Cour des Aydes, lesdictz habitans, pour entrer en récrimination, en font aussi informer de leur part. Et d'aultant que cest affaire regarde le païs, comme il a cy devant représenté à l'assamblée, requiert que le scindic preigne la cause pour luy, pour en faire les poursuites nécessaires aux despens dudict païs. Sur quoy a esté conclud que pour la poursuite dudict procès, le syndic du païs assistera ledict Chantuel.

Mᵉ Jehan Virgile, notaire royal de Mende, comme mari de Sandre Destreictz et tuteur de Firmin Pelagal, a présenté le compte de l'administration des deniers de l'imposition faicte en l'année 1586, à la levée de laquelle Mᵉ Pons Destreictz, sieur de Garrejac avait esté commis ; requérant l'assamblée voulloir procéder à l'audition d'icelluy.

Sur les despens prétenduz par le sieur Nicolas, commis de M. Reich, trésorier de la bourse de Languedoc, a esté dict qu'il baillera ses articles pour estre veuz et faicte response sur iceulx.

Mᵉ Pierre Portalés, receveur dudict diocèse ez années 1591 et 1592, ayant présenté ung estat des demandes qu'il faict à l'assamblée et procédant à l'examen d'icelluy sur le paiement, qu'il prétend contre le païs, des deniers prins par M. d'Apchier, pendant la guerre, après avoir esté bien veu par ladicte assamblée les lettres d'abolition généralles et particulières, l'arrest de la Cour des Aydes obtenu par ledict sieur d'Apchier et aultres pièces ; a esté conclud que à la prochaine assamblée des Estatz dudict diocèse, le sindic fera entendre le contenu des susdictes pièces, pour y estre pourveu selon et ainsi que par elle sera advisé.

A esté aussi conclud et arresté que tous commissaires et commis à la recepte et administration des biens et munitions faictes et imposées en l'année 1580 pour le siége de la ville de Mende, lors occupée par le cappitaine Merle, seront appellez et contrainctz par le sindic du païs à venir rendre leurs comptes et prester le reliqua.

La déclaration des fraiz et despens que M. Pierre Portalès, commis à faire la recepte des deniers imposez au mois de juillet 1594, dict avoir payé aux huisssiers, sergens et recors, par luy employés en la levée des deniers deubz par les habitans des Cévennes de ladicte imposition a esté veue et arrestée en ladicte assamblée, et sur icelle luy a esté accordé la somme de 250 escus, pour tous fraiz, despenses et aultres choses mentionnées en ladicte délibération.

Aussi a esté veu et apostillé, par ladicte assamblée, l'estat des demandes et réquisitions à elle présenté par ledict M. Pierre Portalés, receveur dudict diocèse ez années 1591 et 1592, et d'une imposition de l'année 1594, et a esté trouvé revenir à la somme de 6,527 escus 17 solz 6 deniers, pour le paiement de laquelle somme, ensemble pour les dommages et intérestz par ledict Portalès pretenduz, a esté dict qu'il luy sera pourveu aux prochains Estatz dudict diocèse selon et ainsi que par lesdicts Estatz sera advisé.

Du dixième jour du mois de juillet, du matin.

Mᵉ Anthoine Vachery, de la ville de Maruejolz, a remonstré à l'assamblée comme sur une commission du Roy adressante au feu sieur de Céneret, gouverneur, pour Sa Majesté en ce païs, l'année 1568, pour la vente du bien de ceulx de la religion prétendue ; ledict sieur de Céneret contraignit feu Guy Vachery, son père, d'achapter ung pré scitué aux appartenances dudict Maruejolz, apartenant à feu Jacques Girbal, sieur de La Roche, moyenant le prix convenu et acordé, qui fut mis es mains de Mᵉ Anthoine Gleize, lors receveur dudict diocèse, pour estre employé aux affaires de la guerre à quoy il estoit destiné, suivant ladicte commission ; ayant esté ladicte vente depuis authorisée par le sieur Molé, commissaire en ceste partie, député. Et quelque temps après, sur l'exécution de l'édict de pacification, par lequel lesdictz de la religion furent réintégrez en leurs biens, par sentence dudict sieur Molé, l'ung des exécuteurs dudict édict, son dict père fut condampné à réintégrer ledict Girbal dudict pred, sans restitution dudict pris qu'il en avoit payé. Sur laquelle sentence il fit appeler le sindic dudict diocèse pour se veoir condamner à luy rendre ladicte somme, pour laquelle ledict pred luy avoit esté vendu avec despens, dommages et interestz. Ce qu'il auroit obtenu par sentence qu'il en a en main ; requérant luy imposer la somme portée par icelle. Sur quoy a esté conclud qu'il n'y a lieu que ledict païs rembourse ledict Vachery de la somme par luy prétendue en principal, ny d'aulcuns despens, dommages et interestz, et que sur sa réquisition il se retire au Roy si bon luy semble. Et où il se vouldroit ayder de ladicte sentence par luy alléguée, que le sindic du païs en relèvera appel et poursuivra la cassation d'icelle, attandu que le païs n'est tenu audict remboursement et que cest ung faict du Roy, joinct que le sindic n'a esté ouy.

Après a esté procédé par l'assemblée, durant ceste séance, à l'audition du compte présenté par ledict Portalés du tiers des vacans dudict diocèse des deniers ordinaires de l'année 1592.

Dudict jour, dixième juillet, de relevée.

M⁰ Pol Arnauld, sieur de La Cassaigne, a requis l'assamblée pour et au nom de M. de Lhom, cy devant trésorier provincial de l'extraordinaire des guerres en Languedoc et maintenant trésorier de France, de faire imposer en la présente assiéte et payer par le receveur, qui sera commis à la levée des deniers d'icelle, audict sieur Delhom, la somme de 505 escus à luy deue par ce diocèse, suivant ung arrest de nos seigneurs de la Cour des Aydes, pour la portion dudict diocèse, de 8,000 et tant d'escus, à quoy les diocèses obéissans au Roy au païs de Languedoc, ont esté condampnez par ledict arrest. Sur quoy, veu la délibération prinse par les Estatz tenuz à Chenac, l'année passée sur semblable réquisition, a esté conclud qu'il sera escript à M. Grasset, sindic général dudict païs de Languedoc, pour le prier donner advis, au diocèse, d'où procède ceste partie, et si elle doibt estre payée par cedict diocèse, auquel cas sera pourveu à la prochaine assiéte sur la réquisition dudict sieur de La Cassaigne, tant sur le principal que sur les interestz, dont il a faict aussi instance, selon que par l'assemblée des Estatz sera advisé.

Sur la requeste présentée par les héritiers de feu

Mᵉ Jehan Spéronnat, tendant à ce que il pleut à l'assemblée, leur faire droict sur les dommages et interest par eulx demandez pour raison de la somme de 2,300 et tant d'esous à eulx deubz par le présent diocèse, laquelle auroit esté imposée aux Estatz tenuz en ceste ville, l'année 1595, sans que lesdictz héritiers en ayent peu retirer ung seul denier, ayant lesdictz héritiers quitté l'exercice de la recepte de ladicte année, soubz l'obligation que ledict païs leur auroit passée pour l'acquittement de ladicte somme en ladicte année, ayant esté encore imposé, en l'année 1596, la somme de 2,000 escus, assavoir : pour quicter la recepte, à Mᵉ Jacques Saulze 600 escus ; a M. Tardif 400 escus, qui luy estoient deubz pour ses gaiges, et 1,000 escus qui furent déléguez par M. Pierre Portalés au sieur Jehan Vergier sur la partie de 6,000 et tant d'escus qui luy furent imposez en ladicte année 1596 ; revenant lesdictes parties ensemble à 4,300 escus dont ledict sieur d'Alméras ou Saulze auroient baillé des rescriptions auxdictz héritiers sur les paroisses dudict diocèse, mais ils n'en auroient peu recevoir payement ; protestant en cas qu'il ne leur seroit faict droict par ladicte assemblée sur lesdictz dommages et intérestz, de mettre ledict diocèse en procès et de faire casser les contractz passez avec lesdictz héritiers comme par trop préjudiciables. A esté arresté et conclud, attandu les oppositions et aultres empeschemens que les receveurs dudict diocèse ont euz en la levée des deniers de leur recepte, au moyen de quoy le payement desdictes parties a esté différé, qu'il est accordé la somme de 100 escus pour tous dommaiges et interestz prétendus pour ledict retardement, pour estre ladicte somme imposée en l'assiéte de l'année prochaine et payée, par le receveur, audict Mᵉ Jehan Vergier, curateur desdictz héritiers.

Sur la remonstrance faicte par les sieurs Alméras et Saulze, receveurs dudict diocèse ez années 1595 et 1596, de ce quelques paroisses font refuz d'imposer les deniers de leurs cottitez et quelques aultres uzent de rebellion sur les exécutions qui leur sont faictes, requérant estre assistez par ledict diocèse en la poursuite qu'il leur convient faire contre lesdictes paroisses ; a esté concluḋ que en ces deux cas, le sindic du païs assistera lesdictz receveurs esdictes poursuites, sans toutesfois constituer ledict païs en fraiz, et aussi à la charge qu'ils différeront toutes exécutions et contrainctes contre lesdictes paroisses, jusques après la récolte, et qu'il sera permis ausdictz receveurs s'adresser aux plus aisez desdictes paroisses esdictz deux cas de rebellion ou reffuz d'imposer et que la présente délibération servira pareillement pour Mᵉ Pierre Portalés, receveur dudict diocèse ez années 1591 et 1592, et d'une imposition de l'année 1594 qui a faict semblable réquisition à ladicte assamblée.

Sur la requeste présentée par les pauvres de la maladrerie de la ville de Mende, tendant à ce qu'en considération de la ruyne qui fut faicte en leurs maisons et terroir, prez ladicte ville de Mende, pour y avoir esté construict ung fort ou blocuz de terre et faissine, affin de tenir en seureté une partie de l'armée de Sa Majesté, estant devant ladicte ville l'année dernière pour la réduire en l'obéissance de sadicte Majesté ; au moyen de quoy, ilz sont réduictz à une extrême misère et désolation, il pleut à l'assamblée, attandu que le tout a esté faict pour le service du Roy et la liberté et conservation du païs, leur ordonner la somme de 500 escuz, tant pour remettre ladicte maison et terroir en l'estat qu'ilz estoient, que pour subvenir à leur nourriture et entretenement ; a esté concluḍ que sur la closture des comptes, leur sera pourveu au payement de 6 escus que l'assamblée leur a accordés par aulmosne ou en deffault de ce seront imposez à la prochaine assiéte pour leur estre payez par le receveur qui sera en charge.

Sur aultre requeste présentée par Me Jehan Marcon, apothicaire de ladicte ville de Mende, à ce que en considération de plusieurs voiaiges par luy faictz l'année passée, durant l'assiégement de ladicte ville, pour descouvrir les entreprises qui se faisoient pour le secours des assiégés, occasion de quoy il auroit faict de notables pertes oultre le dangier de sa personne qu'il auroit exposée librement, ayant couru fortune de sa vie, il pleut à l'assamblée luy ordonner récompense et satisfaction tant de ses journées, peines et vacations que des pertes par luy souffertes, a esté conclud qu'il luy est accordé la somme de 10 escus, laquelle sera imposée à la prochaine assiéte pour estre payée audict Marcon, par le receveur qui sera en charge ladicte année.

Sur la remonstrance faicte par Me Jehan Vergier, pour et au nom de M. Hercules Spéronnat, receveur dudict diocèse, de ce que le sieur Nicolas, commis de M. Reich, trésorier de la bourse de Languedoc, lui a faict commander les arrestz pour les deniers paiables audict sieur Reich, la présente année à cause de sa charge, pour la portion dudict diocèse des réparations et fraiz de Languedoc ; requérant l'assamblée le tirer de ceste peine et le relever de tous despens, dommages et interestz, attandu qu'il ne luy a esté encores délivré le despartement ; a esté conclud qu'il sera présenté requeste à MM. les trésoriers généraulx de France, au nom du sindic et receveur dudict diocèse, à ce qu'il leur plaise ordonner inhibitions et deffenses estre faictes, tant au receveur général que audict receveur de la bourse de Languedoc, de contraindre ledict receveur dudict diocèse, jusques à ce que les termes de payement de l'assiéte soient escheuz, attandu qu'il a esté impossible procéder plustost au despartement des deniers dudict diocèse, pour avoir esté les commissions retenues par ceulx qui les avoient en leur pouvoir, et que ledict sieur Vergier fera la poursuite nécessaire pour obtenir ladicte ordonnance desdictz sieurs trésoriers, et icelle obtenue, la fera signifier.

Le compte cy devant présenté par M. Pierre Portalès ayant esté entièrement examiné pour la recepte et despense par luy faicte du tiers des vacans des deniers ordinaires de l'année 1592, a esté cloz et arresté et par la fin d'icelluy a esté trouvé la despense totale se monter 1,094 escus, et la recepte 961 escus 31 sols ; et par ainsi estre deub audict Portalés 133 escus 26 sols 7 deniers, et néantmoings demeure ledict Portalès deschargé de la reprise dudict compte, revenant suivant l'estat qu'il en a baillé à 3,161 esus 36 solz 9 deniers, et ce pour les causes contenues en la postille du chapitre de ladicte reprise.

Sur la requeste présentée par Melchior et Jehan Reversatz, frères, marchans de la ville de Mende, de ce que en l'an 1593, estant allez en la ville de Rodez, à la foire Saint-André, ilz auroient esté arrestez à la requeste d'ung nommé Jehan Régis, marchand de la ville de Saint-Cosme, en Rouergue, pour la somme de 360 escus qu'il prétend luy estre deue par ce diocèse, en vertu de certaine obligation des députez d'icelluy pour quelques vivres fourniz au camp de Maruejolz. Sur quoy les supplians auroient formé instance pour leur eslargissement devant le juge ordinaire dudict Rodez, par sentence duquel auroit esté dict qu'ilz seroient eslargiz en cautionnant dans le païs de Rouergue de paier ladicte somme, ce que n'ayans peu faire, ledict Melchior se seroit garanty aiant abandonné sa marchandise et ledict Jehan Reversat reserré en prison ; ce qui l'auroit contrainct de composer pour la délivrance de sa personne et de leur marchandise à la somme de 50 escus qu'il auroit réallement baillée audict Régis, suivant le contrat sur ce passé et la quictance de ladicte somme ; oultre laquelle ils ont souffertz plusieurs despens, dommages et interestz, comme ilz feront apparoir par les actes et compte sur ce dressez ; requérant ladicte assamblée voulloir iceulx vérifier et après faire imposer en la présente assiette pour leur remboursement ce qui se trouvera leur estre deub à ceste occasion ; a esté conclud que le scindic dudict diocèse assistera lesdictz supplians en la poursuite qu'ilz feront pardevant tous juges qu'il apartiendra contre ledict Régis ou aultres qui sont tenus à leur remboursement, tant desdictz 50 escus de principal que des despens, dommages et interestz par eulx souffertz sans que ledict pays soit constitué en frais.

Du unzième jour dudict mois de juillet, du matin.

Le sieur André de Chanoillet a présenté son compte de l'employ de 500 escus qui furent mis en ses mains, l'année 1586, pour le faict de la démolition des murailles de la ville de Maruejolz, et a esté procédé à l'audition et examen dudict compte durant ceste séance.

Dudict jour unziesme dudict mois de juillet, de relevée.

Ledict compte dudict sieur de Chanoillet a esté cloz et arresté et par la fin d'icelluy s'est trouvé luy estre deub la somme de 29 escus 36 sols 4 deniers, de laquelle a esté dict qu'il luy seroit expédié mandement par MM. les commis du païs sur les 2,000 escuz couchez en l'assiette de la présente année pour les affaires communes dudict diocèse.

Après a esté procédé à l'audition et examen du compte cy devant présenté par M. Jehan Virgile, notaire royal de Mende, de la recette faicte par le sieur de Garréjac, en l'année 1586.

Du dimanche douzième jour dudict mois de juillet.

Les députés ne se sont assamblez durant ce jour pour vacquer aux affaires, mais seullement au service de Dieu.

Du trézième dudict mois de juillet, du matin.

En procédant à l'audition du compte dudict Virgile, cy devant mentionné, a esté reveu ung compte remis par ledict Virgile sur certains articles de sa despense de l'administration de certains deniers faicte par Pierre Salaville, rendu pardevant les auditeurs à ce députez par M. le juge du bailliaige de Gévaudan et par eulx cloz et arresté, et a esté délibéré et conclud par ladicte assamblée que après ladicte closture seroit inséré l'acte cy après escript. Le présent compte de M. Pierre Salaville ayant charge de M. Jehan Gibert, commis de Mᵉ Jehan Destrectz, sieur de Garejac, rendu pardevant les auditeurs à ce commis par MM. les officiers du bailliaige de Gévaudan le 8 juing 1590, ayant esté rapporté par M. Jehan Virgile sur le chapitre de la reprise du compte dudict Garrejac et reveu par nous soubsignez députez à l'audition et révision des comptes dudict païs, a esté par nous arresté que la somme de 200 escuz d'une part, allouée par lesdictz auditeurs en ung article de la despense dudict compte pour les fraiz par ledict Salaville, faictz au recouvrement des deniers de sa recepte et aultres considérations contenues en l'apostille dudict article, demeurera rayée, sauf son recours contre le receveur pour lequel il a faict ladicte recepte ; comme aussi demeurera rayée la somme de 2,163 escus 59 sols 1 denier, allouée audict chapitre de ladicte reprise dudict compte revenant les deux ensemble à la somme de 2,363 escus 5h sols 6 deniers, sauf aussi audict Salaville à se pourveoir, pour sa descharge sur le faict de ladicte reprise, pardevant contre qui et ainsi qu'il appartient. Et partant ledict Salaville se trouve débiteur par ledict compte de la somme de 1,957 escus 30 sols 4 deniers, procédant de ce que ladicte reprise luy est rayée comme dict est.

Aussi a esté veu aultre compte dudict Salaville sur la reprinse dudict précédent compte par l'estat final duquel ledict Salaville doibt la mesme somme de 1,957 escus 30 sols 4 deniers, procédant de ce que la reprise par luy baillée luy est rayée, sauf à se pourveoir pour icelle pardevant qui, contre qui, et ainsi qu'il appartient, selon qu'il est plus amplement contenu en l'acte inséré à la fin dudict précédent compte dudict Salaville.

L'audition et examen du compte dudict sieur de Garrejac, présenté cy devant par ledict Virgile, a esté continuée et après a esté cloz et arresté et par la fin d'icelluy, la recepte entière se trouve monter 17,686 escus 50 sols

9 deniers et la despense, en ce comprins les deniers renduz et non receuz baillez en reprise qui ont esté allouez, 16,911 escus 19 sols 6 deniers obole ; estant à noter que dans ledict compte sont comprins et incorporez les deux comptes dudict Salaville cy devant mentionnez.

Dudict jour trézième de juillet, de relevée.

Sur la réquisition faicte par M. Gibert Baissenc, procureur de la ville de Mende, de voulloir ordonner que lorsque le diocèse fera procéder au despartement et levée de la somme de 27,000 et tant d'escus, deue à M. de Fosseux, plusieurs habitans de ladicte ville qui luy ont presté diverses sommes suivant l'estat que ledict Baissenc en a remys et les promesses et receuz qui en ont esté enregistrez au greffe du païs, en seront payez et remboursez par le receveur qui sera en charge ; a esté conclud que lorsque l'imposition se fera audict diocèse de ce que sera deub audict sieur de Fosseux, lesdictes sommes payées et prestées audict sieur par lesdictz habitans comme les autres parties par luy deues selon qu'il sera trouvé raisonnable, jusques a concurrence ou à proportion dudict debte.

Mᵉ Jacques de Chazalmartin, député par ledict diocèse aux Estatz généraulx de France, tenus en la ville de Blois ez années 1588 et 1589, a présenté l'estat ou compte des fraiz de son voiaige, à l'audition duquel a esté procédé durant ceste séance et finallement cloz et arresté, luy estant deub, pour toutes restes, la somme de 60 escuz, oultre laquelle luy a esté accordé 20 escuz, en considération du long séjour qu'il a faict à la Cour par les affaires dudict diocèse et du retardement qu'il y a eu au payement de ce qui luy est deub, de laquelle somme de 20 escus, luy sera expédié mandement sur le receveur de ceste année pour icelle payer à M. Jacques Tiphène, chanoine de Saint-Martin-de-Tours, en l'acquit dudict diocèse envers ledict de Cazalmartin, pour pareille somme qu'il luy debvoit comme il a déclaré ; et pour les 60 escus restans, seront imposez en l'assiéte extraordinaire dudict diocèse, l'année prochaine et paiez audict de Cazalmartin par le receveur d'icelle.

Du quatorzième dudict mois de juillet, de matin.

Sur la présentation de certaines lettre de provision, baillée par M. Daugier, prévost général de Languedoc, d'une de ses lieutenánces particulières au païs de Gévaudan, comté d'Allez, viguerie d'Anduze et Sauve, au nom de M. Loys Colomby, attandu que par privillége et coustume de nommer les lieutenant dudict prévost général audict païs, joinct qu'il y a un lieutenant dudict sieur prévost pour le quartier des Cévennes audict diocèse longtemps nommé et pourveu et exerçant sa charge et qu'il n'est point nécessaire d'y en establir ung aultre ; a esté conclud qu'il n'y a lieu de recevoir ledict Colomby en ladicte charge.

Le reste de ceste séance a este employé par ladicte assamblée à la révision des comptes de M. Jehan Vivien, receveur dudict diocèse ez années 1576 et 1577.

Dudict jour quatorzième juillet, de relevée.

La révision desdictz comptes a esté continuée durant ceste séance et pour la vérification d'iceulx a esté faicte recherche de plusieurs papiers qui ont esté veuz en ladicte assamblée.

Du quinzième jour dudict mois de juillet, de matin.

Les comptes de M. Guérin Fontunie, receveur dudict diocèse ez années 1578, 1579 et 1580, ont esté aussi reveuz et examinez durant ceste séance.

Dudict jour quinzième de juillet, de relevée.

A esté continuée durant ceste séance la révision desdictz comptes dudict Fontunie.

Du sézième jour dudict mois de juillet, du matin.

A esté encores vacqué à l'examen et recherche des comptes desdictz Vivien et Fontunie, pour vérifier l'emploi et certain emprumpt faict sur ledict diocèse, de 25,005 livres, l'année 1567, par forme d'advance sur l'imposition dudict Vivien de 81,000 livres.

Dudict jour sézième juillet.

Ledict examen a esté continué à cause dudict emprumpt.

Du dix-septième jour de juillet, du matin.

Ladicte vérification et examen desdicts comptes desdictz Vivien et Fontunie a esté continuée comme aussi des comptes cy devant renduz par M° Mathieu Farnier, receveur dudict diocèse en l'année 1582, des restes de plusieurs impositions.

Et d'aultant que procédant par les députez de ladicte assemblée à la révision et examen desdictz comptes desdictz Vivien, Fontunie et Farnier a esté vérifié sur l'assiéte des deniers ordinaires et extraordinaires dudict diocèse, faicte en l'année 1585, qu'il fut imposé 2,265 escus 35 sols, pour estre payez par M. Pierre Parat, commis de M. François Tardif, receveur en ladicte année, audict Mathieu Farnier, en l'acquict dudict diocèse, à quoy il n'auroit satisfaict, comme a esté vérifié par le compte qu'il a rendu au païs des deniers de ladicte assiéte, ores que l'estat final d'icelluy compte, il soit reliquataire adict diocèse de la somme de 1,311 escus 39 sols, déduction faicte de ce qui luy estoit deub par aultre compte de ladicte année, oultre qu'il estoit tenu d'acquiter, envers ledict sieur Farnier, ladicte somme de 2,263 escus 35 sols et aultres parties couchées en l'assiéte de ladicte année ; à cause de quoy, ledict Farnier et aultres créanciers poursuivent maintenant le payement desdictes parties, avec les dommages et interestz qu'ilz prétendent contre ledict diocèse. Et d'aultant que ledict Parat a esté commis à l'exercice de ladicte recepte par ledict sieur Tardif, receveur, pourveu en tiltre d'office, suivant la procuration qu'il luy en a passée, tant pour les deniers ordinaires que extraordinaires ; a esté conclud que ledict sieur Tardif sera poursuivy, par les députés du diocèse qui sont en Cour, du payement des debetz des comptes dudict Parat, ensemble de la somme de 2,263 escus 35 sols et aultres dont il est tenu d'aquicter ledict diocèse, tant envers ledict Farnier que aultres créanciers, suivant les articles des assiétes, des années de sa recepte et les apostilles des comptes avec les despens, dommages et interestz que ledict païs pourroit souffrir par le défault dudict Parat, et que ladicte poursuite en sera faicte, soit au Conseil du Roy, requestes du Palais ou aillieurs où lesdictz députés adviseront bon estre.

Sera aussi faicte poursuite par le sindic contre M. Hélie Chevalier, comme caution dudict Parat et toutes aultres cautions qui se trouveront avoir esté baillées par luy, pardevant MM. les trésoriers généraulx que ailli̇eurs, comme aussi tous associez et entreméteurs de la recepte dudict Parat. Et seront envoyez auxdictz députez les pièces nécessaires et mesmes la coppie de la procuration dudict sieur Tardif, du bail de recepte des assiétes et comptes.

Le reste de ceste séance a esté employé à l'audition du compte présenté par M. Claude Farnier, fils et héritier dudict feu Mathieu Farnier, quand vivoit, commis par le païs, en l'année 1582 à faire la levée, tant des restes de l'imposition des deniers extraordinaires de l'année 1578 que des restes des reprises baillées par M. Jehan Vivien, en ladicte année, pour raison d'autres impositions de mesmes deniers, faictes sur icelluy païs en l'année 1577, et ce tant des parties deues à son dict feu père, que de ce qu'il avoit levé et aquicté le païs depuis le 6° jour de juillet 1583, que ledict feu Farnier, rendit aultre compte jusques à son décèz.

Dudict jour dix-septième dudict mois de juillet,
de relevée.

L'audition et examen dudict compte dudict Farnier a esté continuée durant ceste séance.

Du dix-huictième jour dudict mois de juillet, du matin.

Ledict compte dudict sieur Farnier a esté cloz et arresté, et par la fin d'icelluy, la despense monte 15,040 escus 25 sols 11 deniers; la reprise 19,687 escus 59 sols 3 deniers, et la recepte totale 23,384 escus 45 sols 10 deniers, et partant est deub au comptable 11,343 escus 49 sols 4 deniers obole, dont a esté conclud qu'il seroit faict rapport à la prochaine assemblée des Estatz dudict païs, pour estre par elle pourveu, tant sur les termes de la levée que ledict Farnier comptable fera des deniers de ses reprinses pour se payer de son debet, revenant à la susdicte somme de 11,343 escus 49 sols 4 deniers, obole ; comme aussi sur les apportz par luy prétenduz, et jusques alors ledict Farnier a promis de ne faire aulcune demande ny poursuite contre ledict païs.

Sur plusieurs plainctes que se font des abus et concussions que font les commis des receveurs dudict diocèse, à cause de la diversité et grand nombre qu'il y en a ; a esté conclud que le sindic du païs présentera requeste à M. le juge du bailliage de Gévaudan pour faire commettre, en divers lieux dudict diocèse, personnes capables pour informer deuement desdictz abus et concussions pour, les informations faictes, estre procédé contre les coulpables ainsi qu'il apartiendra, et néantmoings, pour couper chemin à ce désordre à l'advenir, qu'il n'y aura désormais qu'ung seul commis qui se tiendra au bureau de la recepte dudict diocèse en la ville de Mende, et non aultre lieu. Et à ceste fin sera la présente délibération intimée ausdictz receveurs, affin qu'ilz n'en prétendent cause d'ignorance.

En considération des précédentes délibérations prises par l'assemblée sur le debet des comptes de M. Pierre Parat, commis de M. François Tardif, receveur jadis dudict diocèse ; a esté conclud que pour avoir payement dudict debet, attandu que l'office de receveur alternatif des tailles dudict diocèse, dont ledict Tardif estoit pourveu, est et demeure ypothéqué au payement des debtes ; que ledict office sera saisy, ensemble les gaiges d'icelluy qui en est pourveu, à présent, pour la seureté desdictz debtes et ledict pourveu appellé en la Cour des Aydes, pour se voir condampner au payement d'iceulx, et néantmoings, suivant les précédentes conclusions, que l'on escripra aux députez qui sont en Cour, pour la poursuite contre ledict Tardif.

M. Pierre Meillac, sieur du Montet, de La Canourgue, a présenté son compte de la somme de 600 escus par luy receuz dudict diocèse pour l'achept de certaine quantité de vin pour subvenir à l'armée, estant devant Maruejolz, pour la réduction d'icelle en l'obéissance du Roy en l'année 1586 ; à l'audition et examen duquel a esté procédé durant ceste séance.

Dudict jour dix-huictième juillet, de relevée.

L'audition dudict compte dudict sieur de Montet a esté continuée et après a esté cloz et arresté et par icelluy, il demeure débiteur audict diocèse, rabatu 20 escus à luy accordez sur ung estat de quelques voiaiges par luy faictz pour les affaires dudict diocèse ; rabatu aussi dix escus qu'il a payez pour l'audition dudict compte de la somme de 91 escus 44 solz 6 deniers ; laquelle luy est ordonné de payer dans six mois prochains par les mandements de MM. les commis et députés pour les affaires dudict diocèse.

Le dimenche dix-neufvième jour dudict mois de juillet.

Lesdictz députés n'ont vacqué aux affaires dudict diocèse ains seullement au service de Dieu et à prières et oraisons.

Du lundy vingtième jour dudict mois de juillet, du matin.

A esté conclud qu'il sera escript au sieur de Guilleminet de faire venir le sieur Cappelle, pour rendre compte des munitions par luy administrées l'année passée, en l'armée estant devant la ville de Mende, et e cas qu'il ne vouldra obéyr, qu'il sera escript aux députés qui sont à la Cour, pour avoir provision portant contraincte à cest effect.

Qu'il sera aussi escript à Sévérac de venir pour rendre son compte, et cependant d'envoyer la provision qu'il a touchant les vacans de ce diocèse.

Me François Du Jardin, commis de M. Charles de Rochefort, receveur du diocèse, en l'année 1590, a présenté ung estat des demandes et prétentions contre le païs, procédant à la vérification duquel, ayant esté mandé venir Anthoine Didier, concierge des prisons, et interrogé s'il avait receu 40 escus dudict Du Jardin, ainsi qu'il affirmoit pour la despense par luy faicte durant le temps qu'il fut arresté en ladicte prison, à la requeste de sieur Jehan Vivian, pour la somme de 400 tant d'escus. Ledict Didier, geollier, a déclaré et affimé que toute la despense par luy faicte ausdictes prisons ne pouvoit monter 10 escus au plus, d'aultant que la plus grande part du temps on luy portoyt la viande de sa maison, et que s'il se trouve une quittance de luy de 40 escus, que c'est une chose faulsse ou qu'il a esté surprins en la faisant.

Dudict jour XXe juillet, de relevée.

Sur la demande faicte à l'assamblée par Me Jehan Bouc, consul de la ville de Salgues, de la somme de 1,033 escus 10 solz, deue à ladicte ville par la closture d'un compte qu'il a en main, arresté par feu M. de Saint Vidal, lors gouverneur pour le Roy en ce diocèse, et aultres par luy députez à l'audition d'icelluy; a esté conclud que partie de 56 escus 46 sols couchée en ung article du compte rendu par ledict Claude Farnier en la présente assemblée, en déduction desdictz 10,034 escuz leur sera restablie suivant la délibération prise en la ville de Mende, le second jour de may 1582, nonobstant aultre délibération de l'assemblée tenue en la ville de La Canourgue, et sera signifié audict Farnier, de surceoir toutes exécutions contre les habitans de ladicte ville de Salgues en général ny particulier et mesmes contre M. Noé Chabanel, dénommé audict article, et ce jusques à la prochaine assemblée des Estatz dudict diocèse, en laquelle sera pourveu à son remboursement de ladicte somme de 56 escus 40 solz, ensemble au payement du surplus de ladicte somme principalle, selon que par ladicte assemblée sera advisé.

Le surplus de ceste séance a esté employé à la vérification de l'estat des demandes cy devant mentionné, présenté par ledict Du Jardin.

Du vingt-unième dudict mois de juillet, du matin.

Pour la dificulté que faict M° Jehan Sévérac de venir rendre compte au païs de certains deniers et munitions administrez par feu M. Olivier Sévérac, son frère, comme aussi M. Capelle, des munitions de l'armée estant devant ceste ville l'année dernière ; a esté conclud qu'il leur sera mandé, de la part de ladicte assemblée, de venir rendre leurs dictz comptes, et néantmoings sera présenté requeste à nos seigneurs de la Cour des Aydes pour avoir provision pour les y contraindre, ensemble tous aultres comptables.

Qu'il sera baillé, aux consulz des villes, ung extraict de l'estat des reprises que les receveurs ont employé en leurs comptes pour vérifier sur les lieux si elles sont toutes véritables.

Qu'il sera faicte une descharge en Cour aux députés pour leur mander d'obtenir les provisions nécessaires sur le faict des deniers prins par M. d'Apchier, de la recepte de M. Pierre Portalés ; comme aussi pour le faict des vacans et le don des restes.

Ayant esté considéré par l'assamblée que bien il importe de tesmoigner à Mgr le Connestable et à Mgr le duc de Vantadour l'obligation que ce diocèse ressent leur avoir de la faveur, ayde, secours et bonne assistance dont il leur a pleu honnorer cedict diocèse en tous ses affaires, mais principallement en la dernière occurrence de la réduction de la ville de Mende ; a esté conclud qu'il leur sera faict ung présent de six mulletz, sçavoir : deux à Mgr le Connestable et quatre à mondict seigneur de Vantadour, et que pour l'achept et paiement d'iceulx sera expédié mandement du pris nécessaire sur les 2,000 escus couchez en la présente assiéte, pour la vérification des debtes et aultres affaires dudict diocèse.

L'assamblée ayant veu l'estat des demandes de M. François Du Jardin, cy devant mentionné, a conclud et arresté qu'il sera faict response sur chascun article en la forme qui s'ensuyt :

Sur la premier, que ledict Du Jardin sera tenu rapporter l'arrest mentionné audict article, à la prochaine assamblée, et icelluy veu, luy sera par elle pourveu comme il appartient.

Sur le deuxiesme, de mesmes et fera ledict Du Jardin apparoir des prétendus despens qu'il a faictz, d'aultant qu'il a esté tesmoigné à l'assamblée qu'il ne scauroit avoir desboursé pour la liquidation mentionnée en l'article plus de 10 escus en la Cour du bailliaige.

Sur les IIIe, IVe, V^e et sixième, néant.

Sur le septiesme, d'aultant que la partie de 400 tant d'escus mentionnée en l'article, est comprisee au debet du compte dudict Du Jardin, des deniers extraordinaires nonobstant 922 escus 7 sols et qu'il prétend luy estre deub interestz de la partye, il n'y a lieu pour lesdictes raisons et aultres contenues en l'article XI de sa demande, parce que ce seroit payer deux fois interestz d'une mesme chose.

Sur le huictième, veu l'arrest de condemnation, le païs n'est tenu au contenu dudict article, d'aultant que ledict Du Jardin a esté condamné en l'amende pour son fol appel, et d'aillieurs qu'il a la partie .encores entre ses mains.

Sur le neufvième article, néant.

Sur le dixième, aussi néant, attendu qu'il n'a paié le sieur Tardif et que le fonds est encore entre ses mains.

Sur le unzième, ledict Du Jardin faict veoir qu'il est de mauvaise foy de prétendre la somme y mentionnée, provenant du debet de 922 escus luy estre deue, tant parce qu'il n'a acquité la partie de 400 escus de gages dudict sieur Tardif, qu'il n'a encores payez, que aussi pour avoir encores devers luy 310 escus de fondz qui luy ont ont esté passez en la despense de ses comptes, d'aultant qu'il ne les a aquittez, assavoir : au compte de l'ordinaire, sur l'article des pensions, 120 escus ; pour les fraiz de la reddition de son compte à la Chambre qu'il n'a encores rendu, 50 escus ; et en l'extraordinaire 140 escus ; du remboursement des habitans de Sauveterre et de Champerboux, pour pareille somme par eulx paiée à Loys Vidal, commis du sieur Spéronnat, en l'aquict dudict Du Jardin, et 30 escus à luy accordez et passez au compte des garnisons de Languedoc, pour faire estat à MM. les trésoriers généraulx, ce que toutesfois il n'a faict; comme aussi pour estre demeuré redevable au païs par la closture du compte desdictes garnisons, de la somme de 1,258 escus 49 sols 11 deniers, le 9 décembre 1590, mesme mois et année que le compte des deniers extraordinaires a esté par luy rendu, assavoir : de 633 escus 3 sols 2 deniers, tenuz en souffrance pour six mois, pendant lesquelz ilz debvoit faire diligence valables de se faire paier sur les paroisses les plus aisées et liquides du diocèse, à quoy il n'a satisfaict, et la somme de 625 escus 46 sols 9 deniers par luy deue de nect, revenans à la somme de 1,258 escus 41 sols 11 deniers; tellement que compensation faicte desdictz 943 escus 7 sols 9 deniers d'une part, et 222 escus 38 sols 6 deniers d'aultre, revenant à 1,165 escus par luy demandez, quand bien ilz luy seroient légitimement deubz, ce que non pour les raisons susdictes, il debvoit encores de reste 94 escus 3 sols 6 deniers, sans comprendre les parties qu'il a en fondz rières luy cy devant mentionnées, joinct que le concierge des prisons a desclaré à l'assamblée que la quittance de 40 escus, que ledict Du Jardin a faict comprendre aux arrestz de condempnation pour la despense par luy faicte ausdictes prisons, n'est véritable et qu'il n'a receu dudict Du Jardin la valleur de 10 escus, estant ceste quittance supposée; d'ailliuers ledict Du Jardin, par son compte de l'ordinaire est tenu rapporter quictance du sieur Bon, receveur général de Languedoc, de 2,285 escus, et audict compte des garnisons doibt quictance du sieur Delhom, de 1,531 escus 38 sols, à quoy il n'a encores satisfaict; oultre que par la révision de sesdicts comptes, a esté vérifié qu'il avoit employé deux fois plusieurs parties qui luy furent rayées, mesmes soubz le nom du sieur Félice Cotti, de 185 escus, et du sieur de Lambrandez, de 250 escus, en quoy se recougnoist sa mauvaise foy; pour toutes lesquelles susdictes raisons, ne luy est deub aulcune chose de cest article et partant, néant.

Sur les douzième et trézième articles, néant, pour les mesmes raisons.

Néantmoings pour sortir entièrement de procès avec ledict Du Jardin, luy a esté offert, par l'assamblée, de faire compensation des sommes qu'il doibt audict diocèse pour sesdictz comptes, cy dessus mentionnés, avec celles qu'il prétend luy estre deues, revenans à la somme de 1,165 escus.

M⁰ Jacques Chantuel, commis à faire la recepte des deniers extraordinaires dudict diocèse, l'année dernière, a présenté son compte de l'imposition de 20,000 escus.

Dudict jour, vingtunième juillet, de relevée.

Ledict compte dudict Chantuel a esté ouy et examiné durant ceste séance.

Du vingt-deuxième dudict mois de juillet, du matin.

L'examen et audition dudict compte a esté continué pendant ceste séance.

Du vingt deuxième juillet, de rellevée.

Le compte cy devant rendu par M. Vidal Borrel, commis à la levée de l'imposition faicte par forme d'emprunt, sur certaines paroisses de ce diocèse, le 5ᵉ juin 1597, a esté receu par ladicte assamblée et arresté en ce que concerne quatre ou cinq articles des despenses par luy faictes depuis le premier arrest et closture dudict compte, ayant esté advisé et conclud qu'après lesdictz articles seroit mis l'acte en forme qui s'ensuyt : « Le 22 juillet 1598, ledict Borrel, comptable, a représenté ce compte à l'assemblée des députés des Estatz dudict diocèse et a exhibé les acquictz mentionnez ez quatre premiers articles cy dessus escript, ainsi qu'il luy a esté ordonné par mondict seigneur de Vantadour, à la closture dudict, montant la somme de 305 escus 50 sols ; laquelle joincte avec les sommes 26 escus, tant pour le remboursement de 6 escus par luy paiez à divers messagers envoyez pour les affaires dudict diocèse que pour la despense et vacations de plusieurs voiaiges par luy faictz pour ledict diocèse en divers lieux d'icelluy, ainsi qu'il est contenu ez articles XI et XII dudict compte et au dernier article de 19 escus 50 sols cy dessus escript, et 23 escus 50 sols, tant pour le voiaige que ledict comptable fit vers mondict seigneur de Vantadour, à la Voulte, que pour le rembourser de la despense qu'il a fournie au sieur Faulchet, venant en ceste ville, de la part de mondict seigneur, vers M. de Fosseux, ainsi qu'il est contenu au XIII° article dudict compte, revenant lesdictz trois parties ensemble, à la somme de 354 escus 20 sols ; laquelle desduictes de 454 escus 20 sols que ledict comptable debvoit par la closture dudict compte, il reste encores débiteur de la somme de 100 escus ; sur laquelle il a payé 10 escus à MM. les auditeurs, et les 91 escus restans, il payera aux personnes et selon qu'il luy sera ordonné par MM. les commis du païs. »

Aussi a esté arresté ledict compte de 20,000 escus dudict Chantuel, en la forme que s'ensuyt :

Somme totale de la despense de ce compte, comprins les parties que ledict Chantuel, comptable, doibt acquiter suivant les apostilles d'icelluy, en ce non comprins, les articles des gaiges de la recette et des despens et apportz par luy prétenduz, 13,968 escus 48 sols 8 deniers ; et la recepte monte 21,505 escus 48 sols 8 deniers. La partie rayée, et néantmoings tenue en souffrance audict comptable, pour ung mois en ung article de despense, pour le remboursement des paroisses de l'assiéte de l'emprumpt levé par le sieur Borrel, monte 3,890 escus. La reprise allant, suivant l'ordonnance de Mgr de Vantadour, pour la portion de la ville de Mende de ladicte imposition de 20,000 escus, monte 758 escus 38 sols 3 deniers. Les aultres reprises non allouées montent 3,205 escus 57 sols 8 deniers. Desquelles dernières reprises ledict comptable continuera la levée et en rendra compte au païs à la prochaine assamblée des Estatz d'icelluy, par laquelle assamblée luy sera lors pourveu sur lesdictz gaiges et aultres prétentions, selon qu'elle jugera estre à faire par raison.

Aussi a esté arresté le compte des pionniers comme s'ensuit :

Somme de la despense de ce compte, comprins les parties que ledict Chantuel, comptable, doibt aquitter suivant les apostilles dudict compte, non comprins les articles des gaiges de la recepte et des despens et apportz par luy prétendus, 1,580 escus 19 sols 11 deniers ; et la recepte monte 2,138 escus 46 sols 9 deniers ; les reprises montent 898 escus 58 sols. Desquelles reprises ledict comptable continuera la levée et en rendra compte au païs à la prochaine assamblée des Estatz d'icelluy ; par laquelle assamblée luy sera lors pourveu sur sesdictz gaiges et aultres prétentions, selon qu'elle jugera estre à faire par raison.

Du vingt-troisième jour dudict mois de juillet, du matin.

Ledict Chantuel a présenté le compte de l'imposition de 30,000 escus faicte l'année passée pour la réduction de la ville de Mende en l'obéissance du Roy, et a esté procédé à l'examen d'icelluy durant ceste séance.

Dudict jour vingt-troisième juillet, de relevée.

A esté continué durant ceste séance l'audition et examen dudict compte de 30,000 escuz dudict Chantuel.

Du vingt-quatrième dudict mois de juillet, du matin.

Sur le différend qui est entre M. Jehan Vivian, comme receveur dudict diocèse ez années 1576 et 1577, et M° Guérin Fontunie, aussi receveur en ladicte année 1578, 1579 et 1580, et Claude Farnier, héritier de feu M° Mathieu Farnier, aussi receveur en ladicte année 1580, pour raison des restes des impositions dont la recepte avoit esté commise audict Vivian; lesquelles restes furent baillées à lever audict Fontunie, et celles dudict Fontunie audict Farnier. Au moyen de quoy ledict Vivian avoit obtenu sentence en la Cour du bailliaige de Gévaudan, par laquelle ledict Fontunie est condampné à luy paier la somme de 1,900 tant d'escus, qu'il prétend luy estre deubz par ledict Fontunye, des deniers desdictz restes. De laquelle sentence, ledict Fontunie s'estant rendu appellant en la Cour des Aydes, auroit faict assigner en ladicte Cour ledict Farnier, ensemble le scindic dudict païs, en assistance de cause, prétendant ledict Farnier les faire condamner à le relever envers ledict Vivian. Et n'ayant peu cest affaire estre présentement liquidé et terminé en ladicte asamblée; a esté délibéré, conclud et arresté, du consentement de M° André Vivian, y assistant et se faisant fort dudict Mᵉ Jehan Vivian, son père, de tenir en surséance la poursuite dudict procès et tous aultres, intentez ou à intenter entre les susdictes parties, tant en ladicte Cour des Aydes que aillieurs, pour raison des susdictes impositions, et ce jusques à la prochaine assamblée desdictz députez qui se continuera au prochain mois de septembre, en la présente ville de Mende, en laquelle assamblée sera faict droict ausdictz Vivian, Fontunie et Farnier, sur les prétentions qu'ilz ont contre le païs, ainsi qu'il verra estre à faire, pour raison, et que la présente délibération sera notifiée ausdictz Mᵉ Jehan Vivian et Fontunye, qui sont en la présent ville.

Pour traitter de l'accord du procès des Cévennes, suivant les délibérations cy devant prises, ont esté nommez MM. les juges Dumas et Albaric et MM. Cavalery et Baissenc, assistez de Mgr de Mende et de M. de Chambrun, et a esté arresté qu'il sera escript ausdictz des Cévennes, de faire rendre icy leurs arbitres, mercredy prochain par tout le jour, affin de commencer le jeudy à traitter de cest affaire.

L'audition du compte de 50,000 escus dudict Chantuel a esté continuée, et après, ledict compte a esté cloz et arresté. Et par la fin d'icelluy se trouve que la somme totale de la despense, comprins les parties que ledict Chantuel est tenu d'acquiter, suivant les apostilles dudict compte, non comprins les articles des gaiges de la recepte et des despens et apportz par luy prétenduz, oultre les 250 escus, passez en la despense dudict compte pour despens et apportz, suivant son contract, revient à la somme de 26,202 escus 39 sols et la recepte monte 31,975 escus 46 sols 4 deniers, et les reprises montent

9,999 escus 58 sols 4 deniers. Desquelles reprises, ledict comptable continuera la levée et en rendra compte au païs, à la prochaine assamblée des Estatz d'icelluy, en laquelle luy sera lors pourveu sur sesdictz gaiges et prétentions, selon qu'elle jugera estre à faire par raison.

Après laquelle closture ledict Chantuel a présenté et remis le compte de l'imposition faicte audict diocèse l'année passée pour les debtes et affaires communs d'icelluy, et a esté procédé à l'audition dudict compte, durant ceste séance.

Dudict jour vingt-quatrième juillet, de relevée.

L'audition et examen dudict compte des debtes, a esté continué pendant ceste séance.

Du vingt-cinquième dudict mois de juillet, du matin.

En procédant à l'audition dudict compte desdictz debtes, a esté veu et arresté l'estat de la despense des 1,000 escus pour les affaires occurrens du diocèse, que ledict Chantuèl a employé en ung article de la despense dudict compte des debtes, et après a esté continué l'audition d'icelluy.

Dudict jour vingt-cinquième juillet, de relevée.

L'audition dudict compte a esté continuée et finallement a esté cloz et arresté, et par la closture d'icelluy, la despense totale, comprins les parties que ledict Chantuel doibt aquiter, suivant les apostilles dudict compte, non comprins les articles des gaiges de la recette et des despens et apportz par luy prétenduz, revient à la somme de 22,170 escus 43 sols 11 deniers, et la recepte à 28,633 escus 31 sols 4 deniers. La partie tenue en souffrance en ung article de la despense dudict compte, soubz le nom dudict Chantuel ou de M° François Tardif, monte 400 escus, et les reprises, rabatu les parties rayées par le premier arrest de la Cour des Aydes, montans environ 600 escus, reviennent à 18,034 escus 44 sols 11 deniers ; desquelles reprises ledict comptable continuera la levée et en rendra compte au païs à la prochaine assamblée des Estatz d'icelluy, par laquelle luy sera lors pourveu sur lesdictz gaiges et aultres prétensions, selon qu'elle jugera estre à faire par raison.

Depuis, ladicte assamblée ayant esgard aux advances des deniers faictes par ledict Chantuel, comptable, sur toute la recepte des quatre comptes par luy renduz pardevant eulx et que sa despense excède sa recepte actuelle sur lesdictz comptes d'environ 11,000 escus, sans les parties de souffrance ny gaiges desdictz receptes, et qu'il a acquitté beaucoup de parties de debtes pour raison desquelz le païs souffroit beaucoup de despens, dommaiges et interestz, luy a esté accordé la somme de 500 escuz, soubz le bon plaisir des Estatz dudict diocèse, oultre les 250 escus, allouez en la despense de son compte de l'imposition de 30,000 escuz, suivant son contract, pour dommages et interestz. Laquelle somme de 500 escuz il pourra retenir par ses mains sur les deniers de sa reprise, et sans qu'il puisse prétendre aultres dommages ny interestz, jusques à la prochaine assamblée des Estatz, et que par elle en ayt esté ordonné.

A esté aussi signé l'estat de certaine despense faicte par MM. de Spondilian, Delègues et de Gondin, en la ville de Mende, y estans venuz pour faciliter la reddition d'icelle, et aultre despense touchant ladicte reddition, le tout aiant esté advancé par ladicte ville de Mende, comme est porté par ledict estat, remys suivant la vérification qui en a esté faicte cy devant en ladicte assamblée, à 209 escus 40 sols; laquelle a esté employée et allouée au compte de 50,000 escus, rendu par ledict Chantuel, à la charge que le procureur de ladicte ville aquitera le païs envers les dénommez audict estat.

La despêche envoyée par M. Tondut, procureur du païs, en la Cour des Aydes, sur le faict de la subvention de M. le trésorier Portalès, a esté veue en ladicte assamblée.

Sur l'arrest obtenu en la Cour des Aydes le 27 may dernier par M° Marcelin de Manifacier, receveur particulier de ce diocèse, par lequel M° Jacques Chantuel, commis à la recepte des deniers extraordinaires imposez audict diocèse l'année dernière 1597, a esté condampné à rendre compte et prester le reliqua audict de Manifacier, comme de clerc à M. de l'administration faicte par ledict Chantuel, desdictz deniers extraordinaires et dont est question, avec inhibitions, au sindic et députés dudict diocèse, troubler ny empescher ledict de Manifacier en la possession de sondict office, ains luy en laisser la jouissance pour recevoir tous deniers, tant ordinaires que extraordinaires, suivant la volonté du Roy; ledict sindic aussi condamné à garantir ledict Chantuel des despens, dommages et interestz qu'il pourroit souffrir, ayant esté ledict arrest, intimé à M. le juge Dumas, 1er consul de Mende, l'ung des commis du païs, ensemble l'exécutoire de ladicte Cour, contre ledict sindic, pour rembourser audict de Manifacier la somme de 30 escus 20 solz pour les espices dudict arrest. Veu par l'assamblée lesdictes pièces et une lettre missive que ledict sieur Tondut, procureur dudict diocèse en ladicte

Cour des Aydes, escript audict sieur consul le 21 de ce mois, portant advis qu'il y a une instance pendante en ladicte Cour, entre les receveurs des vingt-deux diocèses de Languedoc et le sindic général dudict païs pour raison des deniers extraordinaires ; veu aussi aultre lettre escripte à mondict seigneur de Mende par M. Grasset, l'ung des scindicz généraulx, par laquelle il donne advis comme sur les provisions qu'il a obtenues sur la confirmation des privilléges du païs, pour la permission aux diocèses de bailler la levée des deniers extraordinaires au rabaiz ; après avoir obtenu la vérification des Lettres, il y a eu opposition formée par quelques receveurs, de laquelle il espère les faire débouter et que cela pourra servir de préjugé contre l'arrest donné en faveur du receveur de ce diocèse ; toutesfois, si à l'amyable il veult traitter avec ledict diocèse et recougnoistre que la levée des deniers extraordinaires deppend entièrement des Estatz d'icelluy ou leurs députez, il seroit d'advis qu'on s'accommode avec luy. Que s'il refuse quelque honneste composition, on se peult pourvoir par requeste civile ou faisant appeller ledict receveur pour se rendre à ladicte instance, en laquelle il offre de rapporter, pour ledict diocèse, tout ce qui luy sera possible. A esté conclud, attandu que ledict sieur de Manifacier ne s'est voulu acommoder avec le païs, sur les honnestes conditions qui ont esté proposées ; qu'il sera escript audict sieur Tondut d'avoir Lettres pour le faire appeller et faire joindre le sindic, en la susdicte instance génralle, avec inhibition cependant d'exécuter l'arrest par luy obtenu.

Sur la requeste présentée par le sieur de Sanzilz, tendant à ce que luy ayant, M. de Fosseux, cédé et transporté sur la somme de 27,000 et tant d'escus que le païs luy doibt, par obligation, la somme de 2,000 escuz pour luy estre peyée par les dénommez en ladicte obligation, avec pouvoir de les y contraindre par justice en cas de refus, ledict transport enregistré au greffe du païs, il pleut à l'assamblée imposer en la présente assiéte ladicte somme de 2,000 escus, pour luy estre paiée par le receveur qui sera en charge ; a esté conclud que lorsque l'imposition se fera audict diocèse de ce qui se trouvera deub audict sieur de Fosseux, pour raison de ladicte obligation, ladicte partie de 2,000 escus portée par ledict transport y sera employée, selon qu'il sera trouvé raisonnable, jusques à concurrence ou à proportion de ce qui sera deub audict sieur de Fosseux.

D'aultant que la pluspart des députez de la présente assamblée sont contrainctz se retirer en leurs maisons à cause de la saison affin d'avoir moyen de faire leurs moissons ; à ceste cause a esté arresté que chascun se pourra retirer et aller faire ses affaires particuliers par tout le mois d'aoust prochain et ce que reste du présent, à la charge de se rassambler en ceste ville le premier jour de septembre prochain, pour continuer ladicte assamblée, à l'effect qu'elle a esté commencée, et ayant receu la bénédiction de mondict seigneur de Mende, se sont séparez.

Signé : ADAM, évêque de Mende.

L'an mil cinq cens quatre-vingtz-dix-huit et le douzième jour du mois de septembre, environ sept heures avant midi, suivant les dernières délibérations, les depputés des Estatz qui avoyent remis la continuation de leur assamblée au premier jour de ce mois se sont rassamblez en la salle haulte des maisons épiscopales de la ville de Mende, président en ladicte assamblée, très-révérend père en Dieu, Mre Adam, évesque et seigneur de Mende, comte de Gévauldan, conseiller du Roy en son Conseil d'Estat, assavoir : Pour l'église, MM. Me André de Chanolhet, docteur en droict canon, chanoine et official de Mende ; Pierre Malos, aussi chanoine et bailli du Chapitre de ladicte esglise, depputés dudict Chapitre; Pol Albaric, docteur ez droictz, depputé de M. le commandeur de S. Jehan. Pour la noblesse : Mre Aymar de Calvisson, sieur de S. Auban, chevalier de l'ordre du Roy et commis des nobles dudict païs, en personne; noble Anthoine de Seguin, sieur de Pierrefiche, envoyé de M. le baron de Peyre. Et pour le Tiers-Estat : Jehan Dumas, docteur ez droictz, conseiller du Roy, juge en la Cour du bailliaige de Gévaudan et premier consul de ladicte ville de Mende ; Jacques Gibilin, 2e consul de la ville de Maruejols; Jehan Hugonnet consul de la ville de Chirac ; Jehan Duron, procureur de la ville de Saint-Chély-d'Apchier ; Jacques Bougrand, consul de la ville de Salgues, et Pierre Vigier, consul de la ville du Malzieu.

A laquelle assemblée s'est présenté Me Privat Ferrand, commis à faire la recepte de l'imposition de 8,253 escus 28 solz 10 deniers, lequel a remis son compte de la recepte et despense par luy faicte desdictz deniers, et incontinant a esté procédé à l'audition d'icelluy.

Dudict jour doutziesme septembre, de rellevée

Ledict compte dudict Ferrand aiant esté examiné, a esté cloz et arresté et par l'estat final d'icelluy, la despense s'estant trouvée monter 5,441 escus 33 sols et la recepte 8,233 escus 27 solz 10 deniers, ledict Ferrand est deuement débiteur de 4,791 escus 54 sols 10 deniers ; mais luy est rayé et néantmoings tenu en souffrance pour ung mois au premier article de la despense, soubz le nom du cappitaine Fouques, la somme de 4,791 escus, laquelle souffrance estant restablie debvroit seullement 54 sols 10 deniers.

Le sieur Langlade, docteur ez droictz de la ville de Salgues, qui a esté cy devant délégué avec MM. d'Ispaignac, de Chanolhet et docteur de Rousses, par l'assemblée des depputés des Estatz dudict diocèse et païs, pour aller représenter, au Roy, l'estat des affaires d'icelluy, et sur iceulx poursuivre les provisions nécessaires, estant naguières revenu de la Cour, a dict que la cause de son retour estoit procédée de l'affaire que ledict diocèse a avec Mgr le comte d'Auvergne, touchant la partye de 23,900 tant d'escus que MM. du Tiers et commung Estat du bas païs d'Auvergne préthendent leur estre deue par cedict diocèse, de laquelle ilz ont faict rémission à mondict seigneur le Comte, parce que lesdictz depputés estant vouleuz entrer en accord avec mondict sieur et sur la demande qu'il faisoit de 60,000 escus de principal ou des apportz de douze années et des fraiz et despens des poursuittes, luy ayant esté par eulx offert pour toutes choses, la somme de 25,000 escus, paiables en cinq ans, avec constitutions de rente au denier quinze, et diminution d'icelle à proportion du principal ; ledict seigneur auroit rejecté cest offre, si loing, qu'il a estoit dellibéré d'envoyer exécuter les provisions du Roy et arrestz du Conseil, portant constraincte qu'il en avoit obtenu et à ceste fin se servir de toutes les rigueurs permises contre ledict diocèse, ayant pryé Mgr le Connestable, d'en escripre à ses officiers à Florac pour favoriser et donner toute assistance requise aulx huissiers et aultres personnes qu'il vouloit envoyer par deçà pour lesdictes constrainctes, lesquelles ne pouvant qu'apporter augmentation de fraiz et despens audict diocèse, avec une grande perte et incomodité aux particuliers habitans d'icelluy, ausquelz ledict seigneur a permission de s'adresser, qui seroit cause de l'interruption du commerce et d'une grande ruyne audict diocèse, oultre la disgrâce de mondict seigneur le Comte ; toutes ces raisons auroyent donné occasion ausdictz dellégués de rechercher quelque expédient pour arrester lesdictes constrainctes, du moingtz jusques à ce que le pays eust moyen de prendre sur ce, quelque bonne et meure dellibération ; ayant pour cest effect gaigné cest advantaige envers mondict seigneur le Comte, qu'auparavant faire passer oultre ausdictes constrainctes, qu'il envoyeroit l'ung de ses secrétaires en ce pays pour voir de demeurer d'accord dudict debte. Et d'aultant que ledict seigneur auroit voulu que quelqu'un desdictz délégués se trouvast par deçà, lors de l'arrivée dudict secrétaire, cela auroit esté cause, que par l'advis des aultres délégués, ledict sieur Langlade s'y seroit acheminé, estimant que ledict secrétaire y feust desjà, comme il s'asseure qu'il ne tardera plus guères.

Et pour le regard des aultres affaires dont ledict diocèse auroit donné charge auxdictz déllégués, il a dict que jusques au temps de son partement, il avait esté impossible d'y apporter grand advancement, parce que bientost après leur arrivée, MM. du Conseil estoyent allés en leurs maisons des champs, suivant le congied que le Roy leur avoit donné et n'estoyent encores retournés ; toutesfoys ilz n'avoyent laissé de bailler à M. de Fiesve le cahier de leurs remonstrances et en poursuivoyent tous les jours les responses.

Sur quoy, après que l'assamblée a loué et remercié ledict sieur Langlade par la bouche de mondict seigneur de Mende, de la bonne affection qu'il a rapporté ausdictz affaires ; a esté conclud que lorsque le secrétaire de mondict sieur le Comte sera arrivé pour traicter de l'accord de ladicte partie, la compaignye se rassemblera et encores quelques ungz des principaulx du pays, si besoin est, pour prendre quelque bonne résolution sur ce faict, attandu l'importance d'icelluy et que l'on y fera comprendre la partie de 4,000 escus qui revient à M. le marquis de Canilhac, en déduction de ladicte somme principalle.

Et d'aultant que despuis trois jours lesdictz sieurs d'Ispaignac, de Chanolhet et docteur de Rousses, dellégués, ont envoyé le sieur de Ventalon avec lettres portant advis, comme despuis le partement dudict sieur Langlade, ledict cahier a esté respondu avec espérance qu'il en réussira du solaigement pour le général de ce païs, mais que les despêches n'en peuvent estre leues, si on ne leur envoye promptement de l'argent, parce que les fraiz, pour le moins, monteront 250 escus, à ce comprins le sceau de six lettres patentes qu'il fauldra avoir sur ledict cahier et que la longueur ne peult estre que fort dommageable au païs et mesmes si par faulte de moyens lesdictz delléguez estoient contrainctz laisser lesdictz despêches au sceau, pour le grand besoing qu'elles feront dans peu de temps ; a esté conclud que ledict sieur juge Dumas, consul de ladicte ville de Mende et l'ung des commis du païs, est pryé et expressément chargé de poursuivre M° Jacques Chantuel, recepveur dudict diocèse, l'année dernière, et le faire constraindre par toutes les voyes de justice qu'il advisera plus propres si besoing est, pour le recouvrement de la partie que ledict Chantuel doibt payer pour les fraiz du voiaige desdictz dellégués et des despêches par eulx obtenues suivant ce que ledict Chantuel en a promis et qu'il est tenu et obligé de faire, affin que par faulte de moyens lesdictz dellégués ne soient constrainctz de quicter lesdictes poursuittes et revenir sans lesdictes despêches tant nécessaires à ce pauvre diocèse.

Qu'il sera escript ausdictz sieurs dellégués, de la part de ladicte assamblée, pour leur tesmoigner le contentement que le païs a, du bon debvoir qu'ilz ont faict en la poursuitte desdictz affaires, et les prier et exhorter non seullement de continuer ce qu'ilz ont commencé, mais encores embrasser quelques aultres affaires que l'assemblée est constraincte leur bailler de surcharge, avant leur retour, pour le bien et soulaigement dudict pays.

Entre aultres seront priés poursuivre lettres de jussion de Sa Majesté, à la Chambre des Comptes, à ce qu'ilz passent oultre à la vérification des Lettres patentes de Sa Majesté, dont les coppies leur sont envoyées, portans remise et descharge audict diocèse des cottités des lieux vaccans et impuissans d'icelluy, tant des deniers ordinaires que de la subvention de l'année 1593. Et par mesme moyen, poursuivre semblable descharge pour les années 1591, 1592 et 1594, avec remise des restes de ladicte subvention, si aulcunes sont deues par ledict diocèse desdictz quatre années.

Et d'aultant qu'à l'occasion des Lettres patentes du Roy, obtenues par M. le comte d'Apchier, portant validation et adveu de la prise faicte par ledict sieur des deniers extraordinaires qui estoyent en mains des receveurs dudict diocèse durant certaines années de ces derniers troubles jusques à la somme de 11,103 escus ledict diocèse se trouve d'aultant débiteur envers lesdictz receveurs, Sa Majesté sera suppliée par lesdictz depputés vouloir ordonner le remplacement de ladicte somme au proffict dudict diocèse, sur telle nature de ses deniers qu'il lui plaira, ou du moins, en considération de ce, octroyer la descharge cy dessus mentionnée, tant desdictes vacations que des restes de ladicte subvention desdictes années 1591, 1592, 1593 et 1594.

Faire instance à Sa Majesté et nos seigneurs de son Conseil à ce qu'il leur plaise ordonner la révocation de la resve que quelques ungz des habitans de la ville de Maruejolz ont, ces jours passés, commencé de lever sur les denrées et marchandises entrans dans ladicte ville soubz prétexte de certaine permission qu'ils en avoyent par surprise obtenu de Sa Majesté durant les derniers troubles, sans ouyr le sindic dudict païs qui reçoit ung notable interest et domaige en la levée de ladicte resve et en faict une très grande plaincte, joinct que les deniers de ladicte resve tournent au proffict de quelques particuliers, habitans de ladicte ville et que d'ailheurs, Sa Majesté leur a accordé lesdictz deniers de ses tailhes pour faire rebastir leur ville.

Ayant esté arresté en la dernière assamblée, d'impozer sur ledict diocèse certaines sommes de deniers, tant pour gaiges et vaccations des officiers dudict pays que pour subvenir aulx affaires commungz d'icelluy et mesmes la somme de 2,000 escus pour les fraiz de l'assamblée des depputés à la vérification des debtes et révision des comptes despuis 25 ans et pour fournir aulx aultres affaires occurrens dudict diocèse, ainsi qu'il est porté par les articles de l'assiette dont sera envoyé extraict ausdictz sieurs déllégués ; MM. de la Cour des Aydes en procédant à la vérification de ladicte assiette auroyent réduict ladicte somme de 2,000 escus à 500 escus, et rayés ou modérés les aultres articles. Au moyen de quoy ladicte vérification de debtes et révision de comptes. demeurant en arrière, et les aultres affaires estans aussi retardés par le retranchement des gaiges et taxations des officiers, ledict païs en souffrira de grandz domaiges et sera privé du profflct inestimable que luy peult visiblement revenir de ladicte vériffication et révision, comme il en a desjà commencé à recepvoir le fruict, s'estans deschargé de deux ou trois notables sommes, du payement desquelles, il estoit vifvement poursuivy par quelques receveurs qui se sont trouvées acquictées. A ceste cause, lesdictz sieurs délégués obtiendront sur ce les provisions nécessaires pour la validation desdictes parties et restablissement d'icelles. Et néantmoingz cependant sera présenté requeste à ladicte Cour des Aydes, pour faire restablir lesdictes parties, comme estant la levée d'icelles très-nécessaires, pour les raisons qui en seront représentées à ladicte Cour; à ceste fin sera envoyé homme exprès à Montpellier pour faire, sur ce, toutes les poursuites nécessaires:

Obtenir commission pour faire appeller au Conseil

M⁰ Estienne Motte, d'Anduze, rémissionnaire de M⁰ Guillaume Barthélemy, de la ville de Nismes, pour voir casser l'arrest donné par ladicte Cour des Aydes, au proffict dudict Motte, portant condemnaption contre ledict diocèse de la somme de 1,478 escus 52 solz, et ordonner que ledict diocèse sera deschargé du payement de ladicte somme, despens, domaiges et interestz par ledict Motte préthendus pour raison d'icelle, avec restitution de ce qu'il en a receu ; attandu que ce sont deniers procédans des impositions faictes, durant les troubles, par ceulx de la relligion, auxquelz les catholiques ne sont tenus de contribuer, et que par aultre arrest de la mesme Cour lesdictz de la relligion ont esté deschargés des deniers imposez par les catholiques, pendant les mesmes troubles, et que cependant sera surceu, par ledict Motte, à toutes exécutions et constrainctes pour raison de ladicte partye.

D'aultant que M. Pierre Parat, commis de M. François Tardif, recepveur dudict diocèse, ez années 1585, 1586 et 1587, se trouve reliquataire envers ledict diocèse, assavoir : par la closture de son compte des deniers ordinaires de ladicte année 1585 de la somme de 1,311 escus 39 sols 7 deniers, déduction faicte de 3,247 escus 26 sols 6 deniers qui luy estoyent deubz par ledict diocèse au compte des deniers extraordinaires. Plus la somme de 3,400 escus 34 solz 8 deniers du compte de l'assiéte ordinaire de ladicte année 1586 ; et encores de la somme de 1,835 escus 56 sols, des deniers ordinaires de l'an 1587, déduction faicte de 1,441 escus 59 solz 5 deniers qui luy sont deubz au compte des deniers extraordinaires de ladicte année, revenans lesdictes sommes ensemble à 6,548 escus 11 solz 3 deniers. Et attendu que ledict Parat est insolvable et n'a aulcungz moyens pour le payement de ladicte somme, lesdictz sieurs dellégués feront appeller ledict sieur Tardif au Conseil, pour se veoir condempner au payement de ladicte somme et des aultres parties que ledict Parat, son commis, est tenu d'acquiter, par les apostilles de sesdictz comptes, à plusieurs particuliers, le tout à la descharge dudict pays.

Obtenir par procuration de Sa Majesté pour faire contribuer les habitans de la terre de Grisac aulx impositions qui se font audict diocèse, du moins pour les deniers extraordinaires, nonobstant leur préthendue exemption, attandu qu'elle ne doibt avoir lieu pour lesdictz deniers extraordinaires, et que ledict diocèse, duquel ilz deppendent, est maintenant réduict en une grande pauvreté et ne peult subvenir à une infinité de charges extraordinaires qu'il supporte.

Faire chercher en la Chambre des Comptes, à Paris, le compte rendu par le sieur Du Tremblay, trésorier général de l'extraordinaire des guerres, pour vériffier de quelle somme il se charge avoir faict recepte du diocèse de Mende des deniers de la subvention de l'année 1592, pour voir si le sieur Portalés, trésorier provincial dudict extraordinaire en Languedoc, luy a fourny toutes les sommes qu'il a receues de ce diocèse, des deniers de ladicte subvention, pour s'en servir au faict des restes qu'il demande.

Suivant les priviléges des Estatz du païs de Lenguedoc et particuliers du diocèse de Mende et païs de Gévauldan, les receveurs dudict diocèse sont tenus compter pardevant les depputez desdictz Estatz des deniers extraordinaires qui se lèvent audict pays, toutesfoys

M⁰ Cappelle qui administra, l'année passée, les vivres fournis par ledict diocèse à l'armée que fut devant la ville de Mende pour la réduction d'icelle, en l'obéissance du Roy, diffère de compter pardevant les depputez dudict diocèse, affin de se prévalloir desdictz restes desdictz vivres, lesquelles, suivant les ordonnances de Bloys, appartiennent audict diocèse qui a fourny lesdictz vivres. A cause de quoy, lesdictz sieurs dellégués obtiendront provision pour constraindre ledict Cappelle et tous aultres qui ont administré les deniers et vivres dudict pays, d'en compter pardevant lesdictz depputés des Estatz, avec inhibitions à la Chambre de s'entremectre de l'audition desdictz comptes.

Les affaires dont ledict diocèse et pays a cy devant donné charge ausdictz sieurs dellégués sont de telle importance pour le bien et soulaigement d'icelluy, qu'il sera très nécesssaire, après le retour desdictz sieurs dellégués, de faire convocquer les Estatz en ceste ville de Mende, cappitalle du païs, pour entendre leur négociation et pourvoir à l'exécution des provisions qu'ilz porteront et aultres affaires ; à cest effect a esté conclud que lesdictz dellégués obtiendront commission de Sa Majesté pour faire convocquer et assembler lesdictz Estats en ladicte ville de Mende au jour que par les commis et depputés du païs sera advisé.

Sur lesquelles conclusions le sieur Gibilin, consul de Maruejolz a dict, pour le regard de celle que regarde le faict de la resve de Maruejolz, tant seullement, qu'il n'y peult consentir, pour l'interest particulier de ladicte ville, à cause de la permission que ladicte ville en a obtenu du Roy.

Sur la lettre qui a esté escripte par le sieur Clauzel,

domaiges et interestz, jusques à ce que lesdictes parties soyent entièrement restablyes ou validées.

M. Gaspard Duplan, commis à faire la recepte des impositions de 1,200 tant d'escus, faicte en l'année 1586, par commission de Mgr le duc de Joyeuse, pour l'entretenement de 50 arquebuziers à cheval, a présenté le compte de la recepte et despense par luy faicte. Et d'aultant que pour la vérification d'icelle, lesdictz depputés ont jugé estre nécessaire de voir l'assiéte des deniers extraordinaires de l'année 1587, qui est entre les mains de M. Pierre Parat, lors receveur dudict diocèse ; a esté conclud qu'il sera escript, audict Parat, d'envoyer copie de ladicte assiéte, et cependant surcira à l'audition dudict compte.

Du tretziesme jour dudict mois de septembre, du matin.

Sur ce qui a esté propozé par mondict seigneur de Mende, si les depputés de l'assemblée doibvent séjourner en ceste ville, attandant la venue des comptables et celle du secrétaire de mondict seigneur le comte d'Auvergne, pour traicter l'accord de la partye demandée par ledict seigneur, ou bien s'ilz se doibvent retirer pour quelque temps ; a esté conclud, attandu qu'il n'y a encores aulcung desdictz comptables qui ayt ses comptes prestz et qu'il n'y a aultres nouvelles de la venue dudict secrétaire de mondict seigneur le Comte, que celles que M. Langlade en a portées, joinct que lesdictz depputés se plaignent leur absence, hors de leurs maisons, leur estre plus préjudiciable en ceste saison que de toute l'année ; que lesdictz depputés se pourront retirer jusques à l'arrivée dudict secrétaire de mondict seigneur le

Chély, commis de M. Jacques Chantuel, receveur des deniers extraordinaires dudict diocèse, l'année dernière ; lequel a remonstré que, en la despense du compte rendu par ledict Chantuel, pardevant les députez à l'audition des comptes dudict diocèse au mois de juillet dernier des 20,000 escus imposez audict diocèse, pour subvenir à l'entretenement de l'armée ordonnée par le Roy, pour la réduction en son obéissance de la ville de Mende ; la partie de 168 escus, plus impozée audict compte, soubz le nom dudict Michel, pour les vivres par luy fournis à la compaignie de gens d'armes de M. le comte d'Apchier et de plusieurs gentilzhommes qui l'estoient venu trouver en la ville de Saint-Chély, allant au camp devant ladicte ville de Mende, auroit esté rayée icelle partie audict Chantuel, soubz prétexte qu'il ne rapporte ordonnance de Mgr le duc de Vantadour ou du maréchal de camp de ladicte armée ou bien vérification du commissaire des vivres. Et d'aultant que à l'occasion de ladicte radiation ledict Chantuel ne luy veult allouer ladicte somme, ores qu'il ayt bien et deuement fourny et réallement délivré lesdictz vivres, comme il en appert, tant par l'ordonnance dudict seigneur Comte, estat de la distribution d'iceulx, attesté par ledict seigneur, que par aultre certification de M. Jehan Jayle, commis ausdictz vivres en ladicte armée, estant lors sur le lieu et qu'il luy estoit impossible de rapporter l'ordonnance de mondict seigneur de Vantadour ou du maréchal de camp, ny certificat du commissaire général desdictz vivres sur ceste despense, parce qu'elle a esté faicte inopinément hors dudict camp, et néantmoings avec effect et nécessité, pour ne donner occasion à ladicte compaignie et ausdictz gentilzhommes volontaires de se desbander et domaiges et interestz, jusques à ce que lesdictes parties soyent entièrement restablyes ou validées.

M. Gaspard Duplan, commis à faire la recepte des impositions de 1,200 tant d'escus, faicte en l'année 1586, par commission de Mgr le duc de Joyeuse, pour l'entretenement de 50 arquebuziers à cheval, a présenté le compte de la recepte et despense par luy faicte. Et d'aultant que pour la vériffication d'icelle, lesdictz depputés ont jugé estre nécessaire de voir l'assiéte des deniers extraordinaires de l'année 1587, qui est entre les mains de M. Pierre Parat, lors receveur dudict diocèse ; a esté conclud qu'il sera escript, audict Parat, d'envoyer copie de ladicte assiéte, et cependant surcira à l'audition dudict compte.

Du tretziesme jour dudict mois de septembre, du matin.

Sur ce qui a esté propozé par mondict seigneur de Mende, si les depputés de l'assemblée doibvent séjourner en ceste ville, attandant la venue des comptables et celle du secrétaire de mondict seigneur le comte d'Auvergne, pour traicter l'accord de la partye demandée par ledict seigneur, ou bien s'ilz se doibvent retirer pour quelque temps ; a esté conclud, attandu qu'il n'y a encores aulcung desdictz comptables qui ayt ses comptes prestz et qu'il n'y a aultres nouvelles de la venue dudict secrétaire de mondict seigneur le Comte, que celles que M. Langlade en a portées, joinct que lesdictz depputés se plaignent leur absence, hors de leurs maisons, leur estre plus préjudiciable en ceste saison que de toute l'année ; que lesdictz depputés se pourront retirer jusques à l'arrivée dudict secrétaire de mondict seigneur le

Comte, incontinant après laquelle, ilz seront advertis par le greffier du païs de se retrouver icy pour se rassembler au jour qui leur sera préfix, pour l'importance de l'affaire, que a esté la fin de la susdicte assemblée.

Signé : ADAM, évêque de Mende.

L'an mil cinq cens quatre-vingt-dix-huict et le sabmedi, septiesme du mois de novembre, huit heures du matin, en la ville de Mende, chambre haulte de la maison épiscopalle, pardevant très-révérend père en Dieu Mre Adam, évesque et seigneur de Mende, comte de Gévaudan, conseiller du Roy en conseil d'Estat et président des Estatz dudict païs, estant assemblés, suivant les dernières délibérations pour traitter de l'accord du debte prétendu, par Mgr le comte d'Auvergne, sur ce diocèse, et pour la continuation de la vérification des debtes et audition des comptes d'icelluy, assavoir : pour l'estat ecclésiastique, MM. André de Chanoillet, docteur ez droictz, chanoine de l'église cathédralle de Mende et envoyé du Chapitre de ladicte église, et Pol Albaric, aussi docteur ez droictz, juge ordinaire de la ville de Mende et des terres de M. le commandeur de S. Jehan, et envoyé dudict sieur commandeur. Pour la noblesse : M. le baron d'Apchier, en personne ; M. de S. Auban, commis de la noblesse dudict païs, aussi en personne ; M. de Muret, envoyé de M. le baron de Peyre ; M. de La Porte, procureur général des terres de M. de Mercueur, envoyé dudict sieur baron de Mercueur ; Claude Pollalion, sieur de Bouzols, gouverneur des terres de M. le baron de Canilliac et envoyé dudict sieur baron de Canilliac ; André Vivian, sieur de Ferluguet, envoyé de M. d'Allenc. Et pour le Tiers-Estat : M. Jehan Dumas, docteur ez droictz, conseiller du Roy, juge au bailliaige de Gévaudan et 1er consul de la ville de Mende ; Estienne de Seguin, 1er consul de la ville de Maruejolz ; Jehan Rochier, consul de Chirac ; Jehan Duron, consul de Saint-Chély-d'Apchier ; Pierre Vigier, consul de la ville du Malzieu ; Jehan Bouc, consul de la ville de Salgues ; Pierre Metge, pour le consul de S. Auban.

S'est présenté le sieur Savaron, secrétaire de mondict seigneur le comte d'Auvergne, lequel a exposé à l'assamblée comme il avoit esté envoyé en ce diocèse par mondict seigneur le comte, pour avoir paiement des sommes de deniers qui luy estoient deues, tant en principal que interest et despens, en vertu des obligations passées par les habitans de ce diocèse aux eschevins de la ville de Clermont, en l'année 1586, pour raison des munitions de vivres de l'armée de Sa Majesté, conduicte par feu M. l'admiral de Joyeuse ; desquelles sommes lesdictz eschevins avoient faict cession et transport à mondict seigneur le comte, revenant à 69,000 et tant d'escus, suivant l'estat qu'il en a exhibé à l'assamblée, n'ayant voulu procéder à aulcune exécution et contraincte en vertu des provisions du Roy, obtenues par mondict seigneur le comte, sans premièrement avoir prié l'assemblée d'adviser les moyens de donner contentement à mondict seigneur. Sur quoy, après que ladicte assamblée a respondu audict sieur Savaron par la bouche de mondict seigneur de Mende, que bien que ledict diocèse ne soit tenu au payement des sommes prétendues contre luy, tant pour avoir esté lesdictes obligations passées par ledict diocèse de l'exprez commandement de Sa Majesté et pour le bien des affaires et service d'icelle, que pour aultres légitimes exceptions et pertinentes raisons ; toutesfois pour rédimer ledict diocèse de vexations et contrainctes, ladicte assemblée sera bien aise d'adviser d'en demeurer d'accord avec Mgr le Comte. A esté délibéré et conclud de prier et députer MM. de Laporte, envoyé de M. le baron de Mercueur et Dumas, premier consul de ladicte ville de Mende, pour veoir les papiers dudict Savaron sur cest affaire, pour après, ouy leur rapport, en estre plus amplement délibéré.

M. de S. Auban, commis des nobles dudict païs de Gévaudan, a remonstré comme l'année passée, pour le bien des affaires et soulaigement dudict païs et faciliter la reddition de la ville de Mende, à l'instante réquisition et prière qui luy fut faicte, il fit prester, sur sa procuration, par le sieur Donnat, la somme de 4,000 escus, qui fut fournye à M. de Fosseux, suivant les articles accordez entre luy et ledict païs, du commandement exprès de Mgr le duc de Vantadour. Et parce que le terme de payement est desjà expiré, il a requis l'assemblée de pourveoir audict payement, tant pour le principal que de 440 escus, que son agent au bas Languedoc a esté contrainct payer pour luy audict sieur Donnat, pour les intérestz d'une année.

Dudict jour septiesme de novembre, de relevée.

M. Guillaume de Chaudesaigues, ayant eu l'administration de certaines munitions de vivres en ce diocèse, en l'année 1580, a présenté le compte de ladicte administration ; mais d'aultant que ledict compte n'a esté trouvé en bonne forme, luy a esté ordonné de le réformer.

MM. Dumas et de Laporte, députés à veoir les pièces dudict Savaron, ont faict leur rapport à l'assemblée, et que ledict sieur Savaron ne veult réduire les demandes et prétensions de mondict seigneur le comte contre ledict diocèse, à moings de 46,000 escus. Sur quoy ledict sieur Savaron, ayant esté prié venir à ladicte assamblée et lui aiant esté remonstré, par mondict seigneur de Mende, la grande ruyne que ce seroit au pauvre peuple de ce diocèse s'il estoit contrainct de payer une si excessive somme, de laquelle il n'est aulcunement débiteur, pour les raisons et exceptions qui luy ont esté alléguées par mondict seigneur, et qu'il a protesté ne pouvoir accepter aulcun offre moindre de la somme de 46,000 escus ; a esté conclud de prier et députer encores lesdictz sieurs Dumas et de Laporte, pour adviser d'en faire d'aultres ouvertures avec ledict sieur Savaron.

Du dimanche huictième dudict mois de novembre, de relevée.

A esté procédé à l'audition du compte des munitions de vivres dudict sieur de Chaudesaigues, comme aussi d'aultre compte de munitions de M. Guillaume Ruati, de la ville de Saint-Chély, de l'année 1580.

Du neufviesme jour dudict mois de novembre, du matin,

Ledict sieur Savaron, estant venu à l'assamblée, luy a de rechef représenté l'occasion de son voiaige en ce diocèse et dict que, pour dernière résolution, il offre au nom de Mgr le comte de se contenter de la somme principale de 23,966 escus, demandée par mondict seigneur, et des apports d'icelle à raison du denier seize, à compter du jour des premières sommations, le tout payable en trois années, par égalles portions, sans interestz, durant lesdictz trois années. Déclarant qu'en cas qu'on refuseroit ce dernier offre et que l'assemblée ne l'accepteroit présentement, qu'il s'en despart et se résoult aux contrainctes. Sur quoy ont esté faictes plusieurs offres audict sieur Savaron, qu'il a toutes rejectées et a faict inthimer, à ladicte assemblée, les Lettres patentes du Roy, portant contraincte contre le général et particulier dudict dioc. et faict sommer de payer la somme de 53,966 escus, sans préjudice des despens, dommages et interestz, fraiz faictz et à faire à la poursuite de la liquidation et payement de ladicte somme. Et à faulte de payement ou de remise et plus long délay, a protesté de tous despens, dommages et interestz et de prendre tous et chacuns les biens et personnes des habitans dudict païs de Gévaudan en quelque lieu qu'il les pourra trouver.

Dudict jour, neufviesme de novembre, de relevée.

Sur l'expositiou faicte par le sieur de Bouzolz au nom de M. de Chevrières, de ce qu'il auroit pleu à Mgr le duc de Vantadour, lieutenant général pour le Roy en Languedoc, bailler audict sieur de Chevrières, une ordonnance de 2,000 escus sur M. Jacques Chantuel, receveur des deniers extraordinaires dudict païs de Gévaudan, en l'année dernière, pour les causes contenues en ladicte ordonnance; requérant l'assemblée, enjoindre audict Chantuel d'y satisfaire; a esté dict et déclaré audict sieur de Bouzolz, par ladicte assemblée, qu'elle n'empesche que ladicte ordonnance de mondict seigneur de Vantadour ne soit effectuée au profit dudict sieur de Chevrières.

Sur la réquisition et sommation faicte par le sieur Savaron, ayant charge de Mgr le comte d'Auvergne, de payer audict seigneur, la somme de 23,966 escus 40 solz, comme aiant cession et transport des eschevins de la ville de Clermont et gens du Tiers et commung Estat du bas païs d'Auvergne, prétendant que ce païs de Gévaudan leur estoit redevable de ladicte somme, ensemble des dommages et interestz, depuis les termes de payements escheuz jusques à présent, et qu'à faulte de ce faire, il feroit procéder, par voye de saisie des personnes et biens, tant de ceulx qui sont obligez en particulier que du général d'icelluy, suivant les lettres de contraincte qu'il a obtenues du Roy à faulte de payement de ladicte somme. Après que par ladicte assamblée a esté représenté audict sieur Savaron que les gens des Estatz dudict païs de Gévaudan, ny leurs commis et députés n'avoient oncques eu communication desdictes Lettres patentes, portant commandement, au syndic, de faire imposer par attache de MM. les trésoriers généraulx de France la susdicte somme, pour raison de laquelle il y avoit procès pendant au Conseil d'Estat, entre cedict païs et celluy d'Auvergne, tant sur la nullité de ladicte prétendue obligation que pour estre les denrées, bledz et vins, que ledict païs d'Auvergne faict revenir à ladicte somme, demeurées en leur pouvoir ou des marchans dudict païs qui les doibvent fournir, comme aussi pour avoir esté vendues et délivrées à tel pris que bon leur a semblé et aux mesmes marchans, et n'avoir esté aulcunement employées en l'armée du Roy, ains disposé des deniers desdictes munitions ainsi qu'il leur a pleu avec les commissaires des vivres. Et d'ailliers que par le contract est expressement porté que le payement de ladicte somme ne peult estre faict par ledict païs de Gévaudan audict païs d'Auvergne, sinon en rapportant, par lesdictz d'Auvergne, certification du sieur Charron, commissaire général des vivres, de l'employ desdictz vivres ; ce que ledict sieur Savaron ne faict pas. Et davantage que ladicte obligation fut conceue pour les exprès affaires du Roy, en vertu de ses Lettres patentes, suivant lesquelles lesdictz députez de Gévaudan s'estoient obligez envers lesdictz d'Auvergne, pour satisfaire à l'exprez commandement de Sa Majesté et pour le bien et advancement de ses affaires et aultres apparentes raisons qui ont esté desduictes, pour lesquelles, ledict païs d'Auvergne ne peult ny doibt prétendre ladicte somme leur estre deue par ledict païs de Gévaudan, joinct que ledict pays d'Auvergne doibt porter la quatrième partie des fraiz et despens, tant en deniers que munitions de l'armée royale, suivant les Lettres patentes de Sa Majesté. Ce néantmoings pour esviter qu'en vertu des commissions obtenues par mondict seigneur le comte d'Auvergne, il n'intervienne aulcuns fraiz et despens sur ce pauvre pays, ny interruption de traficq ; a esté conclud que ledict Savaron, audict nom, seroit sommé et requis de mettre es mains du sindic dudict païs ou des commis et députez d'icelluy, les lettres d'assiéte obtenues par lesdictz eschevins de Clermont, pour, suivant icelles se retirer aux trésoriers de France, affin d'obtenir l'attache nécessaire, pour faire procéder par les commissaires de l'assiéte à l'imposition de ladicte somme de 23,906 escus 40 sols, en deux années, comme il est porté par lesdices lettres, sans préjudice dudict procès et action intentée et à intenter tant contre lesdictz eschevins de Clermont, marchans, fournisseurs que aultres que besoin sera, pour raison de ladicte nullité de ladicte obligation et aultres causes cy dessus mentionnées, bien que le pauvre peuple soit si affligé et nécessité par les guerres dernières à l'occasion de l'occupation de la ville de Mende durant quatre années et aultres précédens troubles, qu'il est privé de moyen de pouvoir vivre et la pluspart est contrainct de quitter la demeure du païs, et à faulte de satisfaire par ledict Savaron à ce que dessus, protester contre luy en son propre et privé nom, de tous despens, dommages et interestz et indeue vexation que les habitans dudict païs, en général et particulier en pourroient souffrir, attandu le debvoir auquel ladicte assamblée s'est mise de satisfaire ausdictes lettres patentes, sans se despartir de leurs prétentions et actions cy dessus.

Sur la remonstrance faicte par le sieur de Laporte, envoyé de M. le baron de Mercœur, de ce que à l'occasion des troubles ledict sieur baron n'auroit peu assister ny faire aparoir personne pour luy aux Estatz de ce diocèse, comme il aura moyen de faire maintenant que la guerre a cessé, et qu'il a esté adverty, qu'en ceste année et prochaine assamblée des Estatz dudict diocèse, le tour de baron luy appartient; à ceste cause a requis l'assamblée d'en voulloir faire vérification et déclarer ledict tour luy apartenir. A esté dict et déclaré par ladicte assamblée, vérification faicte, que M. le baron de Florac a esté en tour l'année passée; que M. le baron de Mercueur est en tour l'année présente et prochaine assamblée des Estatz, suivant l'ordre de la roue des barons dudict diocèse qui a esté pour ceste occasion veue.

Du dixième our dudict mois de novembre, du matin.

Mᵉ Estienne Portalier, de la ville de La Canorgue, est venu en ladicte assamblée, comme consul de ladicte ville.

L'assamblée estant finallement demeurée d'accord avec ledict sieur Savaron, des debtes par luy demandé audict diocèse au nom de mondict seigneur le comte, les articles dudict accord ont esté dressez en ladicte assamblée.

Après a esté veu et examiné l'estat des fraiz et despens demandez par le sieur Nicolas, commis du sieur Reich, trésorier de la bourse de Languedoc, pour raison de plusieurs voiaiges et séjour, par luy faict en ce diocèse, pour avoir payement des sommes deues au sieur Reich, pour la portion de cedict diocèse, des deniers des gratifications, fraiz de Languedoc et aultres deniers de sa charge, pour lesquelz despens, ledict Nicolas, poursuivant condempnation contre ledict diocèse en la Cour des Aydes, auroit esté advisé par M. de S. Auban, estant à Montpellier avec le sieur Tondut, procureur dudict diocèse, de faire surceoir ladicte poursuite et faire venir ledict sieur Nicolas, en la présente assamblée, pour essayer d'en demeurer d'accord affin d'en descharger le païs des frais et despens dudict procès. Et après ledict sieur Nicolas a esté appellé en ladicte assamblée, en laquelle aiant débatu et impugné les articles de son estat qu'il faict revenir 404 escus, luy a finallement offert 200 escus, pour tout ce qu'il pouvoit prétendre. De quoy il ne s'est voulu contenter.

Sur la réquisition faicte par M. de S. Auban de pourveoir au payement de 440 escus, pour les apportz de 4,000 escus que le sieur Donnat presta l'année passée au païs sur la procuration dudict sieur de S. Auban, pour employer au payement de la somme de deniers qui avoit esté promise comptant à M. de Fosseux, pour la reddition de la ville de Mende ; a esté conclud qu'il sera expédié mandement audict sieur de S. Auban desdictz 440 escuz pour luy estre payez par le receveur dudict diocèse, sur les 2,000 escus de son assiette, destinez à la vérification des debtes et aultres affaires dudict diocèse pour estre lesdictz 440 escus délivrez par ledict sieur de S. Auban andict sieur Donnat.

Dudict jour, dixième novembre, de relevée.

D'aultant que le sieur Savaron, au nom et comme procureur de Mgr le comte d'Auvergne, n'a voulu agréer les articles dressez par l'assemblée sur le traitté du payement de la somme de 23,966 escus 40 sols cédée audict seigneur comte par les eschevins de Clermont et depputez du Tiers-Estat du bas païs d'Auvergne, ensemble des interestz, bien que ledict sieur Savaron demeure d'accord avec ladicte assamblée, tant de ladicte somme principale que de tous despens, dommages et interest et fraiz de poursuite, à la somme de 40,000 escuz, payable audict seigneur par ledict païs, en quatre années, pour l'honneur et respect que ladicte assamblée porte et désire rendre à mondict seigneur le comte ; lesdictz députés pour se mettre plus qu'en leur debvoir, conformément aux premières sommations par eulx faictes audict sieur Savaron ; ont délibéré et conclud de le sommer de rechef et interpeller de remectre par devers les députés ou syndic dudict païs, les lettres d'assiette obtenues par lesdictz eschevins, du..... 1592, pour à la prochaine assemblée des Estatz, faire procéder à l'imposition de ladicte somme. Et quant aux prétentions, interestz, ensemble pour le payement du principal, pour raison de quoy ladicte assamblée avoit dressé lesdictz articles de l'advis mesme dudict sieur Savaron, pour sur iceulx passer le contract dudict accord, qu'il a depuis, entièrement rejectez, bien qu'ils soient plus que raisonnables, soubz prétexte de ce que lesdictz articles estoient faictz et accordez soubz le bon plaisir du Roy et des Estatz dudict païs de Gévaudan de la prochaine assemblée, pour l'importance de l'affaire, affin d'oster toutes dificultez et oppositions qui y pourroient intervenir à faulte dudict aveu. Ladicte assemblée s'en est remise et remet au bon et prudent jugement de mondict seigneur le Connestable, gouverneur de la province, attandu que ladicte partie provient du faict de la guerre, pour en ordonner selon que son bon plaisir sera ; si mieulx ledict Savaron n'ayme attendre le terme desdictz Estatz dudict païs de Gévaudan qui sera dans deux mois ; ausquelz toutes sortes d'affaires concernant ledict païs se traitteront. Et à faulte de ce faire par ledict Savaron, ladicte assemblée proteste contre luy de tous despens, dommages et interestz et des indeues véxations que ledict païs en général et particulier pourroit souffrir.

Du unzième jour dudict mois de novembre, du matin.

Les articles qui avoient esté dressez en ladicte assemblée, de l'advis dudict sieur Savaron et par luy rejettez comme il est dict cy devant, ont esté reveuz et corrigez avec ledict Savaron, et finallement accordez, arrestez et signez par ladicte assemblée et ledict sieur Savaron, et stipulez par M. Gibert Baissenc, notaire royal de ladicte ville de Mende qui en a retenu l'original devers luy.

Et d'aultant que par lesdictz articles accordez entre ledict sieur Savaron au nom et comme procureur de mondict seigneur le comte d'Auvergne et lesdictz commis et députez dudict païs de Gévaudan, sur le transport faict audict seigneur par les eschevins de la ville de Clermont et du bas païs d'Auvergne, de la somme de 33,966 escus et des interestz et fraiz par eulx prétenduz sur ledict païs de Gévaudan, est entre autres choses porté, que ledict sieur Savaron a délivré, ausdictz sieurs commis et députez de Gévaudan, les lettres d'assiette y mentionnées, données à Saint Denis, le 30 juillet 1592, pour l'imposition de ladicte somme, interestz et fraiz et que lesdictes Lettres sont surannées et l'adresse d'icelles est faicte à MM. les trésoriers généraulx de France, au lieu qu'elle doibt estre aux commissaires ordinaires de l'assiéte, gens des Estatz dudict païs de Gévaudan ou leurs commis et députez, suivant le stil et coustume dudict païs ; a esté délibéré et conclud, attandu l'accord faict par lesdictz articles, avec ledict sieur Savaron, au nom de mondict seigneur le Comte, que aiant cession desdictz eschevins de Clermont et députez du bas païs d'Auvergne, que lesdictes lettres d'assiéte, seront rendues audict sieur Savaron, soubz son récépicé, pour poursuivre et obtenir, en la grande Chancellerie, lettres du surannation et de relief d'adresse ausdictz commissaires ordinaires, gens desdictz Estatz dudict païs de Gévaudan ou leurs commis et députez et faire remettre lesdictes pièces es mains desdictz commis et députez, en luy paiant la somme de 20 escus pour tous fraiz, affin que lesdictz commis et députez ayent moyen de faire procéder à ladicte imposition suivant lesdictz articles, en vertu desdictz receus d'assiette et de relief.

Le compte rendu par M. Guillaume de Chaudesaigues, de la charge à luy donnée par MM. les commis et députez dudict païs de Gévaudan, en l'année 1581, de l'administration de certains vivres et munitions, pour la nourriture et entretenement des gens de guerre ordonnez par Sa Majesté audict païs ; a esté cloz et arresté et par la fin d'icelluy s'est trouvé luy estre deub la somme de ....escuz, payable en deux ans, attandu la pauvreté du peuple, et sans interestz.

Dudict jour unzième novembre, de relevée.

Sur l'estat présenté par M. François Nicolas, commis du sieur de Reich, trésorier du païs de Languedoc, des fraiz, domages et iuterestz par ledict sieur Reich prétenduz, au moyen de la poursuite du payement des deniers deubz au païs par ledict diocèse ; pour raison desquelz fraiz il avoit mys en instance, en la Cour des Aydes, le syndic dudict diocèse et prétendoit le faire condampner au payement des sommes contenues audict estat, montant 416 escus 30 sols. Après que ledict Nicolas a esté ouy en ladicte assemblée et veu les pièces justificatives dudict estat, le tout impugné et débatu en sa présence ; ouy aussi M. de S. Auban, commis des nobles dudict païs, qui a représenté à l'assemblée comme se trouvant ces jours passés à Montpellier et conférant des procès du diocèse, pendans en ladicte Cour des Aydes, avec les sieurs Tondut, procureur dudict païs et Laurens, qui a aussi charge de la poursuite desdictz procès ; il auroit, par leur advis et affin de relever le diocèse de fraiz et despens, prié ledict sieur Nicolas de s'acheminer en ceste assemblée pour adviser de demeurer d'accord avec ledict diocèse, et cependant surseoir la poursuite par luy commencée en ladicte Cour. A esté finallement par le commun advis de ladicte assemblée et pour rédimer le diocèse des fraiz et despens qu'il eust peu souffrir en la poursuite dudict procès, oultre l'événement d'icelluy accordé avec ledict sieur Nicolas pour tous fraiz, despens, dommages et interestz, que ledict sieur Reich peult prétendre, jusques aux prochains Estatz contre ledict diocèse, descendans dudict estat et sans que ledict païs prétende luy en debvoir aulcuns aultres, à la somme de 250 escus, qui sera à ceste fin imposée en la prochaine assiette, pour estre payée audict sieur Reich ou audict sieur Nicolas, comme ayant de luy charge et pouvoir, à condition toutesfoys, qu'il tiendra quitte ledict diocèse, de tous lesdictz fraiz, despens, dommages et interestz et mesmes de la somme de 30 escus, mentionnée audict estat, pour ung voiaige faict en ceste ville de Mende, par M. Bastide, pour M. Dimenche Destuges et aultres fraiz par luy faictz en deffault de payement d'une rescription de 1,300 escus à luy baillés par ledict sieur Reich en l'année 1595. Et pareillement de tenir quicte ledict diocèse des aultres sommes contenues audict estat, signé par ledict sieur Nicolas, le 10ᵉ du présent mois ; à la charge aussi qu'il ne fera aulcunes poursuites ny exécutions contre ledict diocèse, pour raison de la somme de 4,000 escus, remise audict diocèse par les Estatz généraulx de Languedoc, en leur dernière assemblée ; ensemble des 1,000 escus deubz par Mᵉ Jacques Chantuel, receveur, l'année dernière, comme appartenant audict diocèse, jusques que aultrement en soit ordonné après la tenue desdictz Estatz généraulx en leur prochaine assamblée. Ce que ledict sieur Nicolas a promis, moyenant l'imposition qui se fera desdictz 250 escus, à la prochaine assiette dudict diocèse et le payement d'iceulx, aux termes qui seront arrestez en icelle.

S'est présenté Mᵉ Jehan Michel, de la ville de Saint-

Chély, commis de M. Jacques Chantuel, receveur des deniers extraordinaires dudict diocèse, l'année dernière ; lequel a remonstré que, en la despense du compte rendu par ledict Chantuel, pardevant les députez à l'audition des comptes dudict diocèse au mois de juillet dernier des 20,000 escus imposez audict diocèse, pour subvenir à l'entretenement de l'armée ordonnée par le Roy, pour la réduction en son obéissance de la ville de Mende ; la partie de 168 escus, plus impozée audict compte, soubz le nom dudict Michel, pour les vivres par luy fournis à la compaignie de gens d'armes de M. le comte d'Apchier et de plusieurs gentilzhommes qui l'estoient venu trouver en la ville de Saint-Chély, allant au camp devant ladicte ville de Mende, auroit esté rayée icelle partie audict Chantuel, soubz prétexte qu'il ne rapporte ordonnance de Mgr le duc de Vantadour ou du maréchal de camp de ladicte armée ou bien vérification du commissaire des vivres. Et d'aultant que à l'occasion de ladicte radiation ledict Chantuel ne luy veult allouer ladicte somme, ores qu'il ayt bien et deuement fourny et réallement délivré lesdictz vivres, comme il en appert, tant par l'ordonnance dudict seigneur Comte, estat de la distribution d'iceulx, attesté par ledict seigneur, que par aultre certification de M. Jehan Jayle, commis ausdictz vivres en ladicte armée, estant lors sur le lieu et qu'il luy estoit impossible de rapporter l'ordonnance de mondict seigneur de Vantadour ou du maréchal de camp, ny certificat du commissaire général desdictz vivres sur ceste despense, parce qu'elle a esté faicte inopinément hors dudict camp, et néantmoings avec effect et nécessité, pour ne donner occasion à ladicte compaignie et ausdictz gentilzhommes volontaires de se desbander et vivre à discrétion sur le peuple, comme ils eussent été aultrement contrainctz de faire ; ce qui eust apporté beaucoup plus de despenses et de foule au païs ; requérant, pour ceste cause, voulloir restablir ladicte partie au compte dudict Chantuel. Sur quoy, veu ledict compte et mesmes ledict article de ladicte somme de 168 escus 41 sols, l'apostille mis au marge d'icelluy, ensemble les pièces cy dessus mentionnées, remises par ledict Michel ; attandu aussi que ledict seigneur d'Apchier a attesté à l'assamblée ladicte despense avoir esté actuellement faicte par ledict Michel ; a esté délibéré et conclud que ladicte partie de 168 escus 41 sols, sera restablie audict compte dudict Chantuel, passée et allouée en la despense d'icelluy, à l'acquict et descharge dudict Michel, de pareille somme envers ledict Chantuel.

Du douzième jour dudict mois de novembre, du matin.

Loys Chevalier, sieur de Rousses, a présenté un comptereau des sommes par luy receues des munitions de vin, qui estoient à Aubrac, l'an 1581, lequel a esté veu, cloz et arresté en ladicte assamblée, et par icelluy la recepte monte 218 escus 53 sols et la despense 202 escus 19 sols 9 deniers. Au moyen de quoy ledict sieur de Rousses debvoit 15 escus 33 sols 3 deniers ; laquelle somme luy a esté remise et laissée pour tout ce qu'il pouvoit prétendre, tant à cause des voiaiges par luy faictz pour les affaires dudict païs, mentionnez au dernier article dudict comptereau, que pour ses peines et vacations, et partant quicte envers le païs.

Ledict sieur de Rousses a aussi remys une liste, signée Amouroux, du vin des munitions vendu en ladicte année

1581 à divers particuliers, de laquelle liste il estoit chargé par un recepicé remis par le sieur de Chaudesaigues, sur la reddition de son compte de munitions de ladicte année 1581. Au moyen de quoy a esté dict et arresté que ledict sieur de Rousses demeureroit deschargé de la liste et que le sindic du païs fera le recouvrement de ce qui est deub par les particuliers y dénommez à cause de l'achept par eulx faict dudict vin.

M. Bernard Dangles, commis à faire la recepte des deniers ordinaires et extraordinaires audict diocèse, l'année 1588, a présenté son compte desdictz deniers extraordinaires, à l'audition duquel a esté incontinent procédé par l'assamblée.

Jehan de Gibrat a présenté une procuration à luy passée par M. de S. Auban, comme commis des nobles du païs de Gévaudan, contenant substitution faicte audict de Gibrat, pour en son absence se présenter ez assamblées des commis et députez et des Estatz dudict païs et en icelles dire, requérir, clorre et arrester les comptes et génerallement faire comme ledict sieur de S. Auban ferait, si présent y estoit. Laquelle procuration a esté leue en ladicte assamblée et après mise es mains du greffier du païs.

Dudict jour douzième novembre, de relevée.

L'audition et examen dudict compte de M. Bernard Dangles a esté continuée.

Du trézième jour dudict mois de novembre, du matin.

Loys Chevalier, sieur de Rousses, s'est présenté à l'assamblée pour M. le baron du Tournel, avec procuration, pour assister pour luy en ladicte assamblée.

Après a esté continué l'examen et audition dudict compte dudict sieur Dangles.

Dudict jour trézième novembre, de relevée.

Ladicte assamblée a vacqué encores à l'audition dudict compte dudict sieur Dangles.

Du 14e jour dudict mois de novembre, du matin.

A esté procédé à la vision du compte des deniers ordinaires imposez audict diocèse, l'année 1588, présenté par ledict Dangles, commis à faire la recepte d'iceulx.

Sur la proposition faicte par mondict seigneur de Mende, si l'on doibt faire cesser les poursuites qui se font au nom du païs, suivant deux délibérations d'icelluy contre Martin Bazalgète, qui avoit esté nommé et receu par la dernière assamblée des Estatz dudict païs, en la charge de lieutenant de prévost et pourveu d'icelle. Et faisant cesser lesdictes poursuites s'il doibt estre continué en ladicte charge, attandu qu'il promet ne donner à l'advenir aulcune occasion de plainte, et que pour purger le païs du grand nombre de volleurs qu'il y a, il n'est pas bon que ceste charge demeure vaccante. Après avoir délibéré de ce faict en ladicte assamblée et l'envoyé de M. de S. Jehan, s'estre excusé d'en opiner pour avoir, comme juge ordinaire de la ville de Mende, donné jugement contre ledict Bazalgète, dont il est appellant, et M. le premier consul de Mende, avoir prié l'assamblée de l'excuser aussi d'en dire son opinion, pour avoir, en deffault de syndic, faict faire les poursuites coutre ledict Bazalgète et que l'envoyé de M. le baron de Canilliac et les consulz des villes de La Canorgue et de Saint-Chély, ont esté d'advis de remettre ce faict à la prochaine assemblée des Estatz ; protestant ne voulloir déroger aux dernières délibérations ; a esté conclud, à la pluralité des opinions que lesdictes poursuites et celles qui sont faictes au nom du syndic, que des commis et députez dudict païs en la Cour de parlement et aillieurs cesseront contre ledict Bazalgette et luy continué en ladicte charge, pour icelle bien et deuement exercer suivant les ordonnances du Roy et à condition de faire sa résidence ordinaire en la ville de Mende, capitalle du païs, faire ses chevauchées par tout ledict païs ; de ne prendre aulcuns archers qui ne soient receuz et affidez par les commis et députez dudict païs et de faire la monstre et reveue de mois en mois de luy et de sesdictz archers, ainsi qu'il est acoustumé d'estre de tout temps faict et observé, pardevant lesdictz sieurs commis et députez, du moings de trois mois en trois mois et n'employer aultre gréffier que celluy du bailliaige ou ses commis, et d'y remectre les procédures, suivant l'ancienne coustume et observation dudict païs et aultres conditions portées par ledict acte de sa nomination et réception et non aultrement.

Sur la requeste faicte par Guy Bosse, marchand de la ville de Saint-Chély, tendant à ce qu'il pleut à l'assamblée luy faire droict et justice sur la vollerie à luy faicte, par ung appellé Bonnet et ses complices, d'une bonne quantité de marchandise qu'il avoit achaptée à Lyon ; attandu qu'il a longuement poursuivy le prévost des mareschaulx, pour faire apréhender ledict Bonnet en vertu de la prise de corps qui a esté pour cest effect décernée, suivant les procédentes délibérations sur ce prinses par les gens des Estatz ou leurs commis et députez, sans que ladicte prize de corps ayt esté encores exécutée ; occasion de quoy, ainsi sceu que M. Vidal Bazalgète, cousin dudict prévost, soy disant substitué du greffier, avoyt moyen de pouvoir retenir prisonnier ledict Bonnet ; icelluy Bazalgète l'auroit envoyé quérir, et ledict Bonnet l'ayant esté trouvé en la maison du père dudict Bazalgète audict Langoigne, et estant en son pouvoir, bien qu'il sceu ladicte vollerie et qu'il eust assisté ledict prévost à chercher ledict Bonnet pour le prendre prisonnier, il auroit néantmoings, de son authorité privée, suppozé ung aultre personnage que ledict Bonnet en ladicte maison ; faisant entendre audict Bosse que c'estoit ledict Bonnet. Ce que ledict Bosse, surprins et circonvenu par ledict Bazalgète, estimoit de premier abord estre vray qui fut cause que ledict Bazalgète, pour innocenter ledict Bonnet, fit sortir incontinant ledict Bonnet d'une aultre chambre, lequel ledict Bosse, ayant aussitost recognu estre celluy qui avoit vollé sa marchandise, l'auroit saisy pour le tenir prisonnier avez luy, requérant ledict Bazalgète le faire conduire aux prisons de la ville de Mende, ou bien le faire conduire par quatre soldatz qu'il luy présenta, ou telles aultres personnes qu'il adviseroit, en cas qu'il ne vouldroit luy mesmes faire ladicte conduicte ; mais au lieu de ce faire, ledict Bazalgète, de son authorité privée, quelques réquisitions et protestations qu'il sceult faire, ledict Bosse auroit eslargy ledict Bonnet. Et après que ledict Bosse a faict veoir à l'assemblée deux lettres missives, escriptes par ledict Bazalgète, une audict Bonnet, volleur, et l'aultre à Coronnat, d'Allenc, prévenu d'avoir recellé ledict Bonnet et la marchandise par luy vollée audict Bosse ; veu aussi ung procès-verbal faict par ledict Bazalgète, comme lieutenant en la justice de Lengoigne, pour couvrir et simuler ladicte procédure pour sa descharge et dudict Bonnet ; a esté conclud, conformément aux premières délibérations et conclusions, que le sindic du païs se joindra audict Bosse, pour faire appeller ledict Bazalgète, soit en la Cour du bailliaige de Gévaudan, ou pardevant le sénéchal de Nismes, à ce qu'il soit tenu représenter ledict Bonnet, en son propre et privé nom, ou bien payer la marchendise vollée par icelluy Bonnet. Et pour subvenir aux fraiz de ceste poursuite, est accordé audict Bosse, la somme de 50 escus, qui luy seront délivrez par le receveur du païs, en vertu de l'ordonnance, qu'à ceste fin luy en sera expédiée par lesdictz sieurs commis et députez. Et néantmoings que ledict prévost fera tout debvoir et diligences requises pour apréhender ledict Bonnet et ses complices, ensemble ceulx qui se trouveront avoir récélé ladicte marchandise, ou y avoir esté participant, supports et connive avec ledict Bonnet.

D'aultant que les excuses faictes par le sieur de Fumel, syndic dudict païs, en la dernière assemblée des Estatz d'icelluy, de continuer ladicte charge de syndic, les Estatz auroient donné pouvoir aux députez, par eulx commis, pour pourvoir aux affaires restans à résouldre après la tenue desdictz Estatz, d'eslire et choisir ung substitut dudict sindic, tel que par eulx seroit advisé, et qu'en vertu dudict pouvoir lesdictz sieurs députés auroient nommé M⁰ Jehan Michel, de la ville de Saint-Chély, et M. Raimond de Saint Bauzille, de la ville de Mende, et le premier d'eulx pour négocier les affaires dudict diocèse en l'absence dudict sindic, jusques à la tenue des Estatz. Et attandu que pour n'estre ledict Michel, résidant en ceste ville de Mende, en laquelle les affaires dudict païs se traittent, ordinairement plusieurs desdictz affaires demeurent en arrière ; a esté conclud que ledict S. Bauzille, exercera ladicte charge de substitut de syndic, pour en l'absence d'icelluy, gérer, procurer et négocier les affaires dudict païs, comme par les substitutz a acoustumé d'estre faict, et mesmes la poursuite des procès intentez et à intenter, tant en la Cour de parlement, Cour des Aydes que ailleurs.

Et ayant esté recognu par ladicte assemblée que ledict païs ne se pouvoit plus longuement passer d'ung syndic qui eust le principal soing de la direction et advancement des affaires d'icelluy et que par ce deffault plusieurs desdictz affaires demeurent fort recullez, au grand préjudice dudict pays ; à ceste cause, a esté advisé de semondre et inviter ledict sieur de Fumel, qui s'est depuis quelque temps retiré de ladicte charge, de continuer l'exercice d'icelle, et que pour cest effect il sera appellé en ladicte assemblée. Ce qu'ayant esté à l'instant faict et s'y estant ledict sieur de Fumel présenté, il a esté exhorté par mondict seigneur de Mende, président en ladicte assemblée, et requis unanimement par tous les députez d'icelle, de continuer ladicte charge avec le mesme zèle, soing et diligence qu'il y avoit cy devant rendu, pour le bien des affaires dudict païs, du moings jusques aux prochains Estatz. A quoy ledict sieur Fumel, après plusieurs excuses et raisons par luy opposées, a finallement acquiescé et consenti pour l'honneur de ladicte assemblée et affin de ne luy désobéyr. Promettant de s'employer en ladicte charge et l'exercer avec la mesme affection et fidélité qu'il a cy devant faict, attandant la tenue des prochains Estatz dudict païs ; ce que l'assemblée a accepté soubz le bon plaisir desdictz Estatz et jusques que par eulx y soit aultrement pourveu.

Sur la réquisition de M* François Du Jardin, commis principal de Charles de Rochefort, receveur du diocèse de Mende, l'année 1590, à ce que par l'assamblée luy fust faict raison sur ses prétensions, contenues au cahier qu'il en avoit remys à la précédente assamblée, et à ceste fin veoir la remonstrance par escript qu'il a faicte sur les responses qu'il avoit pleu à ladicte précédente assamblée d'en donner sur ledict estat qu'il a remise devers le greffier du païs. Attandu que ledict Du Jardin ne veult tenir l'accord qui en avoit esté verballement arresté avec luy, par lequel il quittoit le païs de toutes choses par luy prétendues, moyenant la somme de 150 escus et les restes de deniers par luy baillez en reprise en ses comptes qu'il prenoit entièrement sur soy, sauf qu'en cas d'opposition le païs luy assisteroit; a esté délibéré et conclud que l'affaire est renvoyé à la prochaine assamblée des Estatz dudict païs pour y estre par elle pourveu, selon qu'il luy plaira adviser, ou ledict Du Jardin ne vouldroit tenir ledict accord. Et cependant est permis audict Du Jardin, suivant sa réquisition, de lever lesdictz restes de deniers par luy baillez en reprise, aux conditions dudict accord verballement faict avec luy et d'en estre comptable au païs et que ledict sindic luy assistera en cas d'opposition.

Du quinzième dudict mois de novembre, après midy.

Le compte des deniers extraordinaires de M. Bernard Dangles, cy devant mentionné, a esté cloz, arresté et signé; et par l'estat final d'icelluy, se trouve luy estre deub la somme de 2,915 escus 31 sols 7 deniers, en ce comprins la partie de 330 escus 20 sols, deue au sieur Borrel, qui a esté passée en la despense dudict compte pour estre aquittée par ledict Dangles, suivant l'article de son assiette. Ce qu'il sera tenu faire des deniers dont le païs luy fera fondz à la prochaine assamblée des Estatz dudict païs, par laquelle sera pourveu aux dommages et interestz prétenduz, tant par ledict comptable que par ledict Borrel ainsi qu'elle verra bon estre.

Le mesme jour, sur le compte des deniers ordinaires de ladicte année 1588, qui avoit esté présenté et exhibé par ledict Dangles, avec les pièces mentionnées en apostilles mises au marge d'icelluy par ladicte assamblée ; ayant trouvé que la despense, selon que ledict Dangles l'employe, revient à la somme de 11,144 escus 26 sols 3 deniers ; a esté dict que ledict Dangles se retirera à la Chambre des Comptes du Roy, pour le rendre en icelle, comme il est tenu faire. Ayant pour cest effect retenu lesdictes pièces devers luy ainsi qu'il est escript à la fin dudict compte et sans qu'il se puisse ayder contre ledict païs de ladicte présentation et exhibition de son dict compte desdictz deniers ordinaires qui a esté la fin de ladicte assamblée.

     Signé : Adam, évêque de Mende.

1599.

Rôle de MM. des Etats. — *Les députés ne seront point reçus s'ils ne sont de la qualité requise : pour l'église, un ecclésiastique, et pour la noblesse, un gentilhomme.* — *Plaintes contre les receveurs des tailles.* — *Admission des procureurs de M. d'Arpajon et de la ville de Sainte Enimie.* — *Dette en faveur du marquis de Canillac.* — *Rapport des députés à la Cour sur la demande en dédommagement des frais pour la réduction de la ville de Mende.* — *Publication d'un édit pour le rétablissement des sommes rayées.* — *Vérification du compte de M. Chevalier, receveur en 1582, et de la dette en faveur de M. de Canillac.* — *Plainte contre les receveurs qui employent un trop grand nombre de commis.* — *Compte de M. du Bacon à vérifier.* — *Réquisition des Jésuites de Rodez pour le paiement du blé à eux emprunté par le pays.* — *Réception de M. de Mirandol et de procureur du baron du Tournel.* — *L'envoyé du seigneur de Randon demande d'occuper la place de tour des barons.* — *Défense de faire levée des gens de guerre.* — *Créanciers du sieur de Fosseuse à payer par le diocèse.* — *Abus et malversations des receveurs.* — *Plainte des habitants du lieu de Sèches contre le commis du receveur.* — *Demandes faites par les propriétaires des maisons prises par M. de Fosseuse pour la construction de la citadelle de Mende.* — *Somme due au sieur Bouton.* — *Refus d'admission du procureur du seigneur de Barre.* — *Vérification des sommes dues à M. de Canillac.* — *Imposition en faveur des Pères Jésuites pour paiement du blé.* — *Admission du procureur du baron de Cénaret, du consul de Langogne, des pro-*

cureurs de M. de Barre et des consuls nobles de La Garde-Guérin. — Dette en faveur du marquis de Canillac à payer. — Protection du diocèse en faveur du lieutenant du prévôt. — Poursuite contre le sieur Aldin, lieutenant particulier au bailliage. — Réquisition et protestation du consul de Marvejols pour la tenue des Etats et pour la séance de la Cour du bailliage. — Adjonction de divers membres des Etats aux commissaires du département de l'assiette. — Requête de M. Du Jardin à vérifier. — On sollicitera l'attribution des cas prévôtaux pour le bailliage du Gévaudan. — Lettres de M. et de Mme de Ventadour, relatives au don de 10,000 livres, qui leur sont accordées par le Roi. — M. de Casalmartin, créancier du pays. — Le diocèse promet son appui à M. de Manifacier. — Somme à imposer en faveur de Mme d'Entraigues. — Requête des habitants de Saint-Laurent-de-Veyrés. — Vérification à faire de ce qui est dû au sieur Borrel, ancien receveur. — M. Rodier, lieutenant de prévôt, demande un plus grand nombre d'archers et augmentation de ses gages. — Sommes dues à M. Colrat et à M. Dangles. — Mesures pour la répression des abus dans la perception des impositions. — Don de Sa Majesté à faire vérifier. — Sommes dues et à imposer en faveur de divers créanciers, entr'autres à M. de Fosseuse, à M. Simon de la Panouse. — Imposition des gages d'un archer pour l'année 1597. — Gratification au sieur Gardie, blessé. — Demande de M. Gibilin, au sujet de ses droits sur le domaine de Laldonnès. — Don du Roi à Mme de Ventadour sur le Gévaudan. — Refus de recevoir un contrôleur des tailles. — Décharge des deniers des tailles en faveur des habitants de la paroisse de

Dolan-Blanquefort. — Sommes à imposer en faveur de divers créanciers. — Les reprises des lieux occupés pendant les troubles seront imposées sur le diocèse pour être payées à M. de Rousses. — Dette en faveur des hoirs de M. Dubruel, sieur de Costeregord. — Compte de M. Chevalier, difficultés y relatives. — Libéralités à solliciter du Roi en faveur du pays. — Le domaine de Laldonnès. — Demande de MM. Langlade et Loberie rejetée. — Dépenses et fournitures faites par le seigneur d'Apchier lors du siége de Mende en 1597. — Requête du cieur Chantuel demandant l'appui du diocèse contre M. de Manifacier, receveur des tailles. — Sommes dues à M. Clauzel. — Dette envers M. le comte d'Auvergne. — Gratification au lieutenant du prévôt. — Répression des abus commis par les receveurs. — Créanciers du pays. — Le Roi sera supplié de révoquer le don fait aux habitants de Marvejols. — Refus de recevoir le contrôleur des tailles. — Demande des sieurs Reversat, marchands, de Mende. — Au sujet de l'imposition des habitants de Marvejols. — Gratification au sieur Mercoy. — Somme à imposer en faveur de M. Du Jardin, de M. Borrel et de plusieurs autres créanciers. — Gratifications, frais de voyage. — Le tour du baron accordé à M. de Canillac pour l'année 1600. — Ratification du contrat entre le pays et le comte d'Auvergne.

L'an mil cinq cens quatre vingtz dix neuf et le vendredy, second jour du mois de juillet, environ huict heures du matin, dans la salle haulte des maisons épiscopalles de la ville de Mende, estant assemblez les gens des trois Estatz du diocèse de Mende et pays de Gévauldan, suivant le mandement de MM. les commissaires présidens pour le Roy aulx Estatz généraulx de Languedoc, ayant au préalable lesdictes gens des Estatz, sellon leur ancienne et louable coustume ouy la messe du Saint-Esprit, cellébrée en l'esglise cathédralle par très révérend père en Dieu M⁽ʳᵉ⁾ Adam, évesque et seigneur dudict Mende, comte de Gévauldan, conseiller du Roy en son Conseil d'Estat, et la prédication par luy faicte en la mesme esglize, seroient venuz en ladicte assamblée M. de Guilleminet, greffier et secrétaire du Roy aulx Estatz généraulx de Languedoc, commissaire principal de l'assiéte dudict diocèse, et M. de Malevieille, bailly de Gévauldan, commissaire ordinaire de ladicte assiéte. Lequel sieur de Guilleminet a proposé le faict des commissions qui luy ont esté décernées et aulx commissaires ordinaires de l'assiéte par lesdictz seigneurs commissaires, présidens aulx Estatz généraulx pour le despartement de la cottité dudict diocèse des deniers accordés à Sa Majesté par lesdictz Estatz généraulx et aultres portez par lesdictes commissions. Desquelles ayant esté faicte lecture, ledict sieur de Guilleminet a offert procéder incontinant au despartement des sommes de deniers portés par lesdictes commissions; requérant à cest effect l'assistance desdictz Estatz ainsi qu'il est acoustumé et mandé par lesdictes commissions. A quoy ladicte assemblée, par la bouche de mondict seigneur de Mende, président en icelle, a offert de satisfaire pour le zèle et dévotion qu'elle a toujours porté au service du Roy et au bien des affaires de la province, ores que ce diocèse soit fort pauvre et chargé d'une infinité de debtes qu'il a esté constrainct faire durant la guerre pour se maintenir et conserver en l'obéissance de Sa Majesté et s'oppozer aulx effortz de ceulx du contraire party.

Aussi a esté faicte lecture de la coppie de la provision du Roy par laquelle Sa Majesté a accordé à M. de Montmorency, fils de Mgr le Connestable, la survivance du gouvernement et lieutenance générale, pour Sa Majesté, audict païs de Languedoc, et d'aultre provision de sadicte Majesté sur la réunion des deux lieutenances dudict gouvernement en une seulle, en faveur de Mgr le duc de Ventadour, lieutenant général pour sadicte Majesté audict pays, en l'abscnce de mondict seigneur le Connestable, et a esté ordonné que lesdictes provisions seront enregistrées.

Après a esté par le sieur de Fumel, sindic dudict diocèse, faicte réquisition ausdictz commissaires, de permectre la continuation de l'assemblée des Estatz, pour traicter et dellibérer des affaires commungz dudict diocèse, laquelle permission a esté accordée.

Dudict jour, second de juillet, de rellevée.

• Ledict sieur de Fumel, syndic, a requis que ceux qui ont voix aulx Estatz et ont esté mandez pour assister à l'assemblée soyent appellés et les procurations leues; ce qui a esté faict comme s'ensuit : MM. du Chapitre de Mende ; MM. Malos et de Chanoillet, chanoines, avec procuration, signée Baissenc; M. d'Apcher, en personne ; MM. les consulz de Mende, en personne ; M. le baron de Mercuer, Loys de La Fage, sieur dudict lieu, son envoyé ayant assisté aulx Estatz généraulx de Languedoc pour ledict sieur, comme baron du tour, la présente année ; M. d'Albrac, M⁺ᵉ Anthoine Pradal, avec procuration ou syndicat des religieux d'Aubrac, signé Bernier, notaire, à la charge de recouvrer procuration expresse dans trois jours ; M. le baron de Peyre ; M. Pierre Chambrun, docteur en médecine, avec procuration de Mme de Peyre, signée Brugeyron ; M. de Ste Enimye ; M. Deodé Dumas, docteur ez droictz, avec procuration signée Comitis ; M. le baron de Céneret, absent ; le consul de Chirac, en personne ; M. de Lengoigne, absent ; le consul de Lengoigne, absent ; le procureur de La Canorgue, Barthélemy Frézal, procureur, en personne ; M. des Chambons, absent ; M. le baron de Canilliac, le sieur de Bouzolz pour luy, comme gouverneur de Saint-Laurens ; le procureur de Saint-Chély-d'Apchier, Vidal Bessel, procureur, en personne ; M. de Paliers, absent ; M. le baron de Randon, absent ; le consul de Salgues, sieur Pierre Martin, consul, en personne ; M. de S. Jehan, M. Pol Albaric, docteur ez droictz et juge en ses terres, présent, pour ledict sieur ; le consul du Malzieu, M° Jehan Pascal, en personne ; M. le baron de Florac, noble Anthoine de Bourbier, comme procureur de Mgr le Connestable, baron dudict Florac, avec procuration signée par mondict seigneur et Thibert et Robert, notaires ; le consul de Florac, Loys de Malafosse, sieur de Carnac, avec procure signée Bonnefoux et fournira d'aultre procuration dans deux jours précisement ; M. le baron du Tournel, absent ; M. d'Allenc, André Vivian, sieur de Freluguet, avec procuration signée Guyronde, notaire, et une lettre missive ; le sindic d'Ispaniac, Jean Grégoire, sindic, en personne ; M. de Montauroux, absent ; le procureur de Sainte-Enimye, absent ; le consul de Châteauneuf, absent ; M. de S. Auban, M. Gabriel Roffiac, son procureur ; le consul de Serverette, M. Jehan Alary, consul, en personne ; M. de Montrodat, absent ; le procureur de Saint-Estienne-de-Valfrancisque, Guyon de La Roche, en personne ; M. de Mirandol, absent ;

M. de Sévérac, M. Philip de Gibilin, docteur ez droictz, avec procuration signée Lecler, notaire ; le procureur de la viguerye de Portes, Loys Privat, en personne ; M. de Barre, absent ; le procureur de Barre, Jacques Castanet, qui a attesté avoir procuration que remectra dans trois jours précizement ; M. de Gabriac, en personne ; le sindic de S. Auban, M. Guillaume Vigouroux, avec procuration, signée Salvat ; M. de Portes, noble Guillaume Teyssier Ducros, sieur dudict lieu, avec procuration signée de Mme de Portes, signée Boyer, notaire ; le procureur du mandement de Nogaret, Jehan Latour, avec procuration signée Reversat ; M. de Servières, en personne.

Sur la difficulté intervenue de la personne de M. Pol Albaric, docteur ez droictz, envoyé de M. de S. Jehan et de M. Chambrun, docteur en médecine, envoyé de M. le baron de Peyre et de M. Gabriel Roffiac, notaire, envoyé de M. de S. Auban, n'estant de la qualité requise pour estre receuz, comme envoyez desdictz sieurs ; après en avoir esté délibéré, a esté concluè que, sans conséquence, les docteurs qui ont compareu pour les gens d'esglize seront receuz pour ceste foys tant seullement, comme de mesmes ledict sieur de Chambrun et Roffiac ; à la charge que désormais ne sera loysible à personne de se présenter, tant pour l'esglize que pour la noblesse et aultres que ne soit de la qualité requise ; sçavoir, pour l'esglise, ung homme ecclésiastique, et pour la noblesse, ung gentilhomme. Néantmoingz que les consulz seront tenuz faire apparoir de procuration de leur communaulté, à peyne que les envoyés n'auront séance ny voix délibérative en l'assemblée des Estatz de ce diocèse. De quoy sera faicte expresse mention aulx lettres de convocation des Estatz à l'advenir, affin que ceulx qui ont voix ausdictz Estatz n'en puissent préthendre cause d'ignorance ; le tout suivant les précédentes délibérations.

Sur la réquisition dudict syndic, faicte pour raison des désordres et rigoureuses exécutions que les receveurs qui ont esté commis audict diocèze despuis 30 ans, font faire ou leurs héritiers en la levée des restes de leurs receptes, qu'ilz préthendent leur estre deues ; a esté conclud qu'il sera, à la dilligence dudict syndic, notiffié ausdictz recepveur ou à leurs hoirs, remectre ung estat au vray, par eulx signé, des restes des impositions, qu'ilz préthendent leur estre deues, ensemble le livre de recepte desdictes impositions, pour après, lesdictz estatz et livre veuz, par la présente assamblée, estre pourveu aulx plainctes du pauvre peuple et estably ung reiglement pour l'advenir ainsi qu'il apartiendra, et cependant jusques y avoir satisfaict, la levée desdictz restes sera interdicte ausdictz receveurs pour le bien et solaigement du pauvre peuple.

Du sabmedy troisième jour dudict mois de juillet, de matin.

Se sont présentés Jacques Gibilin pour M. d'Arpajon, avec procuration signée Leclerc, notaire, et François Fumel, procureur de Sainte-Enimye, qui ont esté receuz en ladicte assamblée.

Le sieur de Planèzes, pour et au nom de M. le marquis de Canilliac, a remonstré comme le pays demeure débiteur audict sieur marquis, d'une notable somme que feu M. le marquis presta au diocèse, en l'année 1586, pour subvenir aux fraiz de l'armée conduicte par feu M. l'admiral de Joyeuse; si qu'à faulte de payement il en souffre de grandz interestz. Par quoy a requis l'assemblée luy faire donner contentement, tant du principal que des apportz qui luy sont aussi deubz. Sur quoy a esté conclud que à l'assistance de M. d'Ispaniac, vicaire général de mondict seigneur de Mende, MM. de Sainte Enimye, de Peyre, d'Allenc, les consulz de Mende, de Maruejolz, de Salgues, de Chirac, de La Canourgue, sont commis pour vériffier avec ledict sieur de Planèzes, ce que peult estre deub audict sieur de Canilliac, pour leur rapport faict en l'assemblée y estre par elle pourveu ainsi qu'il apartiendra.

Le sieur de Chanolhet, lieutenant général au bailliaige de Gévauldan, a dict comme il avoit heu cest honneur d'estre depputé en Cour, l'année dernière avec MM. d'Ispaniac, grand vicaire de Mgr de Mende; de Rousses et de Langlade, par les Estatz de ce diocèse, pour affaires importans le repos et soulaigement d'icelluy; pour raison desquelz leur auroit esté baillé cahier, signé par le greffier desdictz Estatz, sur le contenu duquel ilz en avoyent poursuivy envers Sa Majesté les provisions nécessaires; que s'ilz ne les ont obtenu telles qu'ilz eussent bien désiré, ce n'a pas esté faulte de soing et dilligence. Suppliant avoir agréable leurs poursuittes, desquelles ledict sieur de Chanolhet a faict ung long et particulier rapport, et du contenu ez provisions par eulx obtenues, qu'il a remises. Et après en avoir esté faicte lecture, il auroit encores faict rapport de ce qu'il a peu obtenir des Estatz généraulx de Languedoc où il avoit été depputé par le diocèse pour le sindic d'icelluy, pour poursuivre le remboursement sur le général de la province, de la despense fornie et advancée par ledict diocèse, pour l'entretenement de l'armée de S. M. conduicte par Mgr le duc de Vantadour, en l'année 1591, pour la réduction de la ville de Mende, ainsi qu'il estoit mandé ausdictz Estatz généraulx, par les lettres patentes que ledict sieur de Chanoillet, avec les aultres depputez en avoyent obtenues. A quoy lesdictz Estatz généraulx n'auroyent vouleu satisfaire que pour une partie, ayant seullement accordé la somme de 10,000 escus, payable en cinq années, oultre les 5,000 escuz par eulx accordez l'année précédente; ne voulant oublyer de tesmoigner, à l'assamblée, le bon office qu'il a pleu à Mgr de Mende, rendre en cest endroict au pays, et comme sans sa recommandation et présance, difficilement lesdictz Estatz eussent accordé aulcune chose, ce que le premier consul de Mende qui a assisté ausdictz Estatz généraulx et aux poursuittes qui ont esté faictes dudict remboursement, a pareillement tesmoigné. Sur quoy mondict seigneur le président, au nom de l'assemblée, a agréé les poursuites faictes par lesdictz depputez au nom dudict diocèses et les en a remerciez, ordonnant néantmoings qu'ilz remectront lesdictes provisions devers le greffier du pays, pour les garder jusques à ce que le pays s'en vouldra servir, sellon l'occasion. Et cependant que ce qui est deub ausdictz depputez, de leurs fraiz et vaccations, sera imposé en la présente assiéte.

M. Dumas, juge au bailliaige de Gévauldan, a remonstré comme il auroit esté requis faire publyer ung édict touchant les dellays de trois mois, donnez par le Roy au comptable des finances, pour faire restablyr toutes les parties rayées supercedant en leurs comptes, et de six moys pour les parties en souffrance, charges de debetz de quictance ou indécisions qui deppendent du pouvoir desdictz comptables à compter du jour de la publication desdictes Lettres patentes ; aultrement lesdictes parties seront levées comme tombées en debet de clair par le recepveur des restes ; de quoy ledict sieur Dumas a dict debvoir advertir l'assemblée, affin qu'elle puisse adviser si le pays y a aulcung interest.

M. Anthoine Chevalier, recepveur de ce diocèse, en l'année 1582, a dict comme il est constrainct rendre son compte, à la Chambre, des deniers impozés audict diocèze, en ladicte année, et mesmes des deniers du Roy ; du payement desquelz il auroit pleu à Sa Majesté, exempter et descharger ledict diocèze en ladicte année. Et d'aultant que pour garder que le diocèse ne soit troublé en ladicte jouissance de la grâce accordée par sadicte Majesté, il est nécessaire faire apparoir à la Chambre des Comptes, comme les habitans des villes dudict diocèze ont retenu les deniers de leurs cottitez par leurs mains ; à ceste cause, il en a dressé ung petit compte, lequel il a présenté et supplyé l'assemblée le vouloyr ouyr et arrester. Sur quoy, ceux qui ont esté cy dessus depputez pour la vériffication du debte demandé par M. de Canilliac, sont par mesme moyen commis, pour ouyr, clorre et arrester par ledict Chevalier, ensemble pour vériffier ce que luy peult estre deub de net. En quoy MM. de Chanoilhet et de Rousses, docteurs, assisteront et que du tout sera faict rapport à l'assemblée avant que de clorre ledict compte.

Ledict sieur Dumas, juge au bailliaige, a donné advis à l'assemblée, des abus que les commis des recepveurs de ce diocèse commectent à la levée des deniers de leurs receptes, pour le trop grand nombre de commis que lesdictz recepveurs y employent. Requérant l'assemblée y pourvoir pour le soulaigement du pauvre peuple.

Dudict jour troisiesme juillet, de rellevée.

Sur la réquisition faicte par le sieur du Bacon, docteur, de voulloyr ouyr, clorre et arrester le compte qu'il présente à l'assemblée, des munitions de vivres du magasin ordohné et estably en la ville du Malzieu, l'année 1585, par feu M. de S. Vidal, gouverneur dudict diocèse, disant avoir présenté ledict compte en toutes les assemblées que se faictes audict diocèse despuis ladicte année, sans que l'on luy aye jamais voulleu faire justice ; a esté ordonné que ledict compte est renvoyé à MM. les députez à l'audition des comptes pour vériffier le contenu en icelluy et en faire leur rapport à l'assemblée.

Sur la requeste présentée par les sindicz et procureurs de la Compaignie de Jésus, establye à Rodez, touchant certaine quantité de bled que fut prins du revenu de leur béneffice du Monastier en l'année 1597, par ordonnance de Mgr le duc de Vantadour, lieutenant général pour le Roy en Languedoc, pour employer à la nourriture de ladicte armée ; requérant à ceste cause leur pourvoir au payement de la valleur dudict bled ; a esté conclud que les supplians remectront ladicte requeste devers les auditeurs des comptes pour vérifier le contenu en ladicte requeste, et après en faire rapport et donner leur advis à l'assemblée pour y estre par elle pourveu ainsi que de raison.

Du lundy cinquiesme jour dudict mois de juillet, de matin.

M. de Mirandol s'est présenté à l'assemblée où il a esté receu et a prins sa place.

Noble Estienne de Sabran. sieur des Alpiés, s'est aussi présenté pour M. le baron du Tournel, avec procuration, signée Boniol ; laquelle veue ; il a esté receu et a prins sa place.

Le sieur de Soleilliac, envoyé de M. de Randon, a présenté une lettre missive que ledict sieur de Randon escript à ceste assemblée, suivant laquelle il a requis luy vouloir donner lieu et place à son rang. Et parce qu'il présuppoze le tour de baron luy estre deub ceste année, a requis et luy vouloir déclarer ; aultrement a protesté d'appeller au Conseil d'Estat de Sa Majesté. Après avoir faict faire lecture de ladicte lettre, et veu les dellibérations prinses en la dernière assemblée tenue à Maruejolz et l'ordre de la roue du tour, de tout temps et ancienneté observée ; a esté conclud que lesdictes dellibérations ne peuvent estre révocquées et que suivant icelles, lorsque le tour de baron dudict sieur de Randon viendra, luy sera baillé et non plustost, pour esviter la confuzion et désordre que s'en pourroit ensuyvre.

M. le premier consul de Mende a présenté à l'assemblée ung pacquet de lettres dont Mgr le duc de Vantadour le chargea à son partement de Pézénas, requérant estre faicte lecture desdictes lettres ; ce qui a esté faict et mesmes d'une commission de Sa Majesté, estant dans icelluy, portant prohibition de faire aulcune levée de gens de guerre, pour quelque occasion que ce soit.

Laquelle commission mondict seigneur le président a ordonné estre enregistrée.

Sur les réquisitions faictes à ladicte assemblée par les consulz et procureurs de la ville de Mende, Dimenche Dastuge et aultres créanciers du sieur de Fosseux, de faire imposer en l'assiéte de la présente année la somme de 27,444 escus, restante de la somme de 38,333 escus 20 solz et des interestz d'icelle, accordée audict sieur de Fosseux, par les articles de la capitulation de la reddition de la ville de Mende, pour l'acquitement des sommes deues ausdictz créanciers ; a esté delliberé et conclud que bien que le pays ayt juste raison de se pouvoir exempter du payement de ladicte somme pour luy avoir esté promise par Mgr le duc de Vantadour, lieutenant général pour le Roy de la part de Sa Majesté, pour faire rendre audict sieur de Fosseux, l'obéissance qu'il luy debvoit et ladicte ville. Et en tous cas que cestoit au pays de Languedoc d'icelle payer ; ce néaulmoingtz et attandant qu'il en soit aultrement ordonné par Sa Majesté et lesdictz Estatz généraulx, il a esté conclud que combien que la povreté du peuple soit notoire, que ladicte partye de 2,744 escus sera néaulmoingtz impozée en quatre années, et à ceste fin que MM. les commissaires de l'assiéte dudict diocèse seront requis imposer ung quart de ladicte somme de 27,444 escus, revenant à 6,861 escus 6 solz 7 deniers, pour estre payée aulx créanciers cy après nommés en l'acquict, tant dudict sieur de Fosseux que dudict diocèse qui payent mesmement interestz de ce qu'ilz ont emprunté pour ledict seigneur, sur et tant moingz de ce qui leur a esté par luy assigné ; assavoir : à plusieurs particulliers habitans de ladicte ville de Mende, par les cédulles et promesses qu'ilz ont dudict sieur de Fosseux qu'il a constrainctz luy prester, avec promesse de leur rendre pour le payement desquelz ladicte partie de 100,000 livres luy fut, pour ceste principalle considération, accordée par ledict seigneur duc de Vantadour. Suivant le rolle signé par ledict procureur de ladicte ville, la somme de 1,512 escus 50 solz ; à Mlle de Valernod, vefve du feu sieur de Valernod ; la somme de 1,278 escus ; au sieur Dastuge 2,000 escus ; à M. de S. Auban 1,500 escus ; au sieur de La Brueille 350 escus ; au sieur de La Borde 240 escus 56 solz 7 deniers ; à Nicolas Chaumond 100 escus ; à Izaac de Villis 40 escus ; à Jehan Gendron 40 escuz, et que nos seigneurs de la Cour des Aydes seront suppliez au nom du sindic dudict diocèse, authoriser la susdicte dellibération et ordonner que l'ordre prins par les Estatz dudict diocèse, pour l'acquitement du debte dudict sieur de Fosseux, sera observé pour le bien et solaigement dudict diocèse et d'aulcungz desdictz créanciers cy dessus qui payent interestz de la pluspart des sommes dessus dictes, à eulx assignées par ledict sieur de Fosseux. Et ce faisant, que lesdictz créanciers cy dessus nommés jouyront, la présente année, de l'effect de la présente dellibération et seront payez par le receveur dudict diocèse des sommes qui sont particulièrement affectées à chacun d'eulx et que le surplus restant de ladicte somme sera impozé en trois années suivantes en l'acquit dudict sieur de Fosseux envers lesdictz créanciers.

Et pour le regard de la partie de 4,000 escus deue au sieur Jehan Donnat Pitron, de la ville de Béziers, par luy prestée audict diocèze, soubz la procuration du sieur de S. Auban et payée audict sieur de Fosseux pour satisfaire en partie aulx articles de ladicte capitulation ; a esté conclud qu'elle sera impozée en la présente assiéte, ensemble les interestz d'icelle, assavoir : 440 escus à quoy Loys Astanières, comme procureur dudict sieur de S. Auban, s'est obligé envers le sieur Léonard Pitron, frère dudict sieur Donnat, pour les apportz de la première année et 333 escus 20 solz pour les apportz de la seconde qui eschorra le 17⁰ jour de novembre prochain, le tout sans préjudice au sindic dudict diocèse du recours, pour le remboursement desdictes sommes, contre le sindic général de Languedoc, suivant l'intention de Sa Majesté, portée par ses Lettres patentes.

Sur les plainctes faictes à l'assemblée par plusieurs consulz des villes contre les recepveurs dudict diocèse et leurs commis, des abus et malversations qu'ilz commettent en la levée des deniers de leurs receptes ; a esté conclud qu'à la poursuitte du sindic dudict diocèse, la Cour des Aydes sera supplyée depputer ung commissaire du corps de la Cour, pour informer, au nom et despens dudict diocèze, des concussions, extorsions et malversations que aulcungz desdictz recepveurs et leurs commis ont faict et font journellement en la levée desdictz deniers, et cependant MM. de la noblesse sont priés faire informer desdictes concussions et lesdictes informations faictes, les remectre devers ledict sindic.

Jehan Vincens, de S. Auban, a remonstré que les habitans du lieu de Sèches, en la paroisse de Fontans, ne doibvent au sieur Chantuel, des deniers extraordinaires, en l'année 1597, pour restes de leur cottité, que 3 escus. Lesquelz bien qu'il ayt offert et présentés à M. Mollery, commis dudict sieur Chantuel, ne les auroit vouleu recepvoir, ains par surprinse auroit, peu de jours après, faict taxer certains préthenduz despens à 9 escus ; pour avoir payement desquelz il a faict faire prisonniers certains habitans dudict lieu, oultre que tout leur bestail demeure encores saisy et arresté à grandz fraiz ; suppliant l'assemblée pourvoir à telz désordres.

Sur quoy, après que ledict Mollery s'est présenté pour se purger, tant de ceste accusation, qu'il a dict estre une calompnye que de toutes aultres qu'on luy met sus ; a esté conclud, veu l'offre faict par ledict Vincens, du payement desdictz restes, que lesdictz prisonniers seront eslargiz et ledict bestail récédé, en consignant lesdictz trois escus au greffe du bailiage. Et au surplus que ledict Mollery demeurera arresté jusques à s'estre justiffié des cas à luy imposés. Desquelz le sindic dudict diocèse fera informer.

Sur la requeste présentée par M. Anthoine Boudon, docteur, et aultres habitans de la ville de Mende, tendant à ce qu'ilz soyent payez du prys de leurs maisons qui ont esté ruynées pour la construction de la citadelle de Mende ; a esté conclud que les supplians et tous aultres que y préthendront intérestz, soit pour directe ou aultrement, se retireront à la Cour des Aydes, pour avoir permission de faire bannyr et arrester la partie qu'est deue au sieur de Fosseux par ledict diocèse, pour le payement de la somme de 1,000 escus par luy receuz, sur et tant moingz du prys desdictes maisons ; en quoy ledict sindic leur assistera à leurs despens. Et pour le surplus, leur sera pourveu à la prochaine assemblée ainsi qu'il appartiendra. Et cependant la somme de 100 escus sera impozée en la présente assiéte, sur et tant moingz du debte desdictz propriétaires. De quoy ledict sieur Bouton ne s'est vouleu contenter et a persisté d'en avoir recours à la justice.

Sur aultre requestée présentée par ledict sieur Bouton, comme héritier de Jehan Clémens, pour avoir payement de certaines sommes da deniers qu'il préthend luy estre deues par ledict diocèze ; a esté conclud que ledict Bouton remectra les papiers de ses prétensions, devers les depputez à l'audition des comptes et vériffication du debte du sieur marquis de Canilliac, pour iceulx voyr et en faire rapport à l'assemblée affin d'y estre après par elle pourveu ainsi qu'il appartient.

Dudict jour, cinquiesme de juillet, de rellevée.

S'est présenté ledict Mollery, qui a dict que le sieur de Seras, comme sieur de Barre, luy a faict procuration pour et en son nom assister à ceste assemblée ; requérant suivant ladicte procuration de le recepvoir et luy donner séance sellon le rang deub audict sieur de Barre ou à son envoyé. Sur quoy, après lecture faicte de ladicte procuration, a esté delliberé et conclud, attendu que ledict Mollery a esté déféré de certains crimes commis en la levée des tailles, comme commis du sieur Chantuel, receveur dudict diocèse, en l'année 1597, et que le sindic a faict faire des inquisitions sur lesdictes plainctes ; a esté conclud, à ceste occasion, qu'il ne peult estre reçeu en ceste assemblée pour y avoir séance ny voix dellibérative.

M. d'Ispaniac, grand vicaire de Mgr de Mende, comme depputé à la vériffication du debte de M. le marquis de Canilliac, faisant le rapport de ladicte vérification a dict : qu'après avoir ouy le sieur de Planèzes qui faict la poursuitte de ce debte et veu les papiers et actes nécessaires à la licquidation de cest affaire, ilz ont trouvé que par dellibération des Estatz dudict diocèse, tenuz à Maruejolz en apvril 1596, la partie demandée par le sieur marquis fut licquidée, tant pour le principal que interestz jusques à la fin de ladicte année à la somme de 7,833 escuz 20 solz, et que sur et tant moingz d'icelle aulx estatz tenus à Chanac en juillet 1597, fut imposée la somme de 2,611 escus; de laquelle luy a esté payé en febvrier 1598, la somme de 2,000 escus seullement. A raison de quoy, ledict sieur de Planèzes demande les interestz de la somme principalle de 6,553 escus 20 solz pour ladicte année 1597, à raison du denier doutze, montant à ladicte raison 527 escus 46 sols 6 deniers, et ainsi luy seroit deub jusques au commencement de ladicte année 1598, tant du principal que interestz 8,361 escus 6 solz 8 deniers, de laquelle desduisant les 2,000 escus payés par ledict Chantuel, resteroit deub de net, audict sieur, 6,361 escus 6 solz. De laquelle somme ledict sieur de Planèzes demande les apportz de ladicte année 1598, et encores de la présente 1599, que montent à la susdicte raison, 955 escus 33 solz 4 deniers, qui seroit en tout 7,316 escus 39 sols 4 deniers.

Ont aussi vériffié que ledict sieur marquis estoit chargé par l'obligation de fornir et mectre les bledz par luy vendus entre les mains du commissaire général des vivres et en rapporter récépissé au pays. De quoy toutesfoys, ledict sieur de Planèzes ne faict aulcunement apparoir, qui est chose remarquable, attendu que de cela procède la nullité de l'obligation. D'ailleurs il compte les interestz à raison du denier doutze qui seroit une ouverture de pernicieuse conséquence au pays, à l'endroict de tous aultres créanciers et se despartir du bénéffice des lettres de respict dont reviendront de perte audict pays pour tous lesdictz interestz de 1,733 escus 20 solz. Davantaige il compte lesdictz 2,000 escus sur lesdictz interestz, au lieu qu'ilz doibvent estre comptés sur le principal. Et surtout est à considérer l'origine et fondement d'où descend ledict debte qui est une vente de bled, dont il n'y a que 500 cestiers froment et 700 cestiers seigle et 500 cestiers avoine, oultre la réduction des mesures.

Ouy le rapport des sieurs depputez sur la requeste présentée par le sindic du collége de la compaignie de Jésus, establye à Rodez, pour raison des 31 cestier 5 mitadencz froment que leur furent prins, par ordonnance de Mgr de Vantadour, pour subvenir aulx fraiz que convenoit faire pour le siége de la ville de Mende ; laquelle quantité fut dellivrée au sieur Capelle, commis à la garde et générale distribution des vivres ez armées du Roy en Languedoc, ainsi qu'appert de son receu du 6e octobre 1597 ; après avoir recueilly les voix, suivant la pluralité d'icelles, a esté conclud que ladicte quantité bled, sera payée au suppliant au nom qu'il procède, à raison de deux escus le cestier pour les susdictes considérations et qu'à ces fins, la somme de 63 escus 15 solz, à laquelle revient ladicte quantité sera impozée en ceste prochaine assiéte qui se fera. A quoy le sieur de Gabriac et les consulz de Florac et de Saint-Estienne-de-Valfrancisque et viguerie de Portes n'ont consenty.

Du mardy sixiesme jour dudict mois de juillet, de matin.

Noble Jean Despinasse, sieur des Salelles, s'est présenté pour M. le baron de Céneret, avec procuration, signée Bonnel, et a esté receu.

Aussi s'est présenté Godoffré Chardon, consul de Lengoigne, qui a esté aussi receu.

De mesmes s'est présenté M⁰ Gervais Chantuel, pour M. des Chambons et M⁰ Gilles Barthélemy, comme substitué du sieur Mollery, procureur du sieur de Barre avec ladicte procuration et substitution signée Bruel, notaire, et ont esté receuz, comme aussi Charles de Destreitz, escuyer, pour les consulz nobles de La Garde-Guérin avec procuration signée : Mathieu, notaire.

Sur le faict du debte demandé par le sieur de Planèzes pour M. le marquis de Canilliac, que a esté mis en delliberation, sur le rapport faict le jour d'hier par MM. les depputez à la vériffication dudict debte, a esté conclud, à la pluralité des opinions que, pour le princtpal et pour les fraiz et interestz préthendus par ledict sieur marquis de Canilliac, tous payemens alloués et mesmes le dernier de 2,000 escus, faict par ledict Chantuel, en déduction de 2,600 escus, qui avoyent esté impozés aulx estatz tenus à Chanac, l'année 1597, sera imposé et payé audict sieur marquis ou à ceux qui ont droict et cause de luy, la somme de 6,333 escus 20 sols, et ce en trois années prochaines, par esgalles portions et aulx termes des assiétes qui en seront faictes, à commencer la présente année, sans que ladicte somme puisse estre convertie à aultres uzaiges, et moyennant ce, ledict sieur marquis ne pourra, pour l'advenir, demander ny préthendre aultre chose ny avoir aultre action que contre le receveur qui sera en charge, à condition aussi que ledict sieur marquis sera tenu rendre acquict ou récépicé vallable au commissaire général des vivres ou d'aultre ayant pouvoir du pays, de la réception des bledz venduz, pour raison desquelz ledict debte a esté conceu, suivant la teneur de l'obligation sur ce passée, ensemble main-levée du bannyment faict dudict debte entre les mains de MM. les commis, sindic et depputez a la requeste du sieur Caulel.

Sur la remonstrance faicte par le sieur Boyssière, lieutenant en ce diocèse du prévost de MM. les mareschaulx, de ce que le sieur d'Ogyer, prévost général en Languedoc, le poursuit et veult constraindre de remectre devers luy les actes et papiers du faict de sa charge, ores qu'il n'y soit aulcunement tenu, attendu mesmes que, suivant les priviléges et ancienne coustume de tout temps observée, dudict pays de Gévauldan, il a promis, par l'acte du serement par luy presté aulx Estatz dudict pays, le jour de sa réception, de remectre lesdictz actes et papiers au greffe du bailiaige dudict Gévauldan; requérant pour ceste occasion ladicte assemblée prendre son faict en main et le rellever de ceste vexation; a esté conclud que le sindic escripra, au nom du pays, audict sieur d'Ogyer, prévost général pour le pryer de ne travailler ledict Boissière, pour raison desdictz papiers. Et où il ne vouldroit désister de sa poursuitte, que ledict sindic assistera en cause ledict Bazalgète, pour la conservation des priviléges dudict pays.

S'est présenté à l'assemblée M. Jehan Aldin, qui a remonstré qu'il a esté pourveu de l'office de lieutenant particulier au bailiaige de Gévauldan et receu, à l'exercice d'icelluy, par la Cour de parlement de Tholoze. Et, d'aultant que sur ladicte réception il luy a esté donné assignation au Conseil d'Estat, au nom du sindic dudict diocèse et qu'il estime que cest contre l'intention des Estatz, a requis l'assemblée luy vouloir déclarer si elle entend advouer ledict sindic en ladicte poursuitte, affin que sur la condempnation des despens qu'il préthend avoir, il sache à qui il se debvra adresser. Sur quoy

MM. Dumas, juge, et de Chanolhet, lieutenant général audict bailiaige, ayant amplement remonstré et faict entendre à l'assemblée le notable interest que le pays peult avoir à la réception dudict sieur Aldin, audict office, lequel d'aillieurs a esté supprimé par les ordonnances du Roy, comme estant de nouvelle érection inutile et onéreux au public et qu'à raison d'icelle il y en a procès au Conseil d'Estat, où le sindic est joinct en l'instance pour l'interest dudict pays; a esté concluds que ledict sindic demeurera joinct en l'instance et assistera lesdictz sieurs Dumas et de Chanoillet en ladicte poursuitte contre ledict Aldin, pour l'intérêt que le pays y peult avoir, sans toutesfoys constituer le diocèse en fraiz ny despens.

Le sieur de Seguin, premier consul de Maruejolz, a remonstré que la convocation de la présente assemblée des Estatz se debvoit assigner en la ville de Maruejolz la présente année, comme estant en son tour, suivant leurs priviléges et le pariaige faict entre le Roy Philippe-le-Bel et Guillaume Durand, lors évesque de Mende. Mais d'aultant que pour régler le tour et ordre qui avoit esté interrompu par l'injure du temps, Mgr le duc de Vantadour avoit ordonné que la tenue des Estatz seroit la présente année en ceste ville de Mende et l'année prochaine en celle de Maruejolz et que cest ordre seroit continué à l'advenir alternativement en chascune desdictes villes; a requis que ladicte ordonnance seroit leue et enregistrée, et néaulmoings que le tour de la tenue desdictz Estatz soit par ladicte assemblée déclairé apartenir, l'année prochaine, à ladicte ville de Maruejolz, et par mesme moyen, qu'il plaise à ladicte assemblée faire déclaration, si elle entend advouer ou désadvouer le sindic dudict pays en la poursuitte qu'il faict contre les habitans dudict Maruejolz, pour la séance de la Cour de bailiaige, qui doibt estre en ladicte ville de Maruejolz, l'année prochaine, suivant les mesmes priviléges et ledict contract de pariaige.

Pour procéder au despartement des deniers du Roy avec MM. les commissaire principal et ordinaires, ont esté commis les envoyés de MM. des Chambons et d'Allenc et les consulz de Saint-Estienne-de-Valfrancisque et de Barre.

Sur la requeste présentée par M. François Du Jardin, touchant les prétensions qu'il a contre le diocèse ; desquelles l'on avoit esté en termes d'accord en la dernière assemblée, tenue l'année passée en ceste ville de Mende ; a esté ordonné que MM. les depputez à l'audition des comptes sont commis pour vérifier le contenu en ladicte requeste et en dernier advis à l'assemblée pour y estre par elle pourveu ainsi que bon luy semblera.

Dudict jour, sixiesme juillet, de rellevée.

D'aultant que les prisons du Roure de ceste ville de Mende sont despuis ung an et davantaige pleynes de prisonniers qui sont du gibier du prévost des mareschaulx, ausquelz les lieutenants dudict prévost audict diocèse n'ont moyen faire le procès, à cause que, ayant lesdictz prisonniers décliné leur jurisdiction, il leur est nécessaire, mesmes suivant ung arrest naguières donné par la Cour de parlement de Tholoze, touchant le jugement des prévostables de les faire conduyre au plus prochain siége présidial, qui est cellui de Nismes, pour faire juger le déclinatoire et leur faire le procès. Ce qui ne se peult faire sans grandz fraiz et despens; ausquelz, par faulte de parties civilles et du revenu du domaine du Roy, le diocèse ne peult plus subvenir, à l'occasion de sa pauvreté, estant assez chargé de l'entretenement desdictz deux lieutenans de prévost, de deux greffiers et leurs archiers, joinct que le chemin d'icy à Nismes est si long et si difficile que lesdictz prisonniers n'y peuvent estre conduictz sans grand péril de sesvader ou d'estre reconnus en chemin; au moyen de quoy la jurisdiction desdictz prévostz demeurant inutille, et néaulmoings à grand charge audict diocèse, oultre l'impunité des crimes, a esté conclud que ledict sindic dudict diocèse poursuivra dilligement, en ladicte Cour de parlement de Tholoze, la vérification des provisions obtenues à sa requeste, par lesquelles il a pleu au Roy, confirmer l'attribution de la cognoissance des cas prévostaulx et aultres aux officiers du bailiaige de Gévauldan, affin que la justice puisse estre promptement administrée et les maléfices punys dans ledict diocèse pour le bien, repos et solaigement du pauvre peuple; à quoy les depputez des Cévennes n'ont consenty.

Est venu à l'assemblée le sieur d'Hauteville, secrétaire de Mgr le duc de Vantadour, lequel a présenté à l'assamblée les lettres closes que mondict seigneur le duc et Mme de Vantadour luy escripvent et luy a faict entendre, comme il avoit pleu au Roy, faire don à ma dicte dame de la somme de 10,000 escus, à prendre sur les restes des deniers du Roy de plusieurs années et mesme de l'année 1589 qui sont deubz entièrement pour n'avoir esté impozées par ledict diocèse en ladicte année, et a exhibé les Lettres patentes dudict don, vériffiées tant au bureau des finances que en la Chambre des Comptes en

Languedoc ; requérant y estre faicte lecture et estre pourveu par ladicte assemblée au payement de ladicte somme suivant l'intention de Sa Majesté.

Sur la requeste présentée par M. Jacques de Casalmartin à ce qu'il pleut à l'assamblée faire impozer la somme de 60 escus qui luy est deue des restes de son voiaige faict pour le diocèse aulx Estatz généraulx de Bloys, en l'année 1589 ; a esté conclud, suivant la dellibération de la dernière assemblée du pays, tenue en ceste ville, l'année passée, que ladicte somme de 60 escus sera impozée en la présente assiéte et payée par le receveur au suppliant pour restes de ce qui luy est deub dudict voiaige.

Sur ce qui a esté remonstré par le sieur de Manifacier, recepveur dudict diocèse, comme il a pleu au Roy, exempter les habitans dudict diocèse du payement des deniers de ses tailles pour une année à despartir en deux, dont la moitié revient pour la présente année, suivant la vériffication faicte par MM. les trésoriers généraulx, à la somme de 811 escus, desduictes les charges ainsi qu'est porté par leur attache, requérant en cas qu'il fut inquiété pour ladicte somme, qu'il pleust à l'assemblée luy passer asseurance d'indempnité ; à esté conclud que MM. les commissaires de l'assiéte seront requis, procédant au despartement des deniers du Roy, défalquer, dudict despartement, ladicte somme de 811 escus. Et en cas que lesdictz sieurs trésoriers ou M. le receveur général expédieroyent aulcunes constrainctes contre ledict sieur de Manifacier, pour le payement de ladicte somme, pour avoir esté distraicte dudict despartement, le sindic dudict pays, en ce cas, prendra le faict et cause pour ledict sieur de Manifacier et l'indempnisera de tous despens, domnaiges et interestz qu'il pourroit souffrir pour ce regard.

**Du mercredy, septiesme jour dudict mois de juillet,
de matin.**

Sur la requeste présentée par Marie de Cayres, dame d'Entraigues, tendant à ce qu'il pleust à l'assemblée impozer la somme de 385 escus qui luy fut accordée par dellibération de MM. les depputez du pays, au mois de juillet 1592, pour desdommaigement de la démolition faicte, par délibération du païs, d'une sienne maison en la ville de Chirac, saulf à desduyre ce que se trouvera avoir esté payé ; a esté conclud que la vériffication faicte de ce que a esté payé sur et tant moingtz de ladicte somme, le surplus sera impozé en la présente assiéte pour entier payement d'icelle.

Sur la requeste présentée par certains habitans de la paroisse de Saint-Laurens-de-Veyrès, tendant à ce que soit le plaisir de ladicte assemblée, ordonner que ceulx des habitans de ladicte paroisse qui auront payé leur portion et cottité des impositions dudict diocèse, ne pourront estre constrainctz pour les aultres reffuzans ou insolvables ; a esté dict, que les supplians se retireront par devers MM. les depputez à l'audition des comptes pour pourvoir sur le contenu, en leur requeste, et cependant inhibe aux receveurs constraindre lesdictz supplians aultrement que comme leur est ordonné par sentence de la Cour du bailliaige.

Le sieur Borrel, cy devant receveur dudict diocèse en l'année 1581, a requis l'assemblée luy faire droict sur ce qui luy est deub par arrest et closture des comptes par luy rendus au pays, et par mesme moyen pourvoir à son remboursement de la despense et fraiz par luy avancés pour faire vériffier, au bureau des finances en Languedoc, les Lettres patentes du Roy, pour l'exemption des tailles accordées par Sa Majesté audict diocèse la présente année, suivant la charge que luy en avoit esté donnée par MM. les commis et depputez dudict diocèse dont il a présenté et remis le comptereau ; suppliant l'assamblée le vouloir arrester, à l'effect que dessus. Sur quoy a esté conclud par MM. les depputez, à l'audition des comptes, sera faicte vériffication de ce qui est deub audict sieur Borrel, pour, ouy leur rapport, y estre pourveu par l'assamblée ainsi qu'il appartiendra.

M. Anthoine Rodier, lieutenant de prévost des mareschaulx, en ce diocèse, au quartier des Cévennes, a présenté le verbal des chevauchées par luy faictes durant l'année, pour l'exercice de sa charge ; requérant l'assamblée luy pourvoir à l'entretenement de plus grand nombre d'archiers et à l'augmentation de ses gaiges, à ce qu'il ayt moyen de s'acquiter dignement de sadicte charge, au contentement du pays et punition des malfaiteurs.

Sur la réquisition faicte à ladicte assamblée par Pierre Colrat, de Maruejolz, de pourvoir au payement, tant de la somme de 75 escus, dont il a obtenu arrest de condemnaption avec despens contre ledict diocèse, que de 31 escus 29 sols 4 deniers, par taxat de ladicte Cour ; aultrement a protesté d'uzer d'exécution ; a esté conclud que la moitié desdictes sommes seront impozées la présente année pour estre payée audict Colrat et l'aultre moitié l'année suivante.

Sur la réquisition faicte par M° Jehan Hermet, commis de M. Bernard Dangles, cy devant recepveur dudict diocèse, en l'année 1588, de luy faire raison sur l'estat qu'il a dressé et présenté à l'assemblée ; a esté dict qu'il est renvoyé aulx depputez à l'audition des comptes, pour pourvoir audict Hermet, comme ilz trouveront raisonnable.

Pour pouvoir aux abus que les recepveurs de ce diocèze commectent à l'exercice de leurs charges, mesmes en ce qu'il a esté vériffié que pour le grand nombre de commis qu'ilz tiennent, advient bien souvent qu'une partie des payemens que leurs sont faictz par les collecteurs, ne se trouvent escriptz en leur livre ; a esté concluld que doresnavant ne sera loisible ny permis aulx recepveurs dudict diocèse, de tenir aulcung livres et registres de leur recepte qui ne soit vériffiez, paraffez et signez par MM. les commissaires de l'assiéte et greffier dudict païs, et qui seront relyez, pour garder qu'il n'y puisse estre rien changé ny altéré ; dans lesquelz lesdictz receveurs seront tenuz escripre tous les payemens qui leur seront faictz des deniers de leurs receptes et en quelle espèces et non ailleurs, à peyne de péculat. De quoy sera mis une clause expresse dans leurs contractz de bail de recepte, affin qu'ilz n'en puissent préthendre cause d'ignorance.

M. Anthoine Chevalier, cy devant recepveur dudict diocèze, en l'année 1582, a dict qu'il auroit pleu au Roy, faire don audict diocèze de ses deniers deubz en ladicte année, lequel don n'a esté vériffié en la Chambre. Et d'aultant qu'il est constrainct rendre compte à ladicte Chambre et qu'il est certain que ledict don sera rejecté dudict compte, s'il n'est préalablement vériffié par ladicte Chambre. A ceste fin, il a requis l'assemblée ordonner que le recepveur qui entrera en charge fournira ce que sera nécessaire pour ladicte vériffication, affin que le pays se prévaille dudict don, et ordonner que le sindic luy fera certiffical comme le pays a jouy d'icelluy, comme ledict Chavalery a faict aparoir, et que la pluspart des consuls des villes l'ont retenu par leurs mains, sur et tant moings de leurs tailles et impositions, et qu'il en a rendu compte audict pays ; affin que la partie ne luy soit rayée par ladicte Chambre ; a esté conclud que le pays fera fondz audict sindic de ce qui sera nécessaire pour ladicte vérification, et néaulmoings qu'icelluy sindic baillera certifficat audict Chevalier, pour tesmoigner à ladicte Chambre comme ledict pays a jouy dudict don, et en ceste considération le supplyer de passer ausdictz comptes la somme à laquelle revient icelluy don.

Sur la réquisition faicte par M. Paul Arnauld, commis à l'extraordinaire des guerres, en Languedoc, tendant à ce qu'il feust pourveu, par imposition en la présente assemblée, au payement de la somme de 5,750 escus deue au sieur Portalés, trésorier dudict extraordinaire, par accord et contract faict avec le pays, ensemble les despens, dommaiges et interestz par luy faictz et souffertz despuis ladicte convention, suivant les arrestz de la Cour des Aydes ; a esté dellibéré et conclud que sur ladicte partie, sera imposé, en la présente assiéte, la somme de 1,757 escus, scavoir : 1,000 escus, sur son principal, et 750 escus pour les despens, domaiges et interestz à luy accordez ou audict Arnauld, par ledict contract. Et pour les 2,000 escus restans, luy seront impozés ez deux prochains Estatz dudict diocèse ; le tout sans despens ny interestz. A quoy ledict sieur de La Cassaigne a consenty, à la charge de le rembourser des fraiz de son voiaige qui ont esté accordez à 20 escus qui seront aussi impozés en la présent assiéte.

Et sur aultre réquisition faicte par ledict sieur de La Cassaigne pour et au nom du sieur Delhon, trésorier de France et cy devant trésorier provincial en Languedoc, à ce que par ladicte assemblée fut aussi pourveu au payement de la somme de 503 escus 2 solz deue audict sieur Delhom, par ledict diocèse, suivant l'arrest de la Cour des Aydes, pour la cottité d'icelluy diocèse, de la somme de 8,000 tant d'escus, pour restes d'ung debet de compte, rendu par ledict sieur Delhom, de l'administration de l'année 1590; a esté concludd que ladicte partie sera impozée en la présente assiéte, pour estre payée audict sieur Delhom, sans despens ny interestz, à quoy ledict sieur de La Cassaigne a consenty.

M° Estienne Motte, d'Anduze, remissionnayre de M. Anthoine Barthélemy, a dict que pour raison des arrestz de condempnation par luy ou ledict Barthélemy obtenus de la Cour des Aydes, contre ledict diocèse, il luy est encores deub la somme de 1,000 escus, pour restes de plus grand somme; requérant de pourvoir à l'imposition en la présente assiette pour le payement de ladicte somme. Sur quoy a esté concludd que la somme qui se treuvera deue audict Motte, sera impozée et payée en trois années prochaines à trois payemens esgaulx, à commencer la présente assiéte; le tout sans despens ny intérestz, à quoy ledict Motte a consenty.

Sur la réquisition faicte par M. Jacques Missilier, payeur de la compaignie du sieur de Pujol, de pourvoir par imposition à son payement de la somme de 366 escus 39 solz pour restes de plus grande somme à luy deue par arrest et taxat qu'il en avoit obtenu de la Cour, ensemble à son remboursement des fraiz des voiaiges qu'il a faictz, de Pézénas en ceste ville de Mende, pour avoir payement de ladicte somme ; a esté conclud que ladicte somme sera impozée en la présente assiéte et payée audict Missilier, pour toutes restes dudict debte, ensemble la somme de 20 escus pour tous fraiz de voiaiges, domaiges et interestz, à quoy ledict Missilier a consenty.

Ledict sieur de Fumel, sindic, a remonstré comme le sieur Blancard, luy a faict signiffier ung arrest de condemnaption de la Cour des Aydes, obtenu contre luy, de la somme de 430 escus que ledict sieur Blancard demande estre impozée pour son payement, avec les despens. A esté conclud, attendu que ladicte somme fut impozée en l'assiéte de M. Jacques Chantuel, en l'année 1597, que ledict sieur Blancard s'adressera, si bon luy semble audict Chantuel, comme aussi ledict sieur de La Croix pour la somme de 100 escus et le sieur de Roquoles pour 55 escus 20 sols, qu'ilz demandent ; ayant esté leurs parties couchées en ladicte asssiéte.

Dudict jour, septiesme dudict mois de juillet, de rellevée.

Le sieur de Marimond a requis vouloyr impozer la somme de 27,440 escus, laquelle le sindic du pays est condempné, par arrest de la Cour des Aydes, faire impozer, qu'il préthend estre deue au sieur de Fosseux, par les articles à luy accordez par Mgr le duc de Vantadour, pour la reddition de ceste ville de Mende, en l'obéissance du Roy, pour luy estre payée suivant iceulx et l'arrest de ladicte Cour. A quoy luy a esté respondu qu'il y a esté jà pourveu par l'assemblée, laquelle a conclud et ordonné que ledict préthendu debte, restant audict sieur de Fosseux, seroit impozé et payé en quatre années, commençant la présente, à l'occasion de l'extrême pauvreté du peuple et de l'impossibilité de pouvoir icelle plustost payer pour les aultres grandz debtes et charges qu'il est constrainct supporter pendant ledict temps, que ne reviennent à moingz de 80,000 escus pour chascune desdictes quatre années, et que sur ladicte somme impozée nos seigneurs de la Cour des Aydes seront suppliez allouer les parties couchées en l'estat qui a esté arresté par dellibération de ladicte assemblée que sera présenté à ladicte Cour pour le solaigement dudict diocèse.

Le sieur Achard, pour et au nom de noble Symon de La Panouze, sieur de Fabrègues, a requis l'assemblée luy faire imposer et payer la somme de 266 escus 40 solz qui luy fut accordée par dellibération de MM. les depputez du pays, pour en partie le desdommager de la démolition de sa maison de Grèze que fut faicte par commandement de Mgr de Vantadour, pour le bien et soulaigement du diocèse. Sur quoy a esté conclud que ladicte somme sera impozée en trois années à commencer la présente pour estre payée audict sieur de Fabrègues ; à la charge de ne faire rebastir audict Grèze, aulcune maison forte, et en cas qu'il le fairoyt, qu'il sera tenu restituer ce qu'il aura prins de ladicte somme et le sindic empêchera ladicte fortiffication.

Sur la requeste présentée par Jehan Puech, praticien du lieu de Salabrez en Cévennes, tendant à ce qu'il pleust à l'assemblée luy faire impozer la somme de 66 escus 40 solz pour ses gaiges d'archers du sieur Rodier, lieutenant de prévost des maréchaulx en ce diocèse, de l'année 1597, qui ne furent impozés par mesgarde en faisant l'assiéte, bien qu'il eust esté arresté par dellibération des Estatz ladicte année et qu'il ayt faict le service durant ladicte année, comme appert par le certifficat dudict sieur prévost; a esté conclud, veu ladicte obmission, que MM. les commissaires de l'assiette seront requis impozer ladicte somme la présente année pour estre payée audict Puech par le recepveur dudict diocèze.

Sur la requeste présantée par M. Jacques Gardye, baille au mandement de Montvaillant, à ce qu'il pleust à l'assemblée luy accorder quelque récompense des fraiz qu'il a esté contrainct faire pour se faire penser de la blessure d'ung coup d'espée qu'il receut dernièrement à travers le corps, en donnant main-forte au sieur Rodier, lieutenant de prévost audict diocèse, qui l'avoit requis de l'assister à la capture de Jean Vieilzjoulx et aultres voulleurs assemblez au nombre de doutze, au lieu de Salvejouc; a esté accordé audict Gardye, la somme de 30 escus pour estre impozée en la présente assiéte et payée audict Gardye par le recepveur dudict diocèse.

Sire Jacques Gibilin, de Maruejolz, a représenté, comme en la dernière assamblée du pays, tenue en ceste ville, l'année passée, ayant requis ladicte assamblée luy faire raison du droict qu'il a sur la mestarye de Laldonnez, vendue par le syndic dudict diocèse à feu M. d'Apchier; ladicte assamblée trouve bon de prier MM. Dumas et de Chanolhet qui estoit sindic, lors de ladicte vente, de voyr ses papiers, pour en donner advis à l'assambléc. Et parce qu'ilz sont bien particulièrement instruictz de son droict, il requiert les Estatz les vouloyr ouyr.

Le sienr de Chanolhet, lieutenant au bailliaige de Gévauldan, comme l'ung des depputez à l'audition des comptes, a dict que les aultres depputez et luy, avoyent veu les provisions que le sieur Daucteville, secrétaire de Mgr le duc de Vantadour avoit présentées à l'assemblée, touchant le don faict par Sa Majesté à Mme de Vantadour, de la somme de 10,000 escus, sur les restes des deniers de Sa Majesté, de ce diocèse, et avoyent trouvé que quant bien le pays seroit constrainct payer les deniers de sadicte Majesté, deubz de l'année 1589, il faudroit faire plusieurs déductions sur iceulx, assavoir : des pensions ou rentes constituées sur lesdictz deniers, revenans à 804 escus ; les gaiges du sieur Tardif, montant 400 escus, du don faict aulx habitans de Marieujolz ; à ceux de la terre du sieur marquis de Canilliac ; de la moitié desdictz deniers du Roy à la ville de Mende de la cottité des Cévennes, pour avoir esté par eulx payée à Mgr le Connestable, ou du mointgz par ses ordonnances et aultres déductions ; lesquelles rabatues de ce que montent les deniers de Sa Majesté, de ladicte année, ne resteront de nect que 3,160 escus.

Sur la remonstrance et réquisition faicte par le sieur de Burgata, pourveu par le Roy de l'office de conterolleur des tailles, taillon et aultres deniers qui s'impozent au présent diocèse de Mende, pour icelluy exercer aulx honneurs, taxations, gaiges de 100 escus et aultres droictz y apartenans, à ce qu'il plaise à l'assemblée le recepvoir en icelle et luy permectre l'exercice et jouissance dudict office, ainsi qu'il est contenu par ses lettres de provision ; attendu qu'il a esté conclud et arresté par les Estatz généraulx de Languedoc, conformément aulx articles accordez avec MM. de Maisse et de Reffuge, depputez par le Roy ausdictz Estatz, que l'establissement des conterolleurs des tailles n'auroit lieu en ce diocèse, mesmement où il n'y en a encores de receuz, à cause de la foulle et surcharge que le peuple en recevoit ; a esté conclud par l'assemblée qu'il n'y a lieu de le recepvoir.

Sur la requeste présentée par les habitants de la paroisse de Dolan-Blanquefort, à ce qu'ilz soyent deschargés des deniers des tailles impozés sur ladicte paroisse ez années 1595 et 1596, d'aultant que le sieur de Triadou les avoit receuz, estimant que le pays les luy eust accordez comme ez précédentes années ; a esté conclud, attendu les bons offices que l'estat de ce pays a receuz dudict sieur de Triadou, pendant la guerre, tant pour s'estre contenu durant icelle, que pour s'estre employé au faict de la trefve accordée entre ce pays et celluy de Rouergue, et pour aultres bonnes considérations, que lesdictz habitans de ladicte paroisse de Dolan-Blanquefort, demeureront deschargés des sommes de deniers à quoy reviennent les restes baillées par les sieurs Alméras et Saulze, recepveurs dudict diocèse ez années 1595 et 1596 ; ayant ledict sieur de Triadou affirmé à l'assemblée de les avoir receuz suivant ses quictances qu'il en a baillées ausdictz habitans, sans que lesdictz recepveurs les puissent constraindre au payement des restes par eulx baillés, comme dict est, audict sieur de Triadou, suivant lesdictes quictances, le tout sans conséquence.

Du jeudy, huictiesme de julhet, du matin.

D'aultant que par aultre délibération précédente, touchant la partye de 430 escus, demandée par le sieur Blancard, et 101 escus, par le sieur de La Croix, et 33 escus 20 sols par le sieur de Roquoles, auroit esté dict qu'ilz se retireroyent au sieur Chantuel, recepveur dudict diocèse en l'année 1597, pour avoir payement desdictes sommes, comme ayant esté impozées en son assiette et que despuis l'assemblée a esté informée au vray comme sur la vérification faicte par la Cour des Aydes de l'assiéte dudict Chantuel elle en auroit rejecté et retranché lesdictz trois parties, et néaulmoingz, par aultre arrest auroict despuis condempné le syndic au payement d'icelles avec despens ; a esté conclud, veu lesdictz arrestz, que sur la partye du sieur Blancard, sera impozé 200 escuz en la présente assiéte et le surplus en la prochaine, en laquelle luy sera pourveu pour les despens et sans interestz et que lesdictes sommes de 101 escus dudict sieur de La Croix, de 33 escus 20 solz dudict sieur de Roquoles, seront aussi impozés en la présente assiette pour estre payées à chascun d'eulx respectivement par le receveur dudict diocèse, sans interestz.

Le sieur Bonnauld, secrétaire de Mgr le comte d'Auvergne, a requis l'assemblée vouloir faire impozer en la présente assiéte la somme de 10,000 escus pour luy estre payée, en déduction de 40,000 escus, suivant le contract sur ce passé entre les depputez dudict diocèze et le sieur Savaron, secrétaire de mondict seigneur le comte, comme ayant charge et pouvoyr de luy.

Sur le faict cy devant proposé par le sieur de Planèzes, touchant le debte de M. le marquis de Canilliac, pour le désir que l'assemblée a de rendre content ledict sieur de Planèzes et d'éviter procès, veu les grandes difficultés que le sieur de Planèzes apporte de son costé, a esté conclud que au lieu de 7,000 escus dont ledict sieur de Planèzes s'est voulcu contenter, luy est accordé la somme de 6,666 escus 40 sols, pour tout ce qu'il peult préthendre, pour luy estre impozée et payée en quatre années prochaines, par esgalles portions, à commencer la présente, sans interestz et à la charge que ledict sieur de Planèzes rapportera au préalable recepve ou acquict vallable du commissaire général des vivres de l'armée ou aultre, ayant pouvoir du pays, servant à la descharge d'icelluy, de la quantité de bledz que ledict sieur marquis estoit tenu fornir par ledict contract de vente. Et au cas que ledict sieur de Planèzes ne vouldra accepter ladicte somme de 6,666 escus 40 solz, le sindic dudict diocèze se pourvoirra de deffences nécessaires contre ledict sieur marquis et aultres qu'il appartiendra.

Dudict jour, huictiesme juillet, de rellevée.

Sur la réquisition que le sieur d'Hauteville a réytérée de pourvoir au payement de la somme de 10,000 escus, dont le Roy a faict don à Mme de Vantadour, ainsi qu'il a esté cy devant propozé, a esté conclud, attendu la difficulté que ledict sieur d'Hauteville a faict de demeurer d'accord avec ceste assemblée dudict don, que ladicte dame sera supplyée de prendre en bonne part les descharges accordées par le Roy, en général et en particulier à ce diocèse des restes de ses tailles, tant de l'année 1589 que aultres ; ce que le sindic dudict diocèse fera ou aultre pour luy de la part de ladicte assemblée.

Ledict sieur de Chanolhet, lieutenant général au bailliaige de Gévauldan, a rapporté à l'assemblée qu'il a veu, avec les aultres députez, les comptes rendus, tant au pays que en la Chambre des Comptes par le sieur de Rousses, de la recepte par luy faicte ez années 1573 et 1577, et leur semble que le pays luy doibt faire raison de ce que luy est deub de ses reprinses, qu'il baille par estat, attendu que les Cévennes et les lieux qui estoyent lors occupez, ont esté deschargez du payement de leur cottitez par les éditz de paciffication. Sur quoy a esté conclud que les sommes à quoy reviennent lesdictes reprises desdictz lieux occupez seront impozées sur ledict diocèze en cinq années prochaines par esgalles portions pour estre payées audict sieur de Rousses, sans despens ny interestz.

Suivant la réquisition faicte par M° Deodé Dumas, docteur ez droictz, pour les hoirs de feu Jacques Du Bruel, sieur de Costeregord, de pourvoir par imposition au payement de ce que leur est deub de restes par ledict diocèze, suivant les Lettres patentes du Roy, par eulx obtenues; a esté dict qu'il est renvoyé à MM. les depputez à l'audition des comptes pour voir les pièces et en faire rapport à l'assemblée.

Ouy le rapport faict par M. d'Ispaniac, vicayre général de Mgr de Mende, sur quelques difficultés que luy avec les aultres depputez ont trouvées sur l'audition du compte de M. Anthoine Chevalier, recepveur dudict diocèse, en l'année 1589, et affin que ledict Chevalier puisse vallablement rendre compte, à la Chambre, du don qu'il a pleu au Roy, faire au pays, des deniers de ses tailles, pour estre deschargé d'iceulx au proffict dudict pays, ensemble de 1,900 tant d'escus, provenant de la longueur de son assiéte et aultres articles; a esté conclud, attendu que le pays a jouy dudict don, qu'il luy sera baillé quictance généralle desdictz deniers, ensemble desdictz 1,900 et tant d'escus, en la forme qu'est requis au proffict et descharge dudict pays. Et néaulmoingtz que ledict Chevalier, sera tenu rendre compte aulx Estatz dudict pays, tant des deniers dudict don que de ladicte somme de 1,900 et tant d'escus.

Et d'aultant que pour n'avoir esté vériffiées à temps, les Lettres patentes du don faict par Sa Majesté audict pays des deniers de ses tailles et aultres à elle revenans bons en ladicte année 1582, le recepveur général de Languedoc, a constrainct le recepveur particullier dudict diocèze de payer lesdictz deniers, desquelz cedict diocèze se trouve redevable envers ledict recepveur. A esté conclud que Sa Majesté sera très-humblement supplyée, continuant sa libéralité envers ses pauvres subjectz dudict diocèze, leur donner et accorder la présente année ou la suivante les deniers de ses tailles. Et attendu l'extrême pauvreté et nécessité du peuple pour les grandes ruynes et despenses qu'ils ont souffertes, sadicte Majesté sera aussi très-humblement supplyée accorder oultre et par dessus, ladicte année, les restes que peult debvoir ledict pays jusques à l'année 1590, à cause des rigoureuses exécutions, fraiz et despens insupportables qu'ilz ont souffert, et que dudict don, les habitans dudict pays qui se trouveront avoir entièrement payé leur part des susdictz deniers en seront remboursez.

Le sieur de Chanoillet faisant rapport du faict de Laldonnez, a dict qu'en l'année 1580, par dellibération des Estatz tenus à Salgues, la terre et mestarye de Laldonnez, décrétée au proffict du pays, fut vendue à feu M. d'Apchier, pour la somme de 5,000 livres, qui fut par mesme moyen fournye et dellivrée au feu sieur de Saint Vidal, lors gouverneur dudict pays. Sur quoy le feu sieur Gibilin auroit poursuivy arrest en la Cour des Aydes, par lequel ledict décret auroit esté cassé ; de sorte qu'en vertu d'icelluy, le sire Jacques Gibilin reprenant maintenant l'instance, dellibère de déposséder ledict sieur

D'apchier, au moyen de quoy il estime que le meilleur seroit d'adviser d'accorder dudict affaire, sans constituer plus avant le pays en fraiz et despens, par un long procès. Sur quoy a esté délibéré et concludq que le sindic nommera deux arbitres de la part dudict pays et ledict Gibilin aultres deux, pardevant lesquelz les parties diront et remectront ce que bon leur semblera, et mesmes le compte de feu Vidal Gibilin, pour après faire leur rapport à la prochaine assemblée de ce qu'ilz auront trouvé du droict des parties et estre par ladicte assemblée prins telle résolution qu'elle advisera bon estre touchant ledict accord, sans toutesfoys que les advis desdictz arbitres puissent aulcunement préjudicier au pays.

Sur la requeste présentée par M. Jacques Langlade, juge de la ville de Salgues, tendant à ce qu'il pleust à l'assemblée l'indempniser des fraiz et despens qu'il a souffertz avec Me Jacques Lobeyrie, de Salgues, à cause de l'emprisonnement de leurs personnes qui fut faicte par le sieur de Fosseux, contre et au préjudice de la foy publicque; aussi à cause des blez qui feurent prins dans le chasteau de La Clause, par ledict sieur de Fosseux, que lesdictz supplians ont esté constrainctz payer au sieur de Mongon; a esté conclud que le pays leur a cy devant accordé la somme de 300 escus dont ilz ont esté payez, ores qu'il n'y fut tenu, qu'il n'y a lieu d'aultre gratiffication ny récompense.

Du vendredy neufviesme jour dudict mois de juillet,
du matin.

Le sieur d'Apchier a représenté à l'assamblée, comme pour la réduction de la ville de Mende en l'obéyssance du Roy et en retirer le sieur de Fosseux qui l'occupoit contre la volonté de Sa Majesté, ledict sieur d'Apchier fut pryé de la part dudict diocèze de l'assister et secourir en ceste grande nécessité, tant de sa personne que de ses moyens et amys ; ce qu'il auroit faict sans y rien espargner, ayant pour cest effect au mois de may 1597, faict faire levée d'ung régiment et desbourcé, tant pour ladicte levée que pour l'entretenement d'icelluy, la somme de 1,500 escus, et au mois de juing après ensuivant, il auroit aussi esté pryé, de la part dudict diocèze, de prester la quantité de 1,500 cestiers bledz jusques à ce que l'occasion se présentast de les employer pour la nourriture de l'armée qui seroit dressée pour la réduction de la ville de Mende, et à cest effect garder lesdictz bledz. Ce qu'il promet faire. Toutesfoys despuis ledict diocèze feict ung nouveau marché pour la fourniture de semblable quantité de bledz avec M° Jacques Chantuel, qui s'obligea d'en faire la fourniture, laissant en arrière ledict sieur d'Apcher, qui se trouva frustré de la vente desdictz bledz, excepté de 600 cestiers qu'il vendit audict Chantuel, luy restant encores 900 cestiers de 1,500 que ledict pays l'avoit pryé de réserver pour le siége de ladicte ville de Mende ; qui fut cause que se trouvant chargé dudict bled, en la saison de la récolte, il fut constrainct le vendre à vil prys, qui luy revient à une grande perte. Aussi a représenté qu'il fut pryé de la part dudict diocèse de faire levée de trois compaignies de gens de pied pour estre employés à ladicte réduction et par mesme moyen essayer de recouvrer les canons de la ville du Puy et les faire mectre en bon estat, pour marcher quant le besoing le requerroit. Et oultre cella, à l'arrivée de mondict seigneur de Vantadour il se trouva près de luy avec 80 maistres qui l'assistèrent durant le siége de ladicte ville, et lors mesmes de la capitulation faicte avec ledict sieur de Fosseux sur la reddition d'icelle, où il courut fortune de sa vye, comme chascun scait. Et d'aultant qu'il n'est raisonnable que lesdictes despences tumbent sur luy, les ayant faictes à la réquisition du pays et pour le bien des affaires d'icelluy, cella est cause qu'il a dressé ung estat desdictes despences ; requérant l'assamblée pourvoir au contenu d'icelluy. Sur quoy, veu ledict estat et faicte lecture d'icelluy en playne assamblée, a esté conclud qu'il sera veu et examiné particulièrement par MM. les auditeurs des comptes à l'assistance de MM. l'envoyé de M. le baron de Mercœur, du sieur de Servière, de Mirandol, consulz de Mende, de Maruejolz et Florac, pour après en conférer et le débatre avec ledict sieur et essayer de faire modérer ses demandes et préthensions, et du tout faire rapport à l'assamblée.

Le sieur Chantuel a supplyé l'assemblée le vouloir sortir du procès qu'il a contre le sieur de Manifacier, recepveur dudict diocèze, pour raison de l'administration des deniers extraordinaires dudict diocèse qu'il a faicte en l'année 1597, dont ledict sieur Manifacier luy demande comme de clerc à maistre, ensemble les gaiges à luy accordés. A quoy, par arrest de la Cour des Aydes, il auroit esté condempné envers ledict sieur de Manifacier et ledict diocèse à l'en rellever ; protestant en cas que l'assemblée ny pourvoirra, qu'il est prest de satisfayre audict arrest.

Sur la réquisition faicte par le sieur Clauzel, pour et au nom dudict sieur Clauzel, son frère, cy devant trésorier provincial en Languedoc, de luy pourvoir, par imposition, au payement de la somme de 1,524 escus à luy deubz pour la cottité dudict diocèse, de l'imposition des 15,000 et tant d'escus faicte en l'année 1595 aulx estatz tenuz à Béziers, pour l'extraordinaire de la guerre, ensemble des interestz de ladicte partie, despuis le terme de payement escheu de ladicte année, et encores de la somme de 50 escus 30 solz, à quoy, par MM. les trésoriers généraulx de France, furent taxés les despens que MM. Jehan Barthélemy, commis dudict sieur Clauzel, avoit faictz contre ledict diocèse, pour avoir payement de ladicte somme. Après avoir ouy MM. Dumas et de Chanoillet qui avoyent esté depputez à faire vériffication dudict debte, a esté accordé, avec ledict sieur Clauzel à la somme de 1,259 escus, pour tout ce que ledict diocèze luy peult debvoir de restes, tant de ladicte somme principalle que des interestz de quatre années au denier doutze, desduict et rabatu 496 escus, que ledict sieur Clauzel avoit receuz dudict diocèse, par les mains du sieur Alméras, recepveur d'icelluy, ladicte année 1595, et 125 escus par les mains du sieur Chantuel, recepveur en l'année 1597. Laquelle somme sera imposée et payée audict sieur Clauzel, en deux années esgalles, à commencer la présente, en laquelle sera aussi impozé la somme de 33 escus 20 solz à quoy a esté parcillement accordé pour lesdictz despens faictz par ledict Barthélemy, le tout sans interestz.

Le sieur de Fumel, sindic, a supplyé l'assemblée si elle est en volonté d'agréer et approuver le contract que MM. les commis, sindic et depputez avec aultres sieurs de l'esglise, de la noblesse et du Tiers-Estat ont passé avec le sieur Savaron, comme procureur de Mgr le comte d'Auvergne, et ce faisant, en passer la rattiffication. Sur quoy, après avoir faict faire lecture dudict contract et recueilly les voix, suivant leur adviz et opinion ; a esté conclud que, sans aulcunement approuver ledict contract ny préjudicier aulx prétensions du pays, que la somme de 10,000 escus, sera imposée la présente année, pour estre payée audict seigneur comte, sur et tant moingtz de ce que ledict pays peult debvoir à MM. les eschevins de Clermont, à la charge de remectre mainlevée des bannimens faictz à MM. les commis, sindic et députez dudict pays et les lettres d'assiéte. Et d'aultant que la somme demandée par ledict seigneur comte, comme rémissionnaire desdictz eschevins, est provenue par exprès commandement du Roy et pour le bien de son service, ledict seigneur président a esté pryé d'en poursuivre, au nom et proffict dudict pays, le rabaiz et diminution de la somme contenue audict contract, tant envers sadicte Majesté que envers ledict seigneur comte et d'y faire entrer MM. d'Auvergne et aultres diocèses circonvoisins pour leur portion.

Dudict jour neufviesme de juillet, de rellevée.

Sur les réquisitions faictes par le sieur Rodier, lieutenant de prévost audict diocèze, de pourveoir au contenu en l'estat des fraiz extraordinaires, tant pour luy que pour M. Jehan Puech, commis du greffier de la prévosté, faictz en l'exercice de sa charge, et affin de luy donner plus de moyen de la continuer de bien en mieux, mesmes du costé des Cévennes contre Jehan Pic, jeune, de Larbosset; Jehan Ducamp; François et aultre Jehan Ducamp, ses enfants; Jacques Reboul, du Mazel-Rosade; Pierre Bavit, dict Venobre, de Saint-Germain et leurs complices, diffamez publicquement; l'assemblée luy a accordé la somme de 50 escus qui luy sera impozé en la présente assiéte.

Pour les abus et malversations que les commis des recepveurs de ce diocèse font en la levée des restes de leurs receptes, la pluspart desquelles sont manquez pour n'avoir escript les payemens en leurs livres; a esté concluḍ que désormais il ne sera loisible ausdictz recepveurs, bailler aulcunes reprises des lieux et paroisses solvables où seroit des lieux impuissans ny encores faire levée d'iceulx après trois ans passés.

Et pour le regard d'ung nombre infini de recepveurs qui ont des reprises despuis 30 ans en çà, desquelles ilz font tous les jours la levée, constraignant le pauvre peuple au payement desdictes reprises par rigoreuses exécutions, pour n'avoir moyen de faire foy des payemens faictz despuis si longtemps; a esté conclud, attendu le grand désordre et ruyne que telle levée, faicte en confusion et par une vingtaine de divers recepveurs en mesme temps, apporte au pauvre peuple, oultre le retardement de la levée des deniers du Roy et aultres deniers ordinaires de l'année courante; que lesdictz recepveurs conviendront d'ung personnaige suffizant et cappable pour faire la levée desdictz restes et acquicter leurs debetz des deniers provenant d'icelle, et ce dans le temps de quatre années prochaines, à proportion de ce que leur est deub, à commencer l'année prochaine, 1600. Lequel receveur des restes sera tenu rendre compte chascune desdictes années et seront les paroisses adverties par le greffier du pays de commettre collecteur resseant pour lever lesdictz restes en quatre années. Et où lesdictes reprises se trouveroyent faulses, la moitié des amendes, esquelles lesdictz recepveurs pourront estre condempnés pour lesdictes faulses reprises, appartiendront audict recepveur des restes et l'aultre moitié au pays, pour fornir aulx fraiz qu'il conviendra faire pour la poursuitte des procès qui se feront contre lesdictz recepveurs. Ayant l'assemblée donné comme elle donne tout pouvoir à MM. les commis, sindic et députés dudict pays de dellivrer la recepte desdictz restes à la meilleur condition dudict pays qui se pourra faire ; le tout soubz le bon plaisir de la Cour des Aydes, laquelle sera supplyée authoriser la présente dellibération et ce qui sera faict en conséquence d'icelle, mesmes les inhibitions faictes ausdictz receveurs de continuer la levée desdictz restes, pour le solaigement du pauvre peuple et pour ne retarder la levée des deniers du Roy et aultres ordinaires de l'année courante.

Le sieur Alméras, recepveur dudict diocèze, en l'année 1595, a remonstré que, par arrest et closture du compte qu'il a rendu audict pays, le 4 juillet dernier, il luy est deub la somme de 3,297 escus, et par aultre compte rendu par M° Jacques Saulze, le 6° dudict mois, luy est aussi deub la somme de 1,735 escus 24 solz 6 deniers, revenant les deux ensemble à 5,033 escus 4 sols 3 deniers. Et d'aultant que lors de l'arresté desdictz comptes luy fut promis faire impozer ladicte somme en la présente assiette ; à ceste cause a requis l'assemblée y vouloir satisfaire, affin qu'il ayt moyen d'acquiter les parties qu'il a esté constrainct emprumpter pour les affaires dudict diocèse. Sur quoy a esté conclud que sur et tant moingtz de ladicte somme, sera impozé 3,000 escus en la présente assiéte et le surplus l'année prochaine sans interestz.

Sur la réquisition faicte à l'assemblée par M. Pierre Portalés, cy-devant receveur électif dudict diocèze, ez années 1591 et 1592 et d'une imposition en l'année

1594, de luy faire payer la somme de 7,630 escus 17 solz 6 deniers que ledict diocèze luy doibt par fin et closture de trois comptes ou estatz par luy rendus audict diocèse, par la closture desquelz auroit esté ordonné qu'il seroit pourveu à son payement en la présente assemblée, oultre que, par commission de la Cour de nos seigneurs des Aydes, il est mandé au sindic dudict diocèse, faire impozer ladicte somme en la présente assiette, à peyne d'estre constrainct en ses biens propres; a esté conclud, veu lesdictz comptes, ensemble ladicte commission et arrestz intervenuz sur iceulx, que MM. les commissaires de l'assiette seront requis comprendre au despartement des deniers extraordinaires dudict diocès, de la présente année, la somme de 3,815 escus 8 solz 9 deniers, pour estre payée par le recepveur dudict diocèze audict Portalés sur et tant moings et pour la moitié de ladicte somme de 7,630 escus 17 solz 6 deniers, en l'acquict et descharge dudict diocèze et que le surplus de ladicte somme sera impozé l'année prochaine et payée audict Portalés, sans interestz, attendu les grandz debtes et affaires que ledict diocèse supporte ceste année et l'extrême pauvreté du peuple.

A esté conclud pour le bien et solaigement du pauvre peuple dudict diocèse que le Roy sera supplyé révocquer le don faict par Sa Majesté aux habitans de la ville de Marvejolz, de la portion qu'ils sont tenus payer chascune année des deniers commungz et extraordinaires dudict diocèze, que l'on est constrainct rejecter chascune année sur les aultres habitans du pays à leur grand foulle et surcharge, où ledict don ne seroit exp..... que ledict sindic prétend et qu'il n'y a apparence de souffrir plus longuement ceste surcharge au pays.

La requeste présentée à ladicte assamblée de la part de Benoict Bonhomme, de Salgues, a esté renvoyée aulx depputez à l'audition des comptes.

Du sabmedy dixiesme jour de juillet, du matin.

Mᵉ Pierre Portaiés, procureur de M. Daniel Montguibert, a dict que ledict de Montguibert auroit esté pourveu de l'estat et office de contrerolleur ancien et alternatif des tailles au diocèse de Mende, comme a faict apparoir par les lettres de provision, deuement vériffiées qu'a exhibé, suivant lesquelles a requis luy permectre, comme son procureur, l'entrée et séance de ladicte assamblée pour y assister et contreroller les assiétes et despartement qui se fairont en la présente assiéte, tant ordinaires que extraordinaires, sellon le deub de sa charge. Attendu qu'il a esté conclud et arresté par les Estatz généraulx de Languedoc, conformément aux articles accordés avec MM. de Maisse et de Reffuge, depputez par le Roy ausdictz Estatz, que l'establissement des contrerolleurs des tailles n'auroit lieu ez diocèzes, mesmement où il n'y a encores de receuz, à cause de la foulle et surcharge que le peuple en recepvoit; a esté conclud par l'assemblée qu'il n'y a lieu de le recepvoir.

Sur la requeste présentée par Melchior et Jehan Reversat, marchands de Mende, tendant à ce qu'ilz soyent remboursez des sommes qu'ilz ont esté constrainctz payer à Jehan Régis, de Saint-Cosme, de l'emprisonnement faict de leurs personnes, pour ung debte du pays et des despens et interestz par eulx souffertz; a esté dict que les supplians se retireront devers les depputez à l'audition des comptes, commis par l'assemblée pour, par eulx estre pourveu ausdictz supplians ainsi qu'il apartiendra.

Le sieur de Guilleminet, commissaire, a requis l'assamblée d'éclairer si elle entend comprendre la ville de Maruejolz au despartement des deniers ordinaires et extraordinaires de la présente assiéte, d'aultant qu'ilz disent estre encores dans le temps de leur don ; sur quoi le sieur Seguin, consul de Marieujolz, ayant requis faire jouyr les habitans, du don et exemption des tailles à eulx octroyé par Sa Majesté, durant le temps porté par les provisions qu'il a en main ; protestant à desny de ce, d'avoir recours à sadicte Majesté. A esté conclud que le sindic vériffiera avec ledict sieur de Guilleminet, commissaire, sy lesdictz de Maruejolz ont entièrement jouy de l'exemption desdictes tailles, pour le temps à eulx accordé par sadicte Majesté, et en cas qu'il se trouvast qu'ilz fussent encores dans tel temps, ledict sieur commissaire satisfaira à ce qui est de l'intention de Sa Majesté portée par les lettres de ladicte exemption.

A esté accordé par l'assemblée avec Jehan Mercoy la somme de 10 escus, oultre et par dessus aultres 10 escus qui luy feurent accordez l'année passée en conséquence des bons offices qu'il feit au pays durant ledict siége de la ville de Mende, lesquelles deux sommes seront impozées en la présente assiette et payement audict Mercoy par le receveur dudict diocèse.

Aussi a esté arresté que la somme de 152 escus dont le sieur Du Jardin a obtenu taxat de la Cour des Aydes contre ledict diocèse sera impozée en trois années prochaines esgallement, à commencer la présente sans interestz.

Le sieur Dumas, juge au bailiaige, a rapporté comme MM. les depputez à l'audition des comptes ont vériffié les comptes et aultres papiers du sieur Borrel, recepveur dudict diocèze en l'année 1581, et ont trouvé qu'il luy est deub la somme de 3,188 escus. Sur quoy, attendu que, par délibération prinse aulx Estatz tenus à Chenac, fut ordonné que ce qui estoit deub audict sieur Borrel seroit impozé en trois années et que suivant ladicte dellibération le tiers fut impozé et a esté payé audict sieur Borrel ; a esté conclud que la moitié de ladicte somme de 3,188 escus, à quoy reviennent les deux aultres tiers restans de son debte, sera impozée en la présente assiéte et le reste la prochaine année sans interestz, et affin qu'il puisse vallablement rendre son compte à la Chambre, attendu que le pays a jouy de la partie du don faict par le Roy audict pays ladicte année, que quittance luy sera baillée des deniers d'icelluy don par le sindic, et oultre ce, luy sera impozé la somme de 109 escus 35 sols que luy est deue par la closture du comptereau des fraiz par luy faictz pour la vérification par luy obtenue au nom dudict diocèze de l'exemption octroyée par Sa Majesté des deniers de ses tailles pour une année à despartir en deux, à commencer la présente.

Et pour le regard de 3,224 escus que lesdictz sieurs depputez ont trouvé estre deue audict M. Anthoine Chevalier, recepveur dudict diocèse, ez années 1582 et 1583, a esté conclud que la somme sera impozée en quatre années prochaines, à commencer à la présente assiéte et sans interestz ; de quoy il est demeuré d'accord.

Aussi a esté conclud qu'il sera impozé, en la présente assiéte, la moitié de la somme de 2,915 escus, que lesdictz depputez ont trouvé estre deue à M° Bernard Dangles, recepveur dudict diocèse, l'année 1588, et l'aultre moitié l'année prochaine, sans interestz.

Pour le regard de la somme de 4,671 écus, qu'ilz ont trouvé estre deue aulx hoirs de feu sieur de Costeregord, pour restes de plus grande somme que luy estoit deue par arrest et cloisture de son compte, a esté conclud qu'elle sera impozée en quatre années prochaines à commencer la présente, sans interestz ny aultres prétensions.

Et quant à la somme de 679 escus 30 sols, deue aux consulz de Chanac, par sentence des officiers du bailliaige de Gévauldan, a esté conclud que ladicte somme sera imposée en quatre années, sans interestz ny aultres prétensions.

Aussi sera impozé en trois années prochaines, à commencer la présente, la somme de 50 escus accordez au cappitaine Sernery, pour pareille somme dont luy avoit esté cy devant expédié mandement, de laquelle il n'avoit esté payé.

Et sur la requeste présentée par le sieur docteur Du Bacon, pour estre payée des sommes qu'il préthend luy estre deues par son compte de munitions de l'année 1585 ; sur le rapport faict à l'assemblée par ledict sieur de Chanoillet, a esté conclud que pour toutes prétensions, le pays luy accorde la somme de 150 escus qui seront impozées en trois années prochaines, commençant la présente ; à quoy ledict sieur Du Bacon a consenty.

Sur le rapport faict par le sieur juge du bailiaige, touchant aultres prétensions du sieur d'Alméras, assavoir : de luy faire payer la somme de 5,033 escus, à luy deubz par fin des comptes par luy et M. Jacques Saulze rendus au pays et le descharger des restes des impositions des années 1595 et 1596, montant 9,613 escus 54 sols, suivant l'estat qu'ils en ont remis et leur faire payer ce qui se trouvera leur estre deub avec les dommages et interestz qu'ilz en souffrent ; comme aussi les despens esquelz, par arrest de la Cour des Aydes, ledict diocèse a esté condempné au procès contre les Cévennes ; a esté dict que lesdictz depputez, à l'audition des comptes, termineront lesdictes prétensions ainsi qu'ilz verront estre à faire par raison.

Le sieur de Chanoillet a dict que le sieur de Fréluguet, fils et héritier de Jehan Vivien, recepveur dudict diocèse, ez années 1576 et 1577, a remis devers lesdictz sieurs depputez ung estat de la somme de 36,000 tant d'escus qu'il prétend luy estre deue, pour les causes particullièrement contenues audict estat dont ledict sieur de Chanolhet a sommairement faicte mention. A esté concludu que sur et tant moingz de ce que peult estre deub de principal audict Vivian, sera impozé en la présente assiette la somme de 1,000 escus, et le surplus de ses prétensions demeurera en surséance jusques à la prochaine assiéte, tant contre le sieur Fontunye, de Salgues, que contre ledict pays, et sans interestz.

Sur la réquisition faicte par le sieur de Gicon, pour et au nom du sieur d'Ogier, prévost général, son père, d'asseoir et départir sur tout le païs, la somme de 2,200 escus, à luy deue pour ung voiaige faict en ce pays, en l'année 1592 et aultres vaccations et despences faictes par ledict sieur d'Ogier, au procès contre feu Jehan de Retrun, sieur de La Roche, et dont il a obtenu Lettres patentes de Sa Majesté, vériffiées en la Cour des Aydes et bureau de MM. les trésoriers généraulx de France, requérant lesdictes lettres estre mises à exécution ; a esté conclud qu'il en sera ordonné en la prochaine assemblée des Estatz qu'elle advisera se debvoir faire par raison s'il y eschet.

Dudict jour dixiesme juillet, de rellevée.

A esté concludʼ que le compte de M. Jacques Chantuel par luy présenté, de la recepte des reprises de ses précédens comptes, sera ouy, cloz et arresté par les députez à l'audition des comptes, à l'assistance de l'ung des députez des Cevènes, et néaulmoingtz sera ledict compte représenté à la prochaine assamblée.

Le sieur Anibal Montaigne a rendu à MM. des Estatz une lettre de Mgr de Vantadour qui a esté leue, par laquelle mondict seigneur prye l'assemblée de procéder à l'imposition de la partie deue à M. de Fosseux, suivant les articles de la capitulation faicte avec luy, affin que ceulx qui ont droict et cession dudict sieur de Fosseux, puissent estre payés par le moyen de ladicte imposition, au contenu de laquelle ledict sieur Montaigne a requis l'assemblée vouloir satisfaire. Sur quoy luy a esté respondu que lesdictz Estatz ont arresté d'impozer ledict debte en quatre années, à commencer la présente, en considération de l'extrême pauvreté du peuple et suivant les lettres de respict octroyées par Sa Majesté, pour le solaigement des habitans dudict diocèse.

Aussi a esté conclud que les depputez du diocèze que yront à la Cour poursuivront envers Sa Majesté le don des restes de tous les deniers de ses tailles deubz du passé par ledict diocèse.

Le sieur d'Hauteville a requis l'assemblée pourvoir au faict du don de 10,000 escuz faict par le Roy à Mme de Vantadour, sur les restes des deniers de Sa Majesté deubz par ledict diocèse, suivant ses précédentes réquisitions, aultrement il sera constrainct procéder à l'exécution des provisions qu'il a en main.

Le sieur Savaron, secrétaire de Mgr le comte d'Auvergne, estant venu à l'assamblée, luy a présenté une lettre missive que mondict seigneur le comte luy escript que a esté leue, et suivant icelle, a requis que la partie du premier payement accordé à mondict seigneur le comte soit dellivrée au sieur Arnoul Fini, et par mesme moyen que ladicte assemblée ratiffie le contract passé avec luy, pour et au nom de mondict seigneur qui la ratiffie de sa part, ayant ledict sieur Savaron receu l'acte de ratiffication.

Ouy le rapport faict par le sieur de Mirandol, assisté des aultres députez, sur le faict de l'estat des prétensions de M. d'Apcher, l'assemblée, après avoir encores dellibéré sur le contenu d'icelluy, a conclud et arresté, du consentement dudict sieur d'Apcher, de luy accorder, pour tout ledict estat et prétension, la somme de 2,000 escus. Laquelle MM. les commissaires de l'assiéte seront priés impozer pour ledict diocèse, en trois années prochaines, à commencer la présente, et ce par esgalles portions, chascune desdictes années.

Pour recognoistre MM. Maridat, secrétaire de Mgr le Connestable et d'Alboy, secrétaire de Mgr le duc de Ventadour, des bons offices qu'ilz font au diocèse, près desdictz seigneurs, leur a esté accordé, assavoir : audict sieur Maridat, 50 escus ; audict sieur d'Alboy, 50 escus, et 10 escus au sieur Courtoys, son commis, et au sieur Bornyer pour la peyne qu'il a prise à la Cour, pour les affaires dudict diocèze, 27 escus ; lesquelles sommes seront impozées en la présente assiéte, pour leur estre payées par le recepveur dudict diocèze.

Sur la remonstrance et réquisition faicte par le sieur d'Hauteville, procureur et ayant charge de Mme la duchesse de Vantadour, à ce qu'il pleust à l'assemblée vouloir pourvoir au payement de la somme de 10,000 escus dont ladicte dame a esté assignée sur les deniers des restes deues par le présent diocèse de Mende, de toutes les années escheues auparavant l'année 1595, des deniers des tailles de Sa Majesté, ainsi que plus applain est porté, tant par les procurations de sadicte Majesté du 21e décembre de ladicte année 1595 que aultres, despuis obtenues, du 5e aoust 1596, 27 janvier 1597 et 2e de janvier année précédente, et arrestz de vériffication donnés par la Chambre des Comptes de Montpellier, Cour des Aydes et trésoriers généraulx de France des 1e et 23e d'apvril et 7e may de la présente année ; par lesquelz est ordonné que les sindic, consulz et habitans dudict diocèse de Mende, seront constrainctz au payement de ladicte somme de 10,000 escus desdictz restes par eulx deues, jusques à ladicte année 1595, mesmes de l'année 1599, en laquelle ne fut faicte aulcune imposition des deniers de Sa Majesté. Protestant, à deffault de pourvoir présentement à l'acquitement de ladicte somme, de tous despens, domaiges et interestz et de se pourvoir des remèdes de justice, ainsi qu'il est permis à ladicte dame. A esté conclud, après avoir veu les provisions obtenues par ladicte dame de Vantadour et arrestz de vérification sur icelles et eu advis des gens de ladicte assemblée que, ores que ledict pays ayt moyen de se deffendre de ladicte somme de 10,000 escuz, attendu les dons que ledict païs a des deniers desdictz restes et descharge générale faicte par sadicte Majesté, des années 1589, 1590, 1592 et partie de 1593 et des précédentes ou de la pluspart d'icelles, et aussi que le bas pays des Cévennes n'est en aulcungz arréraiges desdictz restes, ayant tousjours imposé et payé suivant les mandements de Mgr le Connestable ; toutesfoys pour esviter à fraiz et despens, a esté accordé, à ladicte dame, la somme de 6,000 escus, moyennant laquelle somme, ladicte dame, remectra ledict don au proffict dudict pays, sans qu'elle puisse aultre chose préthendre ny demander audict pays pour raison d'icelluy. Laquelle somme sera impozée et payée par le recepveur qui en fera la levée en trois années et trois payemens esgaulx, à raison de 2,000 escus par chascune d'icelles années, à commencer la présente, et sera ladicte dame suppliée agréer la présente dellibération pour les raisons que dessus et aussi pour l'extrême pauvreté du peuple.

M. Pierre Portalés a remonstré que le sieur Alméras a acquité la somme de 757 escus à M. le trésorier Portalés, pour pareille somme que le recepveur général, par sa rescription du 27e aoust 1594, avoit assignée sur M. Olivier Sévérac, recepveur dudict diocèze, en l'année 1594, sur ce qu'il debvoit à la recepte générale. Et par ce que icelluy Sévérac obtint arrest de la Cour des Aydes, par lequel fut dict que les exécutions seroyent dressées contre le sindic dudict diocèse et que ladicte somme a esté despuys payée par ledict sieur Alméras en l'acquit dudict diocèse et qu'il est besoing remectre à la Chambre ladicte rescription pour faire descharger d'aultant ledict diocèse sur les comptes dudict Sévérac, a requis qu'il soit ordonné au greffier dudict pays la luy bailler pour la remectre à ladicte Chambre, à l'effect que dessus. A esté conclud que ledict greffier baillera ladicte rescription, pour faire descharger d'aultant ledict diocèze, en original, audict Portalés en prenant recepicé de luy au doz de la coppie de ladicte rescription, par lequel il promectra de la remectre à la Chambre et en porter certificat de ladicte Chambre.

Aussy a esté conclud que la somme de 250 escus accordée par dellibération de MM. les commis, sindic et depputez dudict diocèze au sieur Nicolas, commis dudict sieur Reich, pour certains fraiz et despens des voyaiges et constrainctes par luy faictz, pour avoir payement des sommes deues audict sieur Reich, par ledict diocèse, applain mentionnés en ladicte dellibération du 11ᵉ jour de novembre 1598, sera impozé en la présente assiette et payé ausdictz Nicolas; comme de mesmes sera impozé la somme de 50 escus, accordée par aultre dellibération desdictz sieurs commis, au sieur Mesereau, commis du sieur Remy, recepveur général de Languedoc, et 5 escus à l'huissier Puissant, pour aultres fraiz des voiaiges, constrainctes, par eulx faictz contre ledict diocèse, pour avoir payement de la somme de 1,200 escus, deue par ledict diocèze à la recepte générale de l'année 1590, à cause des lieux impuissans dudict diocèse, comme est porté par ladicte dellibération.

Le sieur Seguin, consul de Maruejolz, a réytéré les réquisitions par luy faictes à l'assemblée, le 6ᵉ du présent mois de juillet et demandé acte, qui luy a esté octroyé.

Sur le faict du remboursement des despences fournies et advancées par ledict diocèze pour la nourriture et entretenement de l'armée conduicte par Mgr le duc de Vantadour, lieutenant général pour le Roy en la province de Languedoc, en l'année 1597, au devant de la ville de Mende, pour la réduction d'icelle en l'obéyssance de Sa Majesté, montant environ 80,000 escus; l'assemblée mettant en considération l'importance de cest affaire et le soing particullier qu'il a pleu à Mgr de Mende, en prendre, et mesmes la prière et instante réquisition dudict diocèze, il s'est acheminé exprès auxdictz Estatz généraulx de la province à ses propres fraiz et despens, ayant avec beaucoup d'incomodité demeuré environ deux mois audict voiaige, pour obtenir au proffict dudict diocèse ledict remboursement ; de sorte que à son instance lesdictz Estatz généraulx auroyent accordé la somme de 10,000 escuz audict diocèse, oultre les 5,000 escus de l'année passée. En ceste considération et pour rellever mondict seigneur de Mende, des fraiz et despens qu'il a faictz audict voiaige et aultres occurrents, importans le bien et advancement des affaires dudict diocèse, et pour luy donner occasion et moyen de continuer sellon que la nécessité le requerra en Cour, où il est pryé d'aller pour affaires importans ledict païs ; ladicte assemblée, après l'avoir remercyé de ses bons offices, luy a librement et unanimement accordé la somme de 1,000 escus pour tous lesdictz fraiz, et conclud que MM. les commissaires de l'assiette seront requis icelle comprendre au despartement des deniers extraordinaires qui seront impozés en la présente assiéte, pour les debtes et aultres affaires dudict diocèse, et nos seigneurs de la Cour des Aydes, suppliez, au nom du sindic, d'en authorizer l'imposition.

Le sieur de La Fage, envoyé de M. le baron de Mercueur a dict, qu'il a faict le voiaige aulx Estatz généraulx de Languedoc et assisté en iceulx pour ledict sieur de Mercueur, comme baron du tour, la présente année. Par quoy a requis luy pourvoir sur son dict voiaige, ainsi qu'il est acoustumé, et oultre ce luy impozer pour la présente assemblée ce que les barons du tour ont acoustumé d'avoir. Sur quoy a esté conclud, à la pluralité des opinions, que la somme de 166 escus deux tiers luy est accordée sans conséquence.

L'estat des parties extraordinaires à impozer sur ledict diocèse, la présente année, a esté conclud, leu, signé et arresté en playne assemblée, montant la somme de 48,516 escus, le tout soubz le bon plaisir du Roy et de nos seigneurs de la Cour des Aydes.

Aussi a esté leu et passé le bail de la recepte dellivrée à M° Marcelin de Manifacier, recepveur électif, comme faisant la condition meilleure.

Et affin qu'il n'y ait aulcung différend pour le tour de baron dudict diocèse pour l'assiéte prochaine, ledict tour a esté déclairé apartenir, suivant l'ordre de la *roue des barons*, à M. le baron de Canilliac pour l'assiéte prochaine.

Et après mondict seigneur de Mende, président, ayant exhorté l'assemblée de rendre grâces à Dieu, des bonnes délibérations prinses en icelle et de vivre en bonne paix et amytié par ensemble, soubz l'obéyssance du Roy, a donné sa bénédiction aulx assistans, qui a esté la fin desdictz Estatz.

Du lundy doutziesme jour dudict mois de juillet, après midy, les gens desdictz Estatz s'estans rassemblez au lieu que dessus, président mondict seigneur de Mende.

Sur la réquisition faicte par le sieur Savaron, secrétaire de Mgr le comte d'Auvergne, tendant à ce qu'il plaise à l'assemblée des Estatz, ratiffier le contract passé entre ledict sieur Savaron, pour et au nom et comme procureur de mondict seigneur le comte d'Auvergne d'une part, et

MM. les commis, sindic et depputez du païs de Gévauldan, le 11ᵉ novembre dernier, tout ainsi que ledict seigneur comte l'a ratiffiyé de sa part, comme il estoit tenu de faire par icelluy, et de mesmes ladicte assemblée, soubz le bon plaisir de laquelle ledict contract estoit passé ; sur quoy après avoir mis ledict faict par plusieurs fois en dellibération et faicte lecture dudict contract et ratiffication, après avoir recueilly les voix, et suivant la pluralité d'icelles, a esté conclud que ladicte assemblée ratiffie, approuve et agrée ledict contract, sellon sa forme et teneur, et ce faisant que suivant la précédente dellibération la somme de 10,000 escus sera impozée en la présente assiette pour le premier payement dudict contract, pour estre payée audict seigneur comte ou aultre ayant de luy transport et audict Savaron, conformément audict contract. Et néaulmoings, mondict seigneur le comte, sera très-humblement supplié modérer ladicte somme, veu la pauvreté du pays et aultres raisons qui luy seront représentées qui le doibvent inviter à chose si équitable. Et que où ledict seigneur de Mende ou aultre ne pourroit sitost aller en Cour, de la part du pays, que M. de Guilleminet seroit pryé, allant en Cour, pour les affaires du pays de Lenguedoc, de s'y employer, et M. de S. Auban, commis des nobles qui est porté sur le lieu.

Signé : Adam, évêque de Mende.

TABLE DES MATIÈRES

DU 2ᵉ VOLUME

DES ÉTATS PARTICULIERS DU GÉVAUDAN.

Délibération des Etats en 1596 (1).......... page   5
     —   en 1597.............   90
     —   en 1598............. 186
     —   en 1599............. 314

---

(1) Voir le sommaire à la page indiquée.

www.ingramcontent.com/pod-product-compliance
Lightning Source LLC
Chambersburg PA
CBHW050250170426
43202CB00011B/1623